臺灣歷史與文化^{研究}輯刊

四 編

第 11 冊

自由主義傳統與臺灣現代主義文學的崛起

侯作珍 著

花木蘭文化出版社

國家圖書館出版品預行編目資料

自由主義傳統與臺灣現代主義文學的崛起／侯作珍 著 — 初版
— 新北市：花木蘭文化出版社，2013〔民 102〕
目 4+186 面；19×26 公分
（臺灣歷史與文化研究輯刊 四編：第 11 冊）
ISBN：978-986-322-493-8（精裝）
1. 臺灣文學　2. 文學評論
733.08　　　　　　　　　　　　　　　　　102017379

ISBN-978-986-322-493-8

臺灣歷史與文化研究輯刊
四　編　第十一冊　　　　　　ISBN：978-986-322-493-8

自由主義傳統與臺灣現代主義文學的崛起

作　　者　侯作珍
總 編 輯　杜潔祥
出　　版　花木蘭文化出版社
發 行 所　花木蘭文化出版社
發 行 人　高小娟
聯絡地址　235 新北市中和區中安街七二號十三樓
　　　　　電話：02-2923-1455／傳眞：02-2923-1452
網　　址　http://www.huamulan.tw 信箱 sut81518@gmail.com
印　　刷　普羅文化出版廣告事業
初　　版　2013 年 9 月
定　　價　四編　22 冊（精裝）新臺幣 50,000 元

自由主義傳統與臺灣現代主義文學的崛起

侯作珍　著

作者簡介

　　侯作珍，中國文化大學中文研究所博士，現任南華大學文學系副教授。研究領域為現代主義與台灣文學、台灣新世代小說、華文離散文學、中國現當代文學。主要著作有《從消費社會探討八〇年代台灣小說主題意識的轉變》（碩士論文）、《自由主義傳統與台灣現代主義文學的崛起》（博士論文）。榮獲行政院國科會研究計畫補助──「現代主義在九〇年代之後新世代小說中的呈現」（2007）、「戰後台灣心理小說中規訓與自由的衝突：一個書寫類型和歷史比較的分析」（2008）、「文化主體的失落與重構：台灣現代主義小說的後殖民反思」（2009）、「存在的後現代變異：成英姝小說的荒謬主題與暴力敘事」（2011）。近年發表〈論紀弦的現代詩運動〉、〈藍星詩社對現代詩發展的貢獻：以五〇年代三次論戰為探討中心〉、〈魯迅和張愛玲文學的現代性與虛無感〉、〈台灣海外小說的離散書寫與身分認同的追尋：以六〇到八〇年代為探討中心〉等十餘篇期刊論文。

提　　要

　　戰後台灣現代主義文學的崛起，與五四以來形成的自由主義傳統有相當的關係。自由主義作為五四精神的重要型塑成分，曾經對中國新文學在內容意識的奠立和形式技巧的拓展上，發揮了很大的影響。自由主義的精神也透過胡適等知識份子的傳播，而成為一種思想傳統。

　　到了五〇年代的台灣，自由主義傳統經《自由中國》、《文學雜誌》、《文星》等刊物的創辦而延續，並對台灣的政治、思想文化與文學發展產生影響。三份刊物主張思想言論和創作自由，促使戰後台灣的文學主流，漸漸從反共文學向現代主義文學轉移，並與現代詩、藍星、創世紀詩人保持良好互動，《文學雜誌》也直接啟發了《現代文學》在現代小說創作上的成績，共同締造了六〇年代蓬勃發展的現代文藝運動。這是自五四文學革命和日治時期新文學運動以來，台灣文學在藝術創造上的再提昇。

　　本論文不計緒論與結論，共分為八章十六節。第一章交代自由主義傳統的形成及其對五四以來新文學的影響。第二章至第八章則聚焦於戰後台灣的文學環境，先探討五〇年代反共文學如何蔚為主流，並出現何種缺點及檢討意見，而有改革之需求。然後再分別探討《自由中國》、《文學雜誌》、《文星》對台灣的政治、思想文化與文學革新的貢獻，還有《現代文學》在六〇年代所創造的文學成績，最後加入現代詩運動和現代詩論戰的完整分析，藉此了解現代主義文學興起的過程，以及自由主義傳統於其中展現的啟發與助成之力。

　　經由本論文的研究，可以看到現代主義文學雖然沒有繼承大陸和台灣本土文學中的寫實傳統，但是卻繼承了五四精神中的自由主義傳統，在創新求變的刺激下，企圖超越五四的文學成果，開創屬於戰後新一代的文學景觀。這是中國和台灣新文學發展史上，第一次有機會大規模的提倡和實驗純藝術的表現技巧，不論日後造成何種流弊，都應正視及肯定現代主義文學初興之時的革新意圖與創造精神。

目次

緒　論

一、研究角度與研究現況說明

　　戰後台灣的現代主義文學，繼一九五〇年代盛極一時的反共文學之後流行於文壇。它大約自五〇年代中期開始崛起，在六〇年代達到全盛階段，並持續至七〇年代鄉土文學出現後才漸漸退燒，躍居戰後台灣文學的主流約有二十年之久。現代主義所實驗的創作觀念與技巧，在新詩和小說方面尤有成績，豐富了台灣文學的藝術想像與表現。歷來學界對於台灣現代主義文學的研究，也多以個別的小說家和詩人為主，或是以《現代文學》、《現代詩》中的現代主義作品及藍星和創世紀詩作為中心，分析其主題、表現技巧與創作特色，多屬於文學內緣問題的研究。近年來，從現代主義文學興起的外緣因素來作考察，亦成為一種研究角度。本論文即秉持此種外緣研究立場，將現代主義視為一種文學思潮，探究它為什麼會在五〇年代中期的台灣興起？當時的台灣文學，本來是以政治力量所主導的反共文學為主流，為何會漸漸轉移到以西方的現代主義文學為主流？這樣一股重視藝術實驗的風潮，是經由哪些運動而促成？它的主要觀點與訴求為何？具有什麼樣的時代意義？

　　為回應上述問題，本論文所選擇的研究切入點，是以胡適等自由主義知識份子從大陸帶到台灣的自由主義精神，作為影響五〇年代現代主義文學興起的觀察角度。必須說明的是，影響五〇年代反共文學向現代主義文學轉移的因素甚多，例如美援文化的輸入，亦曾影響台灣知識界對西方和現代文化的想像，有利於現代主義文學的引進和傳播，並且在美援文化的主導下，使台灣的現代主義，由初期的法國象徵主義轉化為英美的現代主義，此一研究

角度在學界已有所探討。〔註1〕而自由主義傳統對台灣現代主義文學的影響，也漸次在學界形成討論的焦點，值得進行更爲深入的研究。

　　台灣學界已有人注意到這股自由主義的風氣，對戰後台灣現代主義文學的刺激，並曾對自由主義的提倡者和傳播刊物做過個別探究，例如最早有葉石濤在《台灣文學史綱》中，提到《文學雜誌》、《文星》以自由主義突破五○年代的反共文學主流；繼而有呂正惠探討過戰後台灣自由主義知識份子的形成，及其與台灣現代文學的關係；應鳳凰則關注《自由中國》的文學價值和其所延續的五四文學傳統；陳芳明也以《文學雜誌》爲例，分析過台灣現代文學與自由主義之間的關連，並在其《台灣新文學史》一書中，將台灣現代主義與自由主義傳統做一聯繫。在大陸學界，則有朱雙一將《自由中國》置於台灣自由人文主義的文學脈流來做考察，〔註2〕但是目前還沒有人對種種問題進行過完整而有系統的專門性研究。例如：自由主義是如何形成一種自由、民主、開放、重個人價值與獨立批判的思想傳統？它對五四時期的新文化和新文學產生了哪些影響？到了五○年代的台灣，自由主義傳統透過什麼樣的方式傳播？如何衝擊台灣的政治、思想文化和文學領域？如何刺激現代主義文學的興起？這些問題正是探討五○年代台灣文學主流轉移的關鍵所

〔註1〕　可參陳芳明《台灣新文學史》（上冊）第十三章、第十四章中，論及美援文化與現代主義文學之分析，（台北：聯經出版社，民國100年）。王梅香的學位論文《肅殺歲月的美麗／美力？戰後美援文化與五、六○年代反共文學、現代主義思潮發展之關係》亦詳細探討了美援文化相關刊物《今日世界》、《大學生活》對現代文藝的引介以及對自由主義精神的傳播，（成功大學台灣文學研究所碩士論文，民國94年6月）。

〔註2〕　見葉石濤《台灣文學史綱》，（高雄：文學界雜誌社，民國82年），頁106～107；呂正惠：〈戰後台灣知識份子與台灣文學〉，《文學經典與文化認同》，（台灣：九歌出版社，民國84年），頁20～24；應鳳凰：〈「自由中國」、「文友通訊」作家群與五十年代台灣文學史〉，《文學台灣》二十六期，民國87年4月；陳芳明：〈台灣現代文學與五○年代自由主義傳統的關係——以「文學雜誌」爲中心〉，《後殖民台灣》，（台北：麥田出版社，民國91年）；朱雙一：〈「自由中國」與台灣自由人文主義文學脈流〉，收入范希周主編《台灣研究論文集》，（福建：廈門大學出版，2000年）。另外也有學位論文涉及到此問題，分別爲沈靜嵐《當西風走過：六○年代「現代文學」派的論述與考察》，（成功大學歷史研究所碩士論文，民國83年6月）；郭淑雅《「自由中國」與轟華苓文學》，（靜宜大學中文研究所碩士論文，民國90年6月）；徐筱薇《戰後台灣現代主義思潮之出發：以「自由中國」、「文學雜誌」爲分析場域》，（成功大學台灣文學研究所，民國93年6月）。然三者都不是直接針對自由主義傳統與現代主義文學之間的關係作分析，所處理的問題和資料亦與本論文不盡相同。

在，也是了解現代主義文學興起的重要背景。

　　此外必須注意的是，前人所討論的《自由中國》、《文學雜誌》、《文星》等自由主義重要刊物，都是延續五四以來中國大陸的自由主義傳統，那麼台灣本土的自由主義傳統為何？根據薛化元的研究，日治時期的台灣知識份子追求自由民主的理想，曾推動撤廢「六三法」、要求設置台灣議會，希望制衡台灣總督府的權力，保障台灣人民的參政權，凡此皆為自由主義在政治改革方面的彰顯。然而隨著日本大正民主時代的結束，自由民主思想受到三〇年代軍國主義的打壓。直至中日戰爭結束初期，台灣的政治文化活動曾一度熱絡，卻又因二二八事件的影響而中斷，並隨語言政策的轉換而沉寂。〔註3〕日治時期以來由台灣本土菁英主導的自由民主思想和文化活動，遂呈斷裂的狀態。在這樣的時空背景下，使得一九五〇年代在台灣出現的自由主義，無法接續日治時期的傳統，而必須承繼五四以來的中國自由主義傳統。

　　因此，本論文以五四以來的自由主義傳統與台灣現代主義文學的崛起為題，擬就二者之間的關係作深入的探討與分析，藉以明瞭五〇年代現代主義文學在台灣的興起與開展之情況。本論文的研究，將有助於學界對自由主義傳統如何影響戰後台灣現代主義文學興起的過程，有較為清楚和完整的了解。

二、名詞界定：「自由主義傳統」與「自由派作家」之意涵

　　本論文以自由主義傳統與台灣現代主義文學興起的關係為探討重點，為了避免名詞使用上的涵義籠統而造成誤解，有必要將「自由主義傳統」的意涵作一明確界定。所謂自由主義傳統，是指西方的自由主義思想在清末傳入中國後，經歷民國五四時期以來知識份子透過同仁刊物的宣傳，在政治、思想文化和文學領域發生影響，從而形成一種特定的精神傾向或理念系統；因其有傳播和影響的性質，故能形成一種思想傳統。它的內涵已融入當時中國社會文化的特殊需求，也是五四精神的重要形塑成分，因此與西方自由主義的側重點並不完全相同。

　　作為西方現代國家和資本主義體系的思想型態，自由主義的基本特性有四：（一）個人主義，（二）平等主義，（三）普遍主義，（四）改良主義。其具體主張包括了維護思想言論自由、肯定私有財產、尊重市場機能、主張政

―――――――――――――

〔註3〕可參薛化元：〈自由中國雜誌自由民主理念的考察：一九五〇年代台灣思想史研究之一〉，《台灣史研究》第二卷第一期，（民國84年6月），頁127～128。

府分權制衡等等。〔註4〕中國的自由主義傳統，則處於反抗封建社會、軍閥統治和帝國主義侵略的環境，因此變成了解放和批判的工具，其精神或思想特性為：（一）崇尚民主科學，（二）強調個人價值和個性解放，（三）獨立批判的理性精神，（四）愛好自由，傾向寬容、開明與進步。〔註5〕因為這些特質，自由主義者通常反對外力的強制干涉，要求政治民主化或人權（思想、言論、集會結社等人身自由）的保障，關注婦女解放、教育獨立和學術自由等議題，而且對不同的意見和主張，採取各行其是的態度，即對各種理念持「容忍與自由」的立場，保持互相尊重與各擅勝場的互動關係。〔註6〕

此外，本論文還要闡明「自由派作家」的產生背景及指稱定義。首先，「自由派」相較於「自由主義者」而言，是一個較廣義的指稱名詞。自由派通常並非嚴格定義下的自由主義信仰者，也無明顯的結派行為；他們與自由主義傳統的精神氣質可以互通，卻沒有那麼旗幟鮮明。而所謂的「自由派作家」乃產生於特定的時代背景，即指五四以來在國共兩黨的政治意識型態夾縫中求生存，時而與右派對立衝突，時而又遭左派批判攻擊的一群中間作家。這些作家可能沒有明確的政治或社會改革主張，但多半秉持思想自由和創作自由的理念，不願文學受到政治等外力因素的支配，也較易於接受新的文學思潮和觀念，因而表現出對純文學的堅持或藝術形式實驗的興趣。因此，論者多將三〇年代的新月派、新感覺派和《現代》派作家、第三種人與自由人，以迄四〇年代上海孤島作家和九葉詩人劃歸「自由派作家」。〔註7〕

到了五〇年代以後的台灣，「自由派作家」則通常指反對共產極權，但又

〔註4〕 引自江宜樺《自由民主的理路》，（台北：聯經出版社，民國90年），頁286。

〔註5〕 殷海光評論清末到五四時期的自由主義思想人物時，為自由主義人物的衡量標準作了六項特質界定：一、批孔；二、提倡科學；三、追求民主；四、好尚自由；五、傾向進步；六、用白話文。他並認為某人在某一階段的思想符合其中四項，就可以算是自由主義者。這六項特質中，批孔和用白話文都屬於特定時期的行為表現，其實可以涵括在自由主義獨立批判的精神之中。因此本論文對自由主義傳統之特質界定，採用了較具有時代通性的表述方法。所引見殷海光：〈自由主義的趨向〉，史華慈等著，周陽山等編《近代中國思想人物論——自由主義》，（台北：時報出版社，民國71年），頁22。

〔註6〕 可參考張忠棟等主編《現代中國自由主義資料編選：什麼是自由主義》序，（台北：唐山出版社，民國88年）。

〔註7〕 可參考劉川鄂《中國自由主義文學論稿》，（湖北：武漢出版社，2000年），頁21；胡偉希等著《十字街頭與塔：中國近代自由主義思潮研究》，（上海：上海人民出版社，1991年）。本論文第一章第三節亦有詳盡論述。

不願文學創作侷限於反共文學一隅，使文學淪爲特定政治目的之宣傳工具，因而傾向自由創作與表現的作家，如《自由中國》、《文學雜誌》和《文星》作家群，此種自由創作傾向，對戰後台灣文學主流從反共文學向現代主義文學轉移，亦有相當的助成作用。自由派作家與現代詩人和小說家也有交集，尤其在自由主義者的政治改革失敗後，改革焦點只能轉向思想文化和文學領域，現代主義更被作家們視爲一種進步的藝術革新手段而加以提倡，使得現代主義文學在六〇年代成爲創作的主潮。

三、研究方法、資料與範圍說明

　　本論文的研究性質，是屬於文學思潮生成的歷史背景與政治社會因素的外緣研究，而又涉及到兩種思潮之間的關係與影響研究，因此將以思想和觀念性的論述文章爲分析對象，除非有必要，否則不做文學作品本身的形式與內容分析。故而在研究方法上，是採取以思想論述文章爲主的文獻分析法。又，本論文的研究重點是以五〇年代台灣現代主義文學運動的興起爲主，包括了現代詩和現代文藝運動，以及小說的創新要求。在研究的方向上則分爲二個部分，一方面要追溯自由主義傳統對現代主義文學運動的影響，另一方面要探討現代主義文學運動推展的經過與訴求內容，最後再綜合二個部分，對戰後台灣的現代主義文學運動作整體評估。

　　本論文使用的資料，主要是以提倡自由主義和現代主義的刊物文章爲主，尤其是五〇年代三份自由主義的刊物：《自由中國》、《文學雜誌》和《文星》，與台灣五〇年代的現代主義文學運動關係十分密切，是本論文研究的重點。至於林海音在一九五三年主編《聯合報·聯合副刊》，秉持自由開明的作風，刊登現代主義詩人的作品，亦屬自由主義精神的發揚，然本論文主要以雜誌型刊物爲研究對象，故暫不涉及《聯副》。〔註8〕

　　另外列入探討的刊物，還有致力於現代小說創作且成績斐然的《現代文學》，以及提倡現代詩與相關論戰文章的報刊，除了《自由中國》、《文學雜誌》和《文星》外，主要有《現代詩》、《創世紀》、《藍星詩刊》、《自由青年》、《筆

〔註 8〕林海音主編的《聯副》，是五〇年代傳承自由主義創作精神最重要的大眾化場域，在以知識份子爲號召的自由主義刊物之外，提供了一個向平民大眾開放的文藝空間。可參考施英美《聯合報副刊時期（1953-1963）的林海音研究》，（靜宜大學中文研究所碩士論文，民國 92 年 6 月）。

匯》等刊物，及《中央日報》等報紙。這些期刊報紙裡的文章，有些已收入
後人編選的文學資料專書，或是個人的著作文集，此亦爲本論文徵引資料之
來源。至於大陸五四時期以來的自由主義刊物，其中重要的代表文章亦多收
入後人編訂之專書，本論文便以此爲主要徵引對象，並註明原發表之刊物與
日期，以利時代背景之判斷與了解。

　　本論文研究的時間範圍，以五〇年代到六〇年代台灣文學主流遞嬗的過
程爲主，從中可以看到現代主義文學如何取代反共文學而成爲一種新興的文
學運動。關於現代主義文學思潮內容的引述範圍，則以現代小說與現代詩的
創作觀念和技巧爲主，因爲二者在現代主義文學中最有表現特色及成就。其
他如散文、戲劇、音樂、繪畫的部分，因涉及更廣闊的文藝類型且各具專門
性質，恐非本論文所能詳探，但仍會配合論述需要做扼要說明及補充。

　　本論文不計緒論與結論，共分爲八章十六節，茲將整體的章節架構與探
討問題簡述如下：

　　緒論——說明研究角度及研究現況、使用名詞之界定，以及研究的方法、
資料與範圍。

　　第一章「自由主義傳統與五四以來新文學的建立發展」——探討自由主
義傳統的形成，以及自由主義傳統對五四以來新文學發展的貢獻。

　　第二章「戰後台灣反共文學主流論述的形成與轉移」——探討反共文學
成爲戰後台灣文學的主流，它的建構模式與接受檢討批評而醞釀改變的經
過。

　　第三章「《自由中國》的自由民主訴求與文學表現」——探討《自由中國》
提倡的民主、言論與文藝創作自由，對五〇年代台灣的文學環境和創作內容
的影響。

　　第四章「《文學雜誌》對台灣現代主義文學的導引」——探討《文學雜誌》
提倡的文風、引介的理論與文學批評的示範，對台灣現代主義文學所起的引
導作用。

　　第五章「《文星》的思想啓蒙與台灣現代文藝運動」——探討《文星》思
想啓蒙的定位、以及提倡現代主義文藝和全盤西化論的作用與意義。

　　第六章「《現代文學》與六〇年代台灣現代主義的推展」——探討《現代
文學》的創刊目的與引介西方現代文學的成績，以及如何透過文學批評和創
作，進行現代主義文學實踐。

　　第七章「台灣現代詩運動的興起與發揚」——探討戰後台灣現代詩運動的興起原因、與五四新詩革命的傳承，以及「現代詩」、「藍星」、「創世紀」三大詩社如何推動與發揚現代詩。

　　第八章「現代詩論戰的傳播與影響」——探討現代詩論戰的傳播主力、進行過程、內容主張及其所造成的影響。

　　結論——根據各章探討重點歸納出研究結果。

第一章　自由主義傳統與五四以來新文學的建立發展

　　中國自清朝鴉片戰爭〔1840〕之後，即飽受西方列強帝國主義的侵凌，船堅砲利擊潰的不僅是古老封建帝國落後的武力與科技，同時也敲開了自給自足的社會文化系統，造成西潮大量輸入以及對中國思想文化的巨大衝擊，從政治制度、社會型態到文化內涵，都面臨著現代化的壓力。清末民國以來，進步的知識份子無不借西潮的引進，致力於民族的啓蒙與改革，以達救亡圖存的任務。其中自由主義自清末嚴復、梁啓超的引進與鼓吹，在民國初年和五四時期，即對中國的政治和文化思想層面發生了重要的影響。

　　胡適是民國以來自由主義知識份子的主要領導人，由他所開啓的白話文運動到與陳獨秀在《新青年》倡導的文學革命，爲中國新文學帶來了語言工具的革新，而自由主義所秉持強調的獨立批判與個人價值，也刺激了從文化領域到文學內容的反古、創新等意識，並激發出五四以來「人的文學」精神的普遍昂揚。由此衍申出來的人道主義寫實路線，和重視個性解放的浪漫主義路線，成爲五四新文學「以人爲本」的兩個不同的表現面向。而自由主義知識份子也透過《新青年》、《新潮》、《每週評論》、《努力週報》、《現代評論》、《新月》和《獨立評論》等雜誌，建立了從五四時期到三〇年代的自由主義傳統，依據民主科學、思想自由和創作自由的理念，分別在政治評論和文化文學改革的議題上，提出他們的看法。

　　雖然一九二〇年以後的自由主義陣營，已分裂出另一條社會主義的路

線，並於三〇年代掀起革命文學熱潮，自由主義的影響力愈益微弱，自由派知識份子的文學主張亦各有不同，但是反對政治干預文學、追求思想創作自由的傾向則是一致的，他們從白話文學的提倡到各種文學改革主張的提出，促進了五四新文學內容形式上的建立和發展。當三〇年代革命文學在上海大熾之際，自由派作家中有「新感覺派」和《現代》派的出現，他們不想追隨特定目標的文學題材和寫作模式，繼續借鑑西方新興的現代主義文學技巧，進行純藝術的探索與實驗，爲新文學在都市題材和藝術形式的開發上，提供了嶄新的空間，雖然並未形成主流，但也可視爲五四以來新文學在題材和技巧上進一步的拓展，這是自由派作家較爲集中的提倡現代主義文學的開始。本章探討自由主義知識份子和自由派的作家，如何建立自由主義的傳統和發揮其精神；除了在政治領域的表現之外，主要從自由主義和五四以來新文學在形式與內容發展上的關係進行分析，以明瞭自由主義傳統對五四以來新文學發展的影響與貢獻。

第一節　清末民國以來的自由主義傳統

一、自由主義概說及其在清末民初的引進

　　自由主義（Liberalism）是近代西方的政治社會傳統，也是廣大的人文主義思想的一環。〔註1〕它的興起與資本主義的深化、中產階級的壯大和民主政治的建立密不可分，也可以說是伴隨著現代國家的興起而產生的。作爲一種政治哲學，自由主義從十八世紀啓蒙運動的興盛中萌現與成形，並在十九世紀發展出系統化的理論與主張，主要係針對西方傳統由君主、貴族或宗教力量統治國家的觀點提出挑戰，尋求與經濟實力相當的政治權力，鼓吹建立世

〔註 1〕人文主義（humanism）是淵遠流長的西方學術思想主流，它的源頭可上溯到西元前五世紀希臘城邦政治的公民社會，是一種以「人」爲中心的思想精神。自十四、十五世紀義大利的文藝復興運動開始，人文主義一直影響著近五百年來西方的社會與思想發展。因爲以人爲中心，所以強調個人的價值與人的尊嚴，並以理性作爲解除宗教迷信和權威主義制度的武器，使人獲得一定程度的選擇和意志自由，可以改變方向、進行創新，從而開啓改善自己和人類命運的可能，十七、十八世紀的啓蒙運動正是人文主義精神發揚的過程，自由主義則吸收了此一精神，成爲西方民主政治和現代國家的主要思想基礎。參考 Alan Bullock 著，董樂山譯《西方人文主義傳統》，（台北：究竟出版社，民國 89 年 11 月）。

俗的、憲政和代議制的政府。〔註2〕

　　早期的自由主義（或稱古典的自由主義）是以英美派的洛克、亞當史密斯、邊沁、詹姆士彌爾和約翰彌爾等人為代表，強調的是「消極自由」，即「免於……的自由」，以個人主義為基礎，〔註3〕重視個人的價值，相信人人具有理性，足以自主自動，主張減少政府權力對個人自由的干涉，在政治上擁護民主制度，在經濟上採取放任經濟，在個人權利上則要求信仰、思想和言論等自由的保障。故自由主義的基本目標總是在反對干預與解除束縛，以個人為目的，視國家為工具，〔註4〕「自由」即是一種外在干預解除的狀態。到了十九世紀中期後，由於資本主義的弊端叢生，以歐陸派盧梭、康德、黑格爾為傳統的新自由主義則轉而強調「積極自由」，認為自由是自己成為自己的主人，並從限制政府權力變為以國家力量來防止社會經濟勢力對個人的不當操控，例如透過社會立法或社會福利計劃，使人民更有實現自由與發展自我的機會。〔註5〕

　　總之，自由主義所帶來的個人自由與解放，是西方文化獨特的成就，隨著西風東漸，自由主義也在清末傳入了中國，並成為推動中國社會由封建體制走向現代化的主要思潮之一。從一八九〇年到一九一〇年的將近三十年間，自由主義的理想一直是中國知識界與政治界注目的焦點；辛亥革命之後，自由主義的思想傾向一度達到顛峰，「民主」成為廣大中國知識份子革命的口號。即使到一九二〇年時，自由主義的政治力量已逐漸微弱，但民主已形成政治制度上的理想目標，而五四時期自由主義在思想文化領域的改革成績，也不容忽視。

　　最早將自由主義的觀念介紹到中國來的是嚴復，他所譯介的西學論著如

〔註2〕見大衛・克里斯托編《劍橋百科全書》，（台北：貓頭鷹出版社，民國86年），頁602。

〔註3〕個人主義在西方是一個涵義分歧不一、常被誤解和濫用的名詞，大體上是指自洛克（1632至1704）以來維護個人獨立、自主、自由、自治的自由民主理論的思想基礎，亦即自由主義所依據的思想基礎。

〔註4〕見王雲五編編輯《雲五社會科學大辭典第三冊：政治學》「自由主義」條，（台北：商務印書館，民國60年2月），頁118。

〔註5〕張明貴《自由論：西方自由主義的發展》，（台北：台灣書店，民國87年3月），頁21～22。有關自由主義在西方的源起、詳細的形成原因、發展過程和當前的實踐與侷限等問題，尚可參考 Frederick Watkins 著，李豐斌譯《西方政治傳統：近代自由主義之發展》，（台北：聯經出版社，民國88年6月）。

赫胥黎的《天演論》，對當時的中國思想界發生了很大的影響。一九〇三年，嚴復翻譯出版了約翰彌爾的《論自由》，但恐國人誤解自由的真義而將書名改為《群己權界論》，將重點放在個人自由面對社會權利時所需的節制上，並且把個人自由視為增進社會效率的工具，有助於國家的富強進步。這和約翰彌爾所強調的個人自由為最高價值的說法已經有目的上的不同，自由主義自始就被當作一種社會變革的工具性價值引介到中國，這也是清末以來西潮輸入的特殊背景。雖然嚴復將西方自由主義作了改造，在《群己權界論》「譯凡例」中一段極重要的話，仍可體現出自由主義的個體獨立和理性批判的精神：

> 須知言論自繇（由），只是平實地說實話求真理。一不為古人所欺，二不為權勢所屈而已。使理真事實，雖出之仇敵，不可廢也。使理謬事誣，雖以君父，不可從也。此之謂自繇。亞里斯多德嘗言：「吾愛吾師柏拉圖，勝於餘物。然吾愛真理，勝於吾師。」即此義耳。蓋世間一切法，惟至誠大公，可以建天地不悖，俟百世不惑。未有不重此而得為聖賢，亦未有悖此而終不敗者也。使中國民智、民德有進今之一時，則必自寶愛真理始。仁勇智術，忠孝節廉，亦皆根此而生，然後為有物也。〔註6〕

這段話還可以看到：嚴復認為敢說敢言不屈從、勇於追求真理，是個人自由的基本表現，也是一切美德的根本，並且能夠提昇中國人的民智與民德，充分反映出清末以來知識份子已由器用制度的改革，轉變為新民救國的思考認知模式。提倡「新民說」的典型代表人物是梁啟超，他認為一切改革計畫必須以人民的思想態度和價值觀的現代化為出發點，有了現代化的人民，不僅有助於民主自由政府的建立，更有助於一個強大的新中國的誕生，因此他為文鼓吹西方的民主與自由，提倡思想解放與懷疑批判的精神，宣傳自由主義的理想。梁啟超的自由主義融合了儒家、日本明治維新和西方自由主義的觀念，是清末民初中國自由民主運動的一位重要開路先鋒。〔註7〕

嚴復和梁啟超是中國自由主義兩大系統的奠基人。嚴復和胡適一系的主體為英美留學歸國的學人，熱衷於從思想文化入手，以辦刊物的方式鼓吹自由民

〔註6〕嚴復譯《群己權界論》「譯凡例」，收入林載爵等編《嚴復合集》第十一冊，（台北：財團法人辜公亮文教基金會出版，民國87年9月），頁4。

〔註7〕參考殷海光：〈自由主義的趨向〉；黃崇智：〈梁啟超與近代中國的自由主義〉，見史華慈等著，周陽山等編《近代中國思想人物論——自由主義》，（台北：時報出版社，民國71年9月）。

主理想。梁啟超和其後的張君勱一系，則多半爲政治家型的自由主義知識份子，多有留學或遊歷日本的經歷，主張從參與政治現實入手，以組黨方式推動自由民主理想。〔註8〕這兩大系統儘管對某些問題的見解不同，但是都服膺自由民主制度，也爲中國的自由主義提供了不同面向的實踐。以下本論文所討論的自由主義傳統，主要是以胡適一系的關注思想文化問題的刊物爲主。

二、民國以來自由主義傳統的形成與影響

　　民國成立以後，由於袁世凱的帝制運動和軍閥割據的連串動盪，民主政體和自由人權的觀念始終無法落實，知識份子普遍認爲思想和文化的啓蒙乃體制變革的基礎，故進一步倡導西方的民主與科學價值，而自由主義正是民主與科學的精神基礎。在民國初年的五四時期，〔註9〕自由主義的貢獻是對新文學的產生和新文化的形塑發揮了重要的影響，此時最主要的自由主義代表人物爲蔡元培和胡適。蔡元培曾任民國初年的教育總長，他注意到教育對思想改革的重要，提出了新式的教育改革計劃，主張教育應脫離政治的控制，並推行新公民道德教育，可惜未獲實現。在五四新文化運動展開的時候，蔡元培任北京大學校長，他所倡導的「思想自由，兼融並包」的學風，對五四新文化運動引進的新思潮有很大的涵容和推動作用，他並延攬胡適、陳獨秀到北京大學任教，使北大成爲新文化運動的領導重鎮。〔註10〕

　　至於新文化運動的肇源，是胡適在一九一六年留學美國的時候，因爲思考以白話文取代文言文的可能性，而爲日後的文學革命播下種子。胡適的思想深受其師杜威的自由主義和實驗主義薰陶，認爲所有理論都必須經過實驗證明，才能信其爲眞理，這就是一種科學方法在思想上的運用，而自由主義

〔註8〕　參考何卓恩《「自由中國」與台灣自由主義思潮》，（台北：水牛出版社，民國97年3月），頁80。

〔註9〕　本論文對「五四時期」的時間界定採用一般學界的分法，即 1917 年至 1927年，這段時期發生了很多重要的事件，例如 1917 年《新青年》的文學革命（白話文運動）、1919 年五四愛國學生運動及工商界罷市罷工、還有值此前後知識份子倡導的思想啓蒙與文化改革運動，一般將這些事件用廣義的「五四運動」來通稱之，本論文則著重其中涉及文學、思想和文化改革的「五四新文化運動」，中國新文學即由此而得到催生和建立。

〔註10〕　蔡元培在 1916 年 12 月 26 日被任命爲北京大學校長，關於蔡元培與北京大學的自由學風及新文化運動的關係，論著極多，較清楚扼要的論述可參考陳萬雄《五四新文化的源流》，（北京：三聯書店，1997 年 11 月）。

的理性原則正是科學態度的顯現，故杜威將自由主義解釋爲「把科學的思想習慣運用到社會事務之中」的一種有助於維護民主社會結構的思想訓練和精神導向。〔註11〕胡適受此影響，形成了他在面對一切學說信仰時特有的懷疑與實驗態度，也導致他堅決反對一切阻礙思想自由的習俗與政治禁錮，以及古今一切武斷的思想權威、教條主義和正統觀念。這個懷疑與實驗的精神在五四新文化運動時發展到高峰，成爲重新估量中國傳統文化的憑藉點，胡適也成了新文化運動的主要領導人物之一。從文學革命所推行的白話文運動開始，胡適就看到作爲表達思想意識的語言工具更新的必要，力倡以生活的白話文代替僵化的文言文，期待知識份子能夠走出古人的意識型態而達到新的思想方式之轉換，他的看法得到《新青年》的創辦人陳獨秀的支持，於是《新青年》便成爲胡適、陳獨秀等人推展文學革命的園地，而自由主義的理念與精神，也開始透過辦雜誌的方式來傳播，爲新文學和新文化等思想啓蒙的展開，提供了思想背景的依據。

（一）《新青年》、《新潮》和《每週評論》

一九一五年九月創刊於上海的《新青年》，顧名思義即有著改造青年思想、再創新文化以建設現代新中國的目的，它在發刊詞〈敬告青年〉中呼籲青年人的思想行爲應擺脫陳習，建立「自主的而非奴隸的、進步的而非保守的、進取的而非退隱的、世界的而非鎖國的、實利的而非虛文的、科學的而非想像的」六種新態度，〔註12〕鼓勵青年自我解放、理性思考，作自我的主人，就展現了自由主義重視個人價值和進步批判的精神。《新青年》標榜民主與科學，鼓吹個性解放的觀念，成爲新文化運動的重要推手，一直到一九一九年五四運動前夕，《新青年》都是文學革命和新文化運動的堅強領導陣營，但自五四運動以後，《新青年》則轉向了社會主義的道路，它所凝聚的一批知識份子也在思想信仰上發生分裂，李大釗、陳獨秀等人開始積極宣傳馬克思主義，而胡適則堅守自由主義立場，在《每週評論》提出「多研究些問題，少談些主義」的呼籲，並希望把日漸變質的新文化運動收束在「研究問題，

〔註11〕 參考沈衛威《學思與學潮：胡適傳》，（台北：立緒出版社，民國89年8月），頁87～88；格里德著，魯奇譯《胡適與中國的文藝復興》，（江蘇：江蘇人民出版社，1989年6月），頁348。

〔註12〕 《新青年》原名《青年》，自1916年第2號更名爲《新青年》，它的發刊詞爲陳獨秀所寫，收於張忠棟等編《現代中國自由主義資料選編：什麼是自由主義》，（台北：唐山出版社，民國88年6月），頁4～7。

輸入學理，整理國故，再造文明」的範圍內。一九二○年九月，《新青年》已成爲共產黨小組的機關刊物，介紹蘇聯文學界的創作和理論，並傳佈共產主義思想，至一九二六年七月停刊。〔註13〕

另外還有《新潮》，一九一九年一月由北大學生羅家倫、傅斯年等人所創辦，打出「文藝復興」的大旗響應《新青年》的文學革命，在反封建禮教、鼓吹新文化和新文學創作方面頗有成績，是中國自由主義的一股富有朝氣和時代精神的新生力量。而陳獨秀等人在思想轉向之前，於一九一八年十一月創辦的《每週評論》，以「主張公理，反抗強權」爲宗旨，對軍閥統治侵害人民的平等自由進行抨擊，亦可納入自由主義的思想系統。五四時期自由主義思想的表現，主要即是以辦雜誌的形式來推動文學革命和新文化運動，其所揭示的個人價值與個性解放，更成爲知識份子用以掙脫中國傳統封建社會與文化加諸於個人的壓抑及束縛。一九一九年五月四日爆發的學生反帝愛國運動，就是受到《新青年》、《新潮》、《每週評論》所提倡的自由民主思想之啓發，這三份刊物也是文學革命時期最具代表性的啓蒙刊物。

（二）〈爭自由的宣言〉、《努力週報》和《現代評論》

有鑒於軍閥政黨日趨黑暗的統治，以胡適、蔣夢麟爲首等七位自由主義知識份子，也一反不願談論政治的立場，聯名在一九二○年八月的《東方雜誌》上，針對現實政治問題發表了〈爭自由的宣言〉，以英美式的民主、人權、自由和法治精神作參照，對現行政治上限制人民自由的管制條例進行批評，並要求言論、出版、集會結社和書信秘密的自由不得在憲法外設立制限的法律，同時應實行「人身保護法」，保障人民身體自由不得爲官廳軍警處任意剝奪。〔註14〕這是民國以來的自由主義知識份子第一篇公開宣言，也是他們正

〔註13〕 參考許志英《五四文學精神》，（南京：江蘇文藝出版社，1991 年 5 月）。五四運動之後，自由派陣營的知識份子所以會發生思想分裂而部分轉向社會主義，主要是受到 1917 年俄國十月革命的刺激，蘇俄共產革命成功後，爲爭取中國的承認與支持，乃於 1919 年 7 月對中國發表宣言，聲明將放棄帝俄時代在中國取得之所有特權，使當時受到西方帝國主義強權欺凌的中國人民，對蘇俄產生相當的好感與憧憬，《新青年》在 1919 年 5 月即推出「馬克思主義研究專號」，介紹馬克思的學說。1920 年 5 月，陳獨秀等人在上海成立「馬克思主義研究會」，在八、九月間又發起組織中國共產黨，1921 年共產黨正式成立，陳獨秀等人與胡適等自由派知識份子分道揚鑣。這段史實可參考張玉法《中國現代史》，（台北：東華書局，民國 83 年 4 月）。

〔註14〕 見胡適、蔣夢麟、陶履恭、王徵、張祖訓、李大釗、高一涵：〈爭自由的宣言〉，

式面對政治問題的開始。一九二二年五月七日，胡適主持的《努力週報》創刊，展開了自由主義議政和參與政治的道路，在《努力週報》第二號上，刊出由蔡元培、胡適、丁文江等十六人聯名的〈我們的政治主張〉，提倡所謂的「好政府主義」，即政府應該實施憲政，充分容納人的自由，愛護個性的發展，並運用政治機關為社會全體謀充分的福利。〔註 15〕他們寄望北京出現好人參政的政府，由漸進的改革完成國家的和平統一。這樣的政治主張因過於理想性而歸於失敗，因為以中國當時內憂外患不斷的混亂情形而言，根本欠缺自由主義政論所需的理性安定的社會基礎。

一九二四年十二月，陳源、徐志摩主編的《現代評論》在北京創刊，以周刊的形式於每週六、日出版，內容包括論政治、經濟、法律、文藝、科學的各種文章，並於發刊詞中標明：「本刊的精神是獨立的，不主附和；本刊的態度是研究的，不尚攻訐；本刊的言論趨重實際問題，不尚空談。」〔註 16〕可謂秉持了自由主義一貫的獨立批判和理性客觀的精神，胡適、高一涵、王世杰等人的時政批評和陳源（西瀅）的雜文、徐志摩的散文與詩、凌淑華的小說都常見諸該刊。一九二七年七月《現代評論》遷移到上海出版及發行，至一九二八年十二月停刊。

（三）《新月》和《獨立評論》

國民黨革命勝利定都南京後，胡適等一班自由主義知識份子也聚集到了上海，打算繼續從事思想文化的改革與建設，遂於一九二八年三月創辦了《新月》。《新月》是一份文藝性質非常濃厚的雜誌，由徐志摩、聞一多、饒孟侃、梁實秋、潘光旦等人編輯，胡適為不掛名的領導人。這些成員多有留學英美的背景，深受西方自由主義的影響，雖然沒有明確的共同主張和組織，但卻在其發刊詞〈新月的態度〉中表明了他們的基本傾向：「主張思想和言論自由，提倡尊嚴與健康的文學風氣，拒絕商業化和任何標語口號的干擾。」〔註17〕

收入《現代中國自由主義資料選編：什麼是自由主義》。

〔註15〕〈我們的政治主張〉由蔡元培、王寵惠、羅文千、湯爾和、陶行知、王伯秋、梁漱溟、李大釗、陶孟和、朱經農、張慰慈、高一涵、徐寶璜、王徵、丁文江、胡適十六人聯名，其要點敘述參考沈衛威《學思與學潮：胡適傳》，頁 219。

〔註16〕見《現代評論》發刊啟事，《現代評論》第一卷第一期，民國 13 年 12 月 13 日，頁 2。

〔註17〕見〈新月的態度〉，收入張忠棟等編《現代中國自由主義資料選編：什麼是自

　　這批自由主義知識份子在文學領域最重要的表現，就是新月派的詩人進行格律詩的試驗和改良，以及梁實秋的新人文主義文學評論，〔註18〕在三〇年代的左翼革命文學盛行之時，梁實秋堅持以人性的文學對抗左翼作家的階級觀與革命文學（見本論文第七章第一節）。而胡適本人則針對國民黨的訓政體制，繼續發表自由主義的政論，從《新月》第二卷第二期開始，有胡適的〈人權與約法〉、羅隆基的〈專家政治〉，三期有梁實秋的〈論思想統一〉，大致上皆要求實施民主憲政，鼓吹法治、人權與思想自由。尤其自羅隆基編第三卷起，政論的色彩愈益濃厚，光是論人權的文字前後就有十幾篇，後來輯成《人權論集》由新月書店出版。《新月》希望對國民黨提出善意的批評，在擁護中扮演「諍友」的角色，但是在當時政府亟欲凝聚向心力對抗外敵的氣氛下，他們的言論自然是不受歡迎且難以實現的，《新月》也遭到多次警告和查禁。〔註19〕

　　隨著九一八事變和一二八事變的爆發，日本對中國展開無情的侵略，自由主義知識份子所致力的思想文化奠基亦面臨炮火的摧折。在國難方殷的動盪年代裡，胡適仍力圖秉持獨立的精神，發揮知識份子對民族與國家社會的關心，因此和蔣廷黻、傅斯年等人在一九三二年五月又創辦了《獨立評論》，胡適在發刊詞的引言中說，希望根據自己的知識，用公平的態度來研究中國當時的問題，並說明《獨立評論》的命名用意是：「不倚傍任何黨派，不迷信任何成見，用負責任的言論來發表我們各人思考的結果；這是獨立的精神。」〔註20〕基本上《獨立評論》是賡續《新月》對國民黨訓政批評的政論性雜誌，對於日趨緊張的中日關係和隨之而來的學生運動採取較中立和不趕時髦的立場；但是在一些內政和外交問題的看法上，為了國家的安定，則站在支持國

由主義》。

〔註18〕《新月》也有現代戲劇和小說方面的成績，例如余上沅的戲劇和沈從文、凌淑華的小說。但是若從《新月》與時代特別有關的社會科學方面的貢獻來看，當推：（一）新詩體的建立與鞏固；（二）自由主義的政論；（三）文學批評理論的建立。見侯健：〈梁實秋與新月及其思想與主張〉，收入余光中編《秋之頌：梁實秋先生紀念文集》，（台北：九歌出版社，民國77年2月），頁87。

〔註19〕參考梁實秋：〈憶「新月」〉，《梁實秋自選集》，（台北：黎明文化出版社，民國64年5月），頁320；侯健：〈梁實秋與新月及其思想與主張〉，余光中編《秋之頌：梁實秋先生紀念文集》，頁93；沈衛威《學思與學潮：胡適傳》論「新月」部分，頁220～239。

〔註20〕《獨立評論》引言，收入張忠棟等編《現代中國自由主義資料選編：什麼是自由主義》。

民黨政府的一方，〔註 21〕這裡也顯出了自由主義知識份子的某種折衷和與現實妥協的傾向。

　　大致而言，民國以來的自由主義思潮，就是藉著這些同仁雜誌的創辦來傳佈。從五四時期的《新青年》、《新潮》、《每週評論》、《努力週報》、《現代評論》，到三〇年代的《新月》和《獨立評論》，建立並形成了一種自由主義傳統，即重視個人價值和個性解放、以及不畏強權、理性批判的獨立自主精神，在基本的行為取向上是愛好自由和追求自由，因而主張寬容，反對外力的強制干涉，並進一步要求政治上的民主自由，或生活上的思想、言論、集會結社等人身自由（人權）的保障。胡適身為民國自由主義知識份子的領導人，他所鼓吹的自由主義精神，曾經是知識份子從事文化和政治改革的有力憑藉，不過仍然限於思想層次的啟蒙，而無法對現實的政治制度有所改善。雖然進入四〇年代以後，自由主義知識份子一度有過短暫的政治參與，卻因為國共內戰很快的喪失其影響力。〔註 22〕而自由主義傳統則由胡適、雷震等人帶到台灣，透過《自由中國》、《文學雜誌》、《文星》等刊物，繼續對台灣的政治和文學發生影響。〔註 23〕自由主義雖然在政治實踐上失敗，但是在文

〔註21〕 參考陳儀深：〈國共鬥爭下的自由主義〉，台北《近代史研究所集刊》第 23 期，民國 83 年 6 月，頁 242～243。

〔註22〕 一九三七年中日戰爭爆發，共產黨的勢力也在八年抗戰中壯大，並在戰後形成國共對峙的局面，自由主義者在這個時期大抵可分三種類型：一是以胡適為代表的個人諫爭型，因反共黨極權和希望國家統一安定，在政治立場上傾向支持國民黨，並為之出任駐美大使和國大代表，爭取美援和國內學界對國民黨的形象認同，二是以張君勱等人為代表的「中國民主同盟」，負責調停國共之間的摩擦，促使國家團結，可惜最後歸於失敗，三是以儲安平辦的《觀察》周刊為代表，一九四六年九月創刊於上海，超然於國共兩黨之外，以自由和寬容的精神論政。詳見陳儀深：〈國共鬥爭下的自由主義〉。在共產黨統治中國大陸後的自由主義，則被列入反右鬥爭而加以打壓，三十年來以民運和學運形式出現的自由主義運動，都被中共當局予以鎮壓，詳見張玉法：〈二十世紀中國的自由主義〉，台北《近代史學會通訊》第 5 期，民國 86 年 6 月。

〔註23〕 自由主義在戰後台灣的成長也不是很順利，早期是以《自由中國》的政論雜誌，扮演督促國民黨實施民主憲政的輿論領袖，終因其言論觸怒當局而被迫停刊。《文學雜誌》則在純文學的領域內作改革，《文星》則提倡現代文藝，後來更有全盤西化的口號出現。這三份雜誌對五〇到六〇年代台灣的政治、文學和文化的領域有著重要貢獻，也是本論文主要研究的對象。《文星》之後，在七〇年代初有《大學雜誌》，繼承此一所謂文人自由主義的傳統，對政治和社會問題發出評論。此後的自由主義力量，主要皆以台灣的政治社會問題為

學和文化方面的表現則甚有成績，例如五四新文化運動的提倡白話文、建立新文化精神、重估傳統和整理國故，〔註24〕在在可見「人的價值」之躍動與提昇，尤其自由主義對五四新文學的建立和發展，更有深遠的影響與意義。

第二節　自由主義精神與五四「人的文學」之昂揚

一、從語言形式的解放到個性解放

五四新文化運動所建立的新文學之精神，可用「人的文學」一詞來概括。在此之前，白話文運動作為一種文學工具革新運動，不但是自由主義知識份子掀起的文學革命之肇始，也是五四「人的文學」解放精神的前奏。〔註25〕一九一七年一月，胡適在《新青年》發表了〈文學改良芻議〉，針對文言文的弊病，提出白話文作文須注意之八事，以作為文學改良的基礎。此八事為：

> 一曰須言之有物。二曰不摹仿古人。三曰須講求文法。四曰不作無病之呻吟。五曰務去濫調套語。六曰不用典。七曰不講對仗。八曰

改革訴求，對文化思想和文學領域則較少注意。例如七○年代中期以後的自由主義，就分裂轉移到黨外政論雜誌如《台灣政論》、《美麗島》，以及活躍於八○年代、時而與民間改革力量呼應的《中國論壇》。九○年代以後，自由主義不再以同仁雜誌的面目出現，部分自由派的力量集結到「澄社」，而號稱要推廣自由主義理念的則有「殷海光基金會」。見江宜樺〈自由主義哲學傳統之回顧〉，台北《當代》第127期，民國87年3月1日。有關西方自由主義的起源和代表人物，以及自由主義在戰後台灣的發展和民主貢獻，較完整和系統的論述可參考江宜樺的近著《自由民主的理路》，（台北：聯經出版社，民國90年9月）。

〔註24〕從1917年起，胡適、顧頡剛、傅斯年、錢玄同等人，以懷疑的態度和科學方法重新考證古史與古書，尤其是儒家經籍，他們企圖瓦解儒家的經典意識，還原儒家經典的本來面貌，其中最具代表性的例子，就是對《詩經》的重新詮釋，他們擺脫舊有註疏，推翻詩序教化的觀點，直指《詩經》為民間樂歌文學，即展現了自由主義重視個人解放與獨立批判的精神。

〔註25〕其實早在五四運動之前的十九世紀末到二十世紀初，已有一些白話文報紙和期刊出現，如1897年章伯初等主編的《演義白話報》、1898年裘廷梁創辦的《無錫白話報》（後改名為《中國官音白話報》），1903年林白水創辦的《中國白話報》等等，陳獨秀在1904年2月也創辦了《安徽俗話報》，特別標榜以救亡圖存、開通民智為宗旨。這些報刊的生命均不長，因當時仍是古文當道的時代，白話文尚未形成氣候，不過可視為胡適、陳獨秀等人提倡白話文運動前的暖身。見皮述民等《二十世紀中國新文學史》，（台北：駱駝出版社，民國87年8月），頁18～19。

不避俗字俗語。〔註26〕

這是胡適一九一六年夏天在美之時，和梅光迪、任叔永、朱經農、胡先驌等人辯論白話作詩、以白話取代文言成爲「活的文學」所持之理論，和當時英美詩壇正流行的意象主義運動所倡的六條規則頗類似，例如活用日常會話語言、不模仿老的節奏，須創新節奏來表達新的思想等等，〔註27〕胡適可能受到英美意象主義的啓發而得到文學改革的靈感。就時序上來看，五四新文學的發端亦與歐美現代文學思潮有著同步發展的關聯性，從此中國的新文學也因語言工具的改良，而走出自足性的封閉傳統，獲得文學現代化意義上的嶄新價值，成爲世界現代文學的一環。

胡適因爲認識到語言改革和新思想的建立與普及之間的關係，所以他力求突破古詩古文的藩籬，擺脫好古和仿古的僵化意型，提倡與現代人經驗較接近、可以表達現代人思想情感的白話文學，並嘗試白話詩的創作來作爲白話文學的實例。他說：

> 文學革命的運動，不論古今中外，大概都是從「文的形式」一方面下手，大概都是先要求語言文字文體等方面的大解放。歐洲三百年前各國國語的文學起來代替拉丁文學時，是語言文字的大解放；十八十九世紀法國囂俄、英國華次活等人所提倡的文學改革，是詩的語言文字的解放；近幾十年來西洋詩界的革命，是語言文字和文體的解放。這一次中國文學的革命運動，也是先要求語言文字和文體的解放。新文學的語言是白話的，新文學的文體是自由的，是不拘格律的。初看起來，這都是「文的形式」一方面的問題，算不得重要。卻不知道形式和內容有密切的關係。形式上的束縛，使精神不能自由發展，使良好的內容不能充分表現。若想有一種新內容和新精神，不能不先打破那些束縛精神的枷鎖鐐銬。因此，中國近年的新詩運動可算得是一種「詩體的大解放」。因爲有了這一層詩體的解

〔註26〕 見胡適〈文學改良芻議〉，原載民國 6 年 1 月號《新青年》，收入《胡適文存》第一集，（台北：遠東圖書公司，民國 79 年 4 月），頁 5。

〔註27〕 英美意象主義運動盛行於 1912 年至 1917 年，主要領導人物爲龐德和艾米‧羅威爾。意象派的主張是針對英美詩壇過於耽溺詞藻和偏好抽象敘述的弊病而發，也是二十世紀第一個屬於現代主義運動的詩派。有關英美意象派六條規則及其與胡適「文學改良芻議」八條的關係，可參考王錦厚「意象派運動與文學革命運動」，《五四新文學與外國文學》，（成都：四川大學出版社，1996年 6 月），頁 445～460。

放，所以豐富的材料、精密的觀察、高深的理想、複雜的感情，方才能跑到詩裡去。〔註28〕

因此胡適認爲文學革命的程序是：「先要做到文字體裁的大解放，方才可以用來做新思想新精神的運輸品。」〔註29〕這是新文學的解放精神在形式工具上的一大表現。胡適的主張很快便得到陳獨秀的支持，並進一步在〈文學革命論〉中，提出了文學革命的三大主義是：

> 曰推倒雕琢的阿諛的貴族文學，建設平易的抒情的國民文學；曰推倒陳腐的鋪張的古典文學，建設新鮮的立誠的寫實文學；曰推倒迂晦的艱澀的山林文學，建設明瞭的通俗的社會文學。〔註30〕

文中說明了貴族文學、古典文學和山林文學都是徒重形式雕琢，內容則不脫帝王、權貴、鬼怪、神仙與個人窮通利達，無益於宇宙人生、社會政治之革新。〔註31〕此文對傳統文學的悍然宣判與新舊對立的劃分，固然失之武斷和以偏蓋全，〔註32〕但也突顯了新文學運動以平民和社會爲訴求的實用考量，希望藉由文學的改革達成國民智識改革的普及化，這從胡適後來發表的〈建設的文學革命論〉也可以看得出來。胡適將他的八事總括爲四條原則：

一、要有話說，方才說話。

二、有什麼話，說什麼話；話怎麼說，就怎麼說。

三、要說我自己的話，別說別人的話。

四、是什麼時代的人，說什麼時代的話。〔註33〕

〔註28〕見胡適：〈談新詩〉，這是胡適關於新詩革命一篇很重要的文章，發表於民國8年11月《新潮》二卷二號，收入《胡適文存》第一集，頁165～166。

〔註29〕見胡適《嘗試集》自序，收入《胡適文存》第一集，頁202。

〔註30〕陳獨秀〈文學革命論〉，原載1917年2月號《新青年》，收入胡適編選《中國新文學大系：建設理論集》，（台北：業強出版社，民國79年3月），頁44。

〔註31〕〈文學革命論〉，頁44～46。

〔註32〕胡適、陳獨秀的文學革命主張，後來遭到「學衡派」梅光迪、胡先驌、曹慕管、劉樸、吳芳吉等人的批評。「學衡派」作爲與新文化運動所代表的「文化激進主義」相對抗的「文化保守主義」思潮，發言刊物是創刊於1922年1月的《學衡》。受到美國新人文主義影響的《學衡》，針對新文化運動所造成的傳統文化崩解和倫理道德失序，試圖從文化發展的承繼性和規範化上，提出相應的理論來制衡，雖然並沒有在實際層面發生很大的影響，但自可代表新文化運動的反思意義而成其價值。有關學衡派的介紹可參考沈衛威《回眸學衡派：文化保守主義的現代命運》，（台北：立緒出版社，民國89年3月）。

〔註33〕胡適〈建設的革命文學論〉，《胡適文存》第一集，頁56。

　　文中除了重申簡易、明白、活潑的口語之價值，胡適明確提出四原則的真正用意，也是希望現代人可以獨立思考，不要成爲古人思想情感的奴隸，一種自由主義的個人獨立價值其實已經隱涵其中了。不論是胡適的文學改良論，還是陳獨秀的文學革命論，都展現了將中國新文學轉變爲精神自由表現的工具之趨向，強調文體的解放和精神的自由，使新文學從形式到內容上都起了劃時代的變化，自由主義和個人主義無疑是其主要的精神內驅力。〔註34〕

　　文學革命以白話文運動發其端，自一九一七年胡適和陳獨秀透過《新青年》提倡以來，數年之間終於被學校、報章雜誌和從事新文學的作家所接受，尤其五四以後的十年間，白話文風行不輟，文學雜誌如雨後春筍，文學團體亦紛紛成立，先後集中在北京和上海兩大城市，新文學成爲時代之先的流行產物。〔註35〕那麼，從陳舊的語文形式解放出來的新文學，它所承載的新內容與思想精神又是什麼？這必須回到當時的政治社會背景去做考察。五四時期反傳統思潮盛行，在一片由袁世凱的帝制與張勳復辟等政治事件激發出來的反傳統情緒之中，以孔孟文化爲核心的舊倫理道德遭到了空前的批判，封建社會的家庭制度和忠孝觀念成爲桎梏人性的枷鎖，代之而起的是人的覺醒和人的解放的要求。對五四知識份子而言，獲得獨立自由的主要意義，就在於從傳統中國的社會與文化束縛中求得解放。「個性解放」作爲五四時期自由主義思想的一個重要概念，正是在這樣的社會背景下由《新青年》所宣揚鼓吹，並且成爲五四時期新文學主要的思想基調。

　　所謂個性解放，並非一般人誤解的散漫無序與放蕩不羈的行爲，而是必須建立在一種健全的個人主義之上。這個觀念由胡適所提出，他在《新青年》上寫了一篇〈易卜生主義〉，推崇挪威劇作家易卜生筆下那些勇敢對抗社會專

〔註34〕 胡偉希等著《十字街頭與塔：中國近代自由主義思潮研究》，（上海：上海人民出版社，1991 年 10 月），頁 255。

〔註35〕 1920 年 3 月，北洋政府教育部下令用白話文作爲小學課本的書面語言，並很快擴展到中等以上學校，胡適的《嘗試集》也出版成爲新文學中最初的白話新詩實驗集。而第一篇白話短篇小說是魯迅的〈狂人日記〉，發表於 1918 年 5 月的《新青年》，並於 1923 年 9 月出版白話短篇小說集《吶喊》。1921 年，白話文被正式廣泛地稱爲「國語」，幾乎所有的報紙雜誌和文學作品，都開始使用作爲新文學媒介的白話文，因此新文學和新文化運動很快地成爲時勢所趨的主流，可詳見周策縱《五四運動：現代中國的思想革命》，（南京：江蘇人民出版社，1996 年 12 月）。此書即周氏名作《五四運動史》，是學界公認研究五四運動較客觀詳實的論著，在台灣由桂冠圖書公司出版，惟缺後半部對五四運動的評價，故本論文以大陸完整版爲依據。

制的自由獨立主人翁，如《國民公敵》裡的斯鐸曼醫生、《玩偶之家》裡的娜拉，因為胡適認為易卜生最可代表十九世紀歐洲個人主義的精神，彰顯出一種健全的個人主義的人生觀，就是要人充分發達自己的天才和個性。他引用易卜生的話說：

> 我所最期望於你的是一種真實純粹的為我主義。要使你有時覺得天下只有關於我的事最要緊，其餘的都算不得什麼。……你要想有益於社會，最好的法子莫如把你自己這塊材料鑄造成器。……有的時候我真覺得全世界都像海上撞沉了船，最要緊的還是救出自己。〔註36〕

胡適認為「救出自己」就是保持個人的獨立性，不隨世界和社會一起陸沉與墮落，才能保存自己成為改造新社會份子，這種意義下的「為我主張」其實是最有價值的利人主義，也即是健全的個人主義。因此胡適認為社會最大的罪惡，莫過於摧折個人的個性，不使他自由發展；同時胡適也強調發展個性須具備的兩個條件是「使個人有自由意志」、「使個人擔干係、負責任」，要個人有自由選擇的權利，並對自己的所行所為負責任，如此才能造出自由獨立的人格，社會國家也才有改良進步的希望。〔註37〕由此可以看到胡適主張的個性解放，是建立在人格獨立與負責進取的態度上，最終的目的還是要對國家社會有所建樹。為了怕人誤解個人主義是自私、為我、獨善的個人主義，他贊同杜威的立場，主張個人主義就是個性主義，具有兩種特性：

> 一是獨立思想，不肯把別人的耳朵當耳朵，不肯把別人的眼睛當眼睛，不肯把別人的腦力當自己的腦力；二是個人對於自己思想信仰的結果要負完全責任，不怕權威，不怕監禁殺身，只認得真理，不認得個人的利害。〔註38〕

這和他一貫對青年獨立思考與自主人格的呼籲是相同的，也就是健全的個人主義的精神表現，同時也可以和胡適把科學精神解釋為一種評判的態度相參照，都是要人在面對一切傳統的制度和各種思想學說時，能夠保持獨立的判斷而不受宰制牽絆，才是真正的個性解放。

從胡適的〈文學改良芻議〉的提出，到他由個人主義衍申出個性解放的

〔註36〕見胡適〈易卜生主義〉，原載 1918 年 6 月 15 日《新青年》，此期為「易卜生專號」，還刊有胡適和羅家倫合譯的易卜生劇本《玩偶之家》、陶孟和譯的《國民公敵》。〈易卜生主義〉收入《胡適文存》第一集，頁 643。
〔註37〕見〈易卜生主義〉。
〔註38〕胡適〈非個人主義的新生活〉，《胡適文存》第一集，頁 743～744。

詮釋，基本上發揮了自由主義重視個人獨立價值的精神，也為五四新文學提
供了自由的體裁與個性主題的發揚，不過他的終極關懷仍在社會與人生問題
的解決，而非個性與自由的美學價值和純粹的藝術表現，因此他的新詩創作
說理意味極濃，但卻缺乏藝術的質量。他認為新文學應該關注現時迫切的社
會與文化問題，如貧窮、工人、黃包車苦力和小販的生活、家庭制度與孝道
義務的鬆綁、婦女解放等問題，這又發展出人道主義和寫實主義的文學主張。
五四時期由個人主義延伸出去的個性主義和人道主義兩大路線，都是五四新
文學重要的思想內容，而最能涵括五四新文學的理論與思想的總體稱謂，就
是周作人所提出的「人的文學」。

二、「人的文學」之具體內容與發展衍申

　　周作人發表於一九一八年十二月十五日《新青年》上的〈人的文學〉，被
胡適認為是最能代表五四文學內容的中心觀念，也是當時關於改革文學內容
的一篇最重要的宣言，〔註39〕傅斯年和羅家倫亦推崇此文在文學革命中的地
位，及其滿足人的生活之意義。〈人的文學〉開宗明義的指出：

> 我們現在應提倡的新文學，簡單的說一句，是「人的文學」。應該排
> 斥的，便是反對的非人的文學。〔註40〕

　　文中接著論及歐洲歷史上三次對於「人」的真理的發現所產生的重要影
響，分別是十五世紀的宗教改革與文藝復興、十八世紀的法國大革命和二十
世紀初歐戰之後的發展，然後反觀到中國新文學上重新發現「人」的重大意
義。周作人說：

> 中國講到這類問題卻須從頭做起，人的問題，從來未經解決，女人
> 小兒更不必說了，如今第一步先從人說起，生了四千餘年，現在卻
> 還講人的意義，從新要發現「人」，去「闢人荒」，也是可笑的事。
> 但老了再學，總比不學該勝一籌罷。我們希望從文學上起首，提倡
> 一點人道主義思想，便是這個意思。

　　周作人認為這個「人」就是「從動物進化的人類」，同時具有獸性與神性，
二者合一便是人性，應該使這人性獲得靈肉一致、理想適宜的生存發展，這

〔註39〕見胡適為《中國新文學大系：建設理論集》所寫的導言，頁29～30。
〔註40〕周作人：〈人的文學〉，收入《中國新文學大系：建設理論集》，頁193～199。
　　　　以下〈人的文學〉引文及敘述同此註，不再另外加註。

就是人道主義，而「人的文學」即提倡人道主義思想的文學。

　　周作人所定義的人道主義，不是悲天憫人或博施濟眾的慈善主義，「乃是一種個人主義的人間本位主義」，與墨子的兼愛相近，要從個人做起，愛己亦愛人，利己又利他，並強調「講人道，愛人類，須先使自己有人的資格，占得人的位置。」他反對無我的愛與純粹的利他，因為違反人性。他又進一步說明「人的文學」是：「用這人道主義為本，對於人生諸問題，加以記錄研究的文字」，並可分為兩類，一是「正面的，寫這理想生活，或人間上達的可能性」，二是「側面的，寫人的平常生活，或非人的生活，都很可以供研究之用」。他也從人的意義上關心婦女與兒童的權利問題，贊成兩性的平等和戀愛的結婚，認為這些題材便是「人的文學」之絕好發揮。

　　周作人這一套以個人主義為出發點的人性理論，是歐洲從文藝復興到啟蒙運動對人的基本常識理解；但是在欠缺個人文化的中國，特別在儒家修身克己的禁欲主義和道家佛家的超越、無我境界之下，就成為難得正視人的欲望和獸性、並希望靈肉能夠平衡發展的主張。唯有將人性從傳統制度與道德的禁錮下解放出來，才能使真正落實於人間的「人的生活」得到充分的實現，「人的文學」便是肯定人的意義、人的生活的一種文字呈現。周作人把「人的文學」的內容用人道主義來概括，其中也包含了對個性主義的肯定，人不是家族、種族和國家的附庸，而有他獨立的個體價值，這從周作人對婦女兒童和婚戀問題的看法可得到印證。但周作人不取個人範疇意義上的個性主義，而以人類共通的自然人性在生活中的健全展現，名之為人道主義，並以此涵括新文學的內容，可說是更具包容性與普遍性。「人的文學」是周作人對五四文壇人學思潮的回應與總結，它已超越個人見解而成為五四文學精神的概括與象徵，也是自由主義對五四新文學建立初期的具體影響和貢獻。

　　五四新文學是「人的文學」，這是「人的發現」的時代潮流在文學上的投影，當時文壇上有所謂「為人生而藝術」和「為藝術而藝術」兩大文學主張，其實都可以歸結到「人的文學」兩種不同的表達方向。〔註41〕主張「為人生而藝術」的是一九二一年一月在北京由沈雁冰（茅盾）、周作人、鄭振鐸、王統照、許地山等十二人發起的「文學研究會」，他們標榜要比《新青年》更進一步揭起寫實主義的文學革命旗幟，反對遊戲消遣的文學態度，這正是胡適、周作人所提倡的人道主義的寫實路線，標誌著覺悟的人把他的目光投向社

〔註41〕見許志英《五四文學精神》，（南京：江蘇文藝出版社，1991年5月），頁95。

會，想從現實的認識裡尋求改革的出路。「爲藝術而藝術」則由一九二一年七月在上海的郭沫若、郁達夫、張資平、成仿吾、穆木天等留日學生組織的「創造社」所提出，他們信奉十九世紀歐洲的浪漫主義，〔註42〕以發揚個性和情感直陳爲主要訴求，標誌著覺悟的人用他的熱情膨脹自己，想從自我的擴展裡叫出改革的願望，一時之間，文壇上充滿了傾訴性的文學作品，如私人日記、書信和自傳、遊記、隨筆及無以計數的新詩。由此可知「人的解放」確實是五四時期文學的基本主題，只是借用的文學信條和表達的手法不同而已。或者可以綜合來說，五四初期文學的主流，其實也就是一種主觀的、發洩個人情感的、但對社會現實具有人道同情心的作品。〔註43〕

　　不過文學若偏重寫實主義的描寫，容易使文學淪爲社會問題的記錄，而喪失藝術獨立性；〔註44〕偏重浪漫主義熱情宣洩式的抒發，又容易使文學流於淺白叫囂，失去含蓄蘊藉的美感，因此五四時期的文學在藝術層次上還未達到成熟的境地，而且面對帝國主義的侵略和國內政局的混亂，也讓文學無法脫離現實去嘗試純藝術的表現。從一九二六年「創造社」由浪漫主義轉向革命文學，到一九三〇年「中國左翼作家聯盟」的成立，文學幾乎成了政治的附屬品，而無獨立自主的空間。〔註45〕三〇年代對於文學獨立自主性的堅

〔註42〕 浪漫主義是針對十八世紀歐洲「理性時代」及新古典主義而產生的一種文學反抗運動，因爲理性時代的文學必須講究規範，主張用理性的教育來匡正人性，使之接近道德的完美，而浪漫主義的文學則以「解脫」爲特質，一是解脫既往的文學規格化做法，二是尋求人性束縛的解脫，強調人的直覺理解及想像力的開發運用，它所揭櫫人的自由意志之神聖，也促進了個人主義及民主政治的趨勢。浪漫主義在十九世紀形成一股大規模的國際性文學運動，浪漫主義文學的始祖是法國的盧梭，他的《懺悔錄》曾受五四時期知識份子的引介和推崇，英國的浪漫詩人濟慈、雪萊，德國的歌德、席勒、海涅，更深刻的影響了郭沫若、徐志摩等人的創作。見蔡源煌《從浪漫主義到後現代主義》，（台北：雅典出版社，民國81年8月），頁3〜12：關於英國和德國浪漫主義對五四文學的影響，可詳見王錦厚《五四新文學與外國文學》。

〔註43〕 見李歐梵：〈浪漫之餘〉，《中西文學的徊想》，（台北：遠景出版社，民國76年1月），頁17。

〔註44〕 五四時期以淺薄的人道主義和寫實主義描寫社會問題的作品，有被譏爲「人力車夫派」者，胡適當初主張新文學應關心當前的社會問題時，似乎並未考慮到「倘若只關心社會問題，就會使新文學在要與整體信奉的社會意識保持一致的要求面前失去抵抗力。更重要的是，除了一些有生氣的方面外，使中國當代文學具有一種平面的、人物性格貧弱特徵的，正是這種要求藝術爲社會或政治服務的傾向。」見格里德著，魯奇譯《胡適與中國的文藝復興》，頁92。

〔註45〕 「革命文學」的出現，其導因可追溯到1925年5月在上海爆發的「五卅慘案」，

持以及藝術技巧方面的開拓實驗，仍然是以自由派的作家貢獻最大，尤其是現代主義文學的出現，代表了中國新文學自五四以來在題材和技巧上再一次的拓展嘗試。

第三節　三〇年代的自由派作家與現代主義文學

　　五四新文學是在西方文學的影響下而誕生、成長與發展的，尤其從一九二二年開始，「十九世紀到二十世紀這百多年來在西歐活動過了的文學傾向也紛至沓來地流入到中國。浪漫主義、現實主義、象徵主義、新古典主義，甚至表現派、未來派等尚未成熟的傾向都在這五年間在中國文學史上露過一下面目。」〔註 46〕當時不少進步的知識份子受到進化史觀的影響，認為要促進民族文學的創新，必須廣泛的吸收和借鑑外國文學的養分，因此在唯「新」是求的時代風氣下，整個十九世紀西方文藝思潮的遞嬗，被壓縮在五四時期的文壇上同時並現。從浪漫主義、寫實主義、自然主義、世紀末的象徵主義到進入二十世紀的現代主義，這些因應著近代西方社會變遷而產生的文藝思潮，其實各自代表了對前一階段文藝思潮的衍伸、反叛或修正，是有其發展的歷史規律的，例如十九世紀的歐洲文學，就可簡單化約為以代表科學機械論的現實主義和自然主義，與代表人類審美直覺的浪漫主義和世紀末文藝的互相衝突與代替。〔註 47〕

　　然而這些文藝思潮引介到中國來之後，卻在特殊的啓蒙救國的時代需求下，成為文學領域中同存並置的進步改革的「象徵」，儘管沒有相應的社會型態作為發展基礎，卻顯示出五四新文學欲與世界文學接軌，並追上西方現代

因日人槍殺中國工人而引起學生抗議遊行，學生復又遭英人射擊拘捕，激起全國民眾反抗帝國主義和軍閥統治的情緒，對文學界也產生了很大的刺激；「創造社」轉而提倡革命文學，並於 1928 年後開始宣傳無產階級文學，「左聯」的成立則標誌著主張無產階級革命文學的左翼作家之大團結，從三〇年代起，左翼的文學就主導了中國新文學，他們與自由派文人的論爭，基本上都圍繞著「文學是否是獨立於政治的，文學是否具有階級性」這樣的問題。見周策縱《五四運動：現代中國的思想革命》，（南京：江蘇人民出版社，1996年 12 月），頁 393。

〔註 46〕見鄭伯奇編選《中國新文學大系·小說三集》導言，（台北：業強出版社，民國 79 年），頁 3。

〔註 47〕關於近代西方尤其是十九世紀歐洲的文藝思潮演變，可詳見李思孝《從古典主義到現代主義》，（北京：首都師範大學出版社，1997 年 7 月）。

文學腳步的努力，也反映了文學領域的現代化意識傾向。自周作人「人的文學」成爲五四新文學主要的思想基調以來，知識份子無不以掙脫封建社會體制對人性的束縛、恢復人的價值與尊嚴作爲文學題材的訴求，種種取法於西方文藝思潮的主張，也成爲他們擺脫傳統桎梏、呼應「人的文學」的不同施展手法，「文學研究會」的寫實主義和「創造社」的浪漫主義即爲一例。不過由於現實的政治與社會問題嚴重，五四新文學仍偏重文學的社會功能取向，以反映社會現實爲主的寫實主義作爲發展主潮，〔註48〕「創造社」的浪漫主義則在作爲寫實主義的對立面而盛極一時後，於一九二六年轉向了革命文學論，主導了三〇年代文學政治化的先機。

　　一九二七年起，新文學的重心因北方戰亂由北京遷移到上海，革命文學聲勢鵲起，進入三〇年代的文學基本上分化爲三大陣營：一是以上海爲根據地的左翼作家之革命文學，二是以南京爲大本營的國民黨提倡之民族主義文學，三是介於兩種政治勢力之間的自由派作家。自由派作家或分屬於若干鬆散的文學團體，或聚集在一些同仁刊物的周圍，他們不像左翼作家或國民黨的作家那樣，具有分明的組織派別，他們的文學主張和社會觀點也不統一，所以彼此間時有爭論，但基本的共同點則是主張思想和創作自由，拒絕政治力量的干涉，或是避免捲入國共兩大政治勢力之間的糾葛。此時的自由派作家大致上可分爲兩支，一是承續周作人以來的散文小品家、〔註49〕小說家與詩人，如林語堂、豐子愷、老舍、俞平伯和廢名等人，另外就是主張溫和的社會改良的《新月》派、《申報・自由談》和《大公報》文藝副刊的作家，以及一群崛起於上海、追求純藝術的新感覺派和《現代》派作家。〔註50〕尤其

〔註48〕此一寫實主義傳統貫徹的是人道主義的文學精神，乃中國作家自十九世紀中葉以來，面對列強侵略和國內政治的腐敗、民生動盪等一連串現實問題，所發展的針砭時局及關心國計民生的文學創作路線，從晚清劉鶚的《老殘遊記》，到民國的作家如魯迅、郁達夫、沈從文等人，不管他們信奉的文學主張是如何相異，都曾寫過諷刺現實或寓有人道關懷的寫實主義創作，此即夏志清所謂的中國新文學中感時憂國的精神。見夏志清：〈現代中國文學感時憂國的精神〉，收入其所著《中國現代小說史》，（台北：傳記文學出版社，民國80年11月）。

〔註49〕周作人從 1924 年後開始致力於小品文的寫作，強調美文與個性的表現，到1927 年之間，頗吸引一些作家創作這類表現性靈的散文小品。見胡偉希等著《十字街頭與塔：中國近代自由主義思潮研究》」對周作人及其散文小品的介紹，頁 258～269。

〔註50〕此處對三〇年代自由派作家的劃分，是依據胡偉希等人所著《十字街頭與塔：中國近代自由主義思潮研究》一書，但該書未將上海新感覺派作家列入，只

是新感覺派和《現代》派作家，以十九世紀末西方新興的現代主義流派爲取法對象，繼續進行五四以來新文學在藝術技巧方面的拓展與實驗，開啓了中國新文學上第一個以現代主義爲標榜的創作路線，使新文學在政治的夾縫和社會的動亂中，仍保有一小塊藝術實驗和創新題材的空間，獲得了藝術技巧方面的發展性，可以說是這些作家在純文學觀的堅持上所創造出來的成績。

一、現代主義概說

在西方，現代主義（Modernism）是一個包羅眾多藝術流派的綜合統稱，因其與傳統文藝——特別是十九世紀現實主義文藝不同，故名之爲現代主義，它的源頭可上溯至十九世紀中葉的象徵主義，美國的愛倫坡所主張的唯美主義理論，和法國的波特萊爾在一八五七年發表的《惡之華》詩集，成爲象徵主義美學的奠基與代表，而象徵主義正是現代主義文藝的肇始。以象徵主義詩歌爲例，它一改過去對生活採田園牧歌式的嘆詠，轉而渲染城市的煩囂嘈雜和人性的陰暗醜惡，並以具體的物象來暗示人微妙的內心世界，打破了現實主義和浪漫主義直抒心境、白描景物的方法，運用反敘述、重聯想和虛構的手段，使作品呈現內心導向和主觀精神的表達，此種美學主張也爲整個現代主義文藝定下了基調。〔註 51〕從十九世紀末到二十世紀的前二十年，是現代主義發展的全盛時期，一直到二次世界大戰前後都還有持續的流派發展，舉凡野獸主義、表現主義、立體主義、未來主義、抽象主義、超現實主義、達達主義，和二次世界戰後美國「垮掉的一代」，以及流行一時的存在主義、新小說、意識流小說、荒誕派戲劇等形形色色的現代藝術，都可涵括在現代主義的大旗之下。

現代主義是用新的意識觀念、新的思維方式對人類文藝進行革命性探索的一種思潮，雖然包含了不同的藝術主張和型態，但是總體方向卻是一致的，它源自西方社會加速的工業化以及機械文明帶來的種種變遷和異化，進入二

提及施蟄存等人的《現代》派，而新感覺派作家的背景與主張實與《現代》頗相近，彼此間亦有關聯，故本論文將新感覺派納入自由派作家的陣營。此外尚可參考劉川鄂《中國自由主義文學論稿》，（湖北：武漢出版社，2000 年）對自由派作家的劃分，亦將新感覺派納入自由派作家的陣營。至於四〇年代的自由派作家之研究，可參考胡傳吉《自由主義文學理想的終結（1945.8～1949.10）》，（台北：秀威資訊科技出版社，民國 101 年）。

〔註51〕象徵主義美學作爲現代主義文藝源頭的理由和具體主張，可參考曾慶元《西方現代主義文藝思潮述評》，（湖北：武漢大學出版社，1994 年 4 月），頁 8。

十世紀以後，更因全球性經濟危機、資本主義邁向壟斷階段、高科技的廣泛應用、二次世界大戰的爆發等一連串重大事件，深化了人與人、人與社會、人與自然和人與自己之間的矛盾衝突，也改變了人的思維方式、價值觀念和心理結構。現代化所產生的負面影響，造成了扭曲的人性和悲觀、絕望、虛無的情緒，使人類對未來充滿懷疑與不確定感。面對如此複雜的社會變革，以再現生活爲宗旨的現實主義創作手法自已不敷需要，而向內心深處和潛意識領域挖掘、重視藝術的想像和創造性的各種現代主義流派，則有效的以文藝形式呼應了現代社會的複雜面貌。因此，西方現代主義是對現代社會發展的問題——尤其是都市文明和機械文明發展到一定程度所帶來的人性衝擊，進行種種挖掘探索和反思批判的藝術潮流。故而現代主義運動發生的地點，幾乎都在工商業發達的大都市，例如象徵主義、超現實主義起源自法國的巴黎；表現主義誕生於德國的柏林；未來主義初現於巴黎，而後又興盛於義大利的佛羅倫斯；達達主義肇始於瑞士的蘇黎世，並向美國紐約、法國巴黎、德國柏林等地擴展。〔註52〕

　　雖然現代主義的流派紛雜，藝術主張和表現手法亦各異，但是現代主義仍可歸納出共通的美學特徵，在內容意識上，它反抗現代工業文明對人性的宰制，強調表現獨特的自我、深入內心世界的開發；在藝術表現上，它否定傳統的美學表現手法（如現實主義和浪漫主義）、顛覆語詞的使用習慣以達到創新的目的，並樂於追求各種藝術形式的變化實驗。因此，現代主義是一種產生於現代都市文明、注重自我探索和講究藝術表現形式的批判性、實驗性和自我風格極強的藝術潮流。

二、現代主義在上海成形

　　既然現代主義代表了都市工商業文明發展成熟後的藝術思潮，反觀二〇年代末和三〇年代初的中國大陸，仍處於半殖民和半封建的社會型態之下，內憂外患無一日停止，客觀環境上是沒有現代主義著床生根的條件的。那麼現代主義爲何會在上海的新感覺派和《現代》派作家之間崛起呢？尤其是進入文學史上的三〇年代後（1927～1937），強烈的社會危機感取代了浪漫主義的熱潮，文學被要求脫離自我中心而面向更多的社會經濟問題，大部分作家也開始左傾，走上了「社會現實主義」和普羅文學的道路，但是此時仍有少

〔註52〕見李思孝《從古典主義到現代主義》第六章論「現代主義的流派」部分。

數的自由派作家，不願意捲入現實的政治社會紛爭，想要繼續純藝術面的探索，而選擇以西方新起的現代主義思潮，作爲繼現實主義和浪漫主義之後的進一步實驗。這些自由派作家，就是以劉吶鷗、施蟄存和穆時英爲主的上海新感覺派作家，以及匯集於施蟄存、杜衡主編的《現代》之詩人和作家。其實在二〇年代之初，李金髮就嘗試過象徵主義詩歌創作，把五四早期的新詩從淺白無味和感傷浪漫，導向一個新鮮而具多重意象的美學境界，成爲現代主義詩歌在中國的濫觴，李金髮後來也變成《現代》的詩人之一。可以說，現代主義是在三〇年代的上海才形成一個有較多作家的流派。

　　從現代主義產生的地理和物質條件來看，現代主義是發源於國際大都會的「城市文學」，而三〇年代的上海正是全中國最繁榮的都市，它的租界雖然是帝國主義侵略下的半殖民地象徵，卻也帶來了西方文明的刺激和國際化的視野，發達的商業環境和消費文化的興起，造就上海成爲亞洲首屈一指的國際大都會。就算是作爲歷朝古都和軍閥時代政治中心的北京，以及作爲國民政府首都的南京，還有各大通商口岸如天津、武漢、廣州等地，都不及上海這繁榮的國際大都會的地位。上海的地理特性、歷史淵源與經濟條件，也發展出消遣和商業導向的市民文學系統，其言情和庸俗的成分形塑了「海派」文學的特性，但也具有包容多變的空間。隨著一九二七年新文學的重心由北京轉到上海，各路文人作家亦群聚此地，上海成爲文學雜誌和出版業的中心，它的國際性都會條件也爲現代主義的生長提供了溫床。來自各種不同背景的文人聚集在上海辦雜誌，想在眾多的文學潮流中爭得一席之地。王德威有一段關於上海文壇的描述，很能夠說明上海文學的多樣性及其與現代主義興起的關聯：

> 上海自清季以來，即是歐風美雨的薈萃之地。任何新的怪的事物，嚇不跑見多識廣的上海佬。而租界商埠的林立，也造就兼容並蓄的氛圍。就在遺老遺少、舊派文人大事鋪張鴛鴦蝴蝶之際，五四浪漫文人也在此悄然建立他們的大本營。郁達夫、郭沫若的西化濫情作品，都先在上海受到青睞；以後創造社成立，更標榜火辣辣的浪漫色彩。俟至魯迅等文人紛紛南下，鼓吹左翼大學，早期唯我唯美的風潮，又一躍變爲爲人民爲革命的號召。上海文壇的五花八門、左右逢源，由此可見一斑。……在新舊陣營之間，縈繞不去的「第三種」聲音，這些作者論才學比不上舊派文人，論熱情遠遜於革命作

家，然而游走其間，他們發展出一套緊俏風流的創作與生活方式，反而與彼時大都會脈搏，互動互應——這才是海派的真傳。……等到三〇年代新感覺派作家出現，海派「維新」一面的風格，算是發揮得淋漓盡致。劉吶鷗、穆時英、施蟄存、杜衡這批文人，既汲取了歐洲現代主義寫作的流風餘緒，又兼採日本新感覺派作者如橫光利一、堀口大學的筆調風韻。發爲文章，果然是前無古人。〔註53〕

所謂海派文學，最主要的特性即在於它的「現代質」，具有四個面向：第一、它應當最多地「轉運」新的外來文化，而在二十世紀初，它特別是把上一世紀末與本世紀初之交的世界最近代的文學吸攝過來，在文學上具有某種前衛的先鋒性質。第二、迎合讀書市場，是現代商業文化的產物。第三、它是站在現代都市工業文明的立場上來看待中國的現實生活與文化的。第四、它是新文學，而非充滿遺老遺少氣味的舊文學。符合這種特性的海派文學產生在二十世紀二十年代末期的上海，從三〇年代到四〇年代的劉吶鷗、葉靈鳳、穆時英、張愛玲、蘇青等作家，都可納入海派文學的範圍。〔註54〕

（一）《無軌列車》、《新文藝》和「新感覺派」

劉吶鷗、施蟄存、戴望舒、穆時英都不是土生土長的上海人。劉、施、戴三人因就讀上海震旦大學法文班而成爲同學，並且由於興趣相投，在一九二八年九月共同創辦雜誌《無軌列車》，刊名乃劉吶鷗所定，意爲「刊物的方向沒有一定的軌道」、「既要前進又沒有一定的方向」，擺出了不追隨任何流派的態度，不過發行到十二月即停刊。劉吶鷗繼續在一九二九年九月創辦《新文藝》，後來穆時英也加入了創作的行列，直到一九三〇年四月停刊。事實上，《無軌列車》和《新文藝》都曾受到當時流行的革命文學影響，而染有相當的普羅色彩，劉吶鷗和穆時英都寫過革命文學的題材，但不久即不耐其公式化而轉向了都市文學風格的嘗試。〔註55〕

劉吶鷗是台灣台南人，十五歲（1920）留學日本東京，那時正是日本文壇廣泛引介西方現代主義文學思潮的熱衷階段，劉吶鷗對其中的新感覺派很

〔註53〕見王德威：〈從「海派」到「張派」〉，收入其所著《如何現代，怎樣文學？》，（台北：麥田出版社，民國87年10月），頁322～323。

〔註54〕見吳福輝《都市漩流中的海派小說》，（湖南：湖南教育出版社，1995年8月），頁3～4。

〔註55〕詳見彭小妍：〈五四文人在上海：另類的劉吶鷗〉，《海上說情慾：從張資平到劉吶鷗》，（台北：中研院文哲所籌備處，民國九十年）。

感興趣，回國後便將日本的新感覺派作品及技巧引入上海。〔註56〕劉吶鷗發表在《無軌列車》的兩篇小說〈遊戲〉、〈風景〉，以及《新文藝》上的〈禮儀與衛生〉、〈殘留〉，就是有意識的描寫都市生活的作品，並借鑑了日本新感覺派的手法和內心獨白的意識流技巧。後來劉吶鷗將一九二八至一九二九年寫的八篇小說集為《都市風景線》，出版於一九三〇年四月，成為當時在中國大陸第一本較多採用現代主義技巧的短篇小說集，也開創了中國新感覺派的路線；雖然劉吶鷗等人辦《無軌列車》之初，並無創立任何流派的打算。

穆時英早期的作品題材集中於都市下層階級，從一九三二年開始寫的〈上海的狐步舞〉、〈白金的女體塑像〉等小說，才運用了感覺主義、印象主義和意識流的手法，描寫上海都會中產階級男女的生活與心理，而文筆比劉吶鷗更勝一籌。施蟄存早期的作品亦傾向寫實主義，三〇年代初期以後，開始創作以古代人物為題材的幻想小說，以及以都市生活為基礎的變態心理小說。例如發表於《新文藝》創刊號的〈鳩摩羅什〉，和發表於《小說月報》的〈將軍底頭〉、〈石秀〉，就是運用了佛洛伊德的精神分析學說來呈現古代歷史人物的心理衝突。而〈魔道〉、〈在巴黎大戲院〉、〈梅雨之夕〉等小說，則描寫了上海中產階級的情慾幻想及心理壓抑等問題，是都市心理小說的代表之作，被人稱為「新感覺主義」，〔註57〕「新感覺派」之名從此便不脛而走了。

（二）《現代》和「第三種人」色彩

一九三二年五月，施蟄存又創辦《現代》，會合了杜衡、戴望舒與劉吶鷗，不想介入任何政黨或標榜什麼流派，故在〈創刊宣言〉上宣稱：「本志並不預備造成任何一種文學上的思潮、主義或黨派」，所刊文章的標準只是「屬於文

〔註56〕日本的新感覺派是以表現主義和達達主義為創作理論的依據，代表作家有橫光利一、川端康成、片岡鐵兵等人，他們認為藝術表達比忠實的反映現實更重要，運用主觀和直感的作用，來表現1923年關東大地震後日本社會的政經文化狀況和虛無頹廢的人心。1928年劉吶鷗將日本新感覺派作品引介到上海時，把它視為一種反傳統的新興文學，並同日本的普羅文學作品一併翻譯而輯為《色情文化》一書出版。除了日本的影響，劉吶鷗還在《無軌列車》介紹過法國作家保爾·穆杭的印象主義和感覺主義，因此廣泛來看，借鑑的對象並不僅限於日本新感覺派。參考黃獻文《論新感覺派》，（湖北：武漢出版社，2000年3月），頁113～114。

〔註57〕「新感覺主義」一詞首先為樓適夷所揭櫫，見樓適夷：〈作品與作家：施蟄存的新感覺主義——讀了「在巴黎大戲院」與「魔道」之後〉，《文藝新聞》第四版，1931年10月26日）。

學作品的本身價值方面的」。〔註58〕因此《現代》所容納的作家背景甚廣，不論是寫實主義、浪漫主義或左翼文學的作家，都在《現代》發表過作品。在一九三二年爆發胡秋原的「自由人」對左翼文學的批評論戰時，杜衡於《現代》發表文章，堅持不左不右的中間路線，他說：「在『智識階級的自由人』和『不自由的、有黨派的』階級爭著文壇的霸權的時候，最吃苦的，卻是這兩種人之外的第三種人。」此即指所謂堅持藝術獨立的「作品」。〔註59〕《現代》雖標榜無黨無派甚至超越自由派的立場，但是他們仍被左翼作家視爲自由派的一路而遭到攻擊，而且《現代》既重視文學本身的價值，它也的確比同時期的文學刊物，更多的登載了關於現代主義流派的理論介紹與創作，例如象徵主義、立體派、意象派和未來主義等等。施蟄存和戴望舒所主張的現代詩論，也使得《現代》成爲中國大陸現代派詩的開路先鋒。

　　由此可知，現代主義在三〇年代中國大陸的引進和發展，主要是由聚集於上海都會、喜歡嘗試新的創造或不想捲入現實紛爭的自由派作家所推動的，從《無軌列車》、《新文藝》到《現代》，凝聚了一些同仁，在小說創作方面有劉吶鷗、施蟄存、穆時英爲代表的新感覺派出現，在新詩創作方面則有戴望舒和施蟄存發揚的現代派詩。這些作品雖然不見得具有西方現代主義那種對現代都市文明的反省和批判意識，但卻是在藝術自由和嘗試創新的自覺要求下，寫出了對都市生活嶄新的體驗和感受，成爲中國大陸最早的城市文學的代表，這種思維傳統甚至啓發了四〇年代崛起於上海的著名女作家張愛玲。〔註60〕

　　不過在左翼的革命文學和寫實主義傳統依然興盛的三〇年代環境下，這股現代主義潮流始終只能算是非主流，並未產生太大影響。一九三七年抗日戰爭的爆發，絕大多數作家被迫往內地遷移，面對殘破的農村和現實的戰火，作家們亦無力再進行現代主義的實驗，而將新詩與小說訴諸於淺白有力的表現，並換上鼓舞人心的寫實題材。象徵現代文明和城市的現代主義文

〔註58〕見《現代》創刊宣言，此處轉引自黃獻文《論新感覺派》，頁11。
〔註59〕見杜衡（蘇汶）：〈關於「文新」與胡秋原的文藝論辯〉，《現代》第一卷第三期，收入《中國新文學大系續編》第一集，（香港：香港文學研究社出版，民國57年5月），頁292。此文發表後，曾引起魯迅、瞿秋白、周起應、馮雪峰等左翼作家的攻擊，杜衡也與他們展開了論戰。在當時的社會需求和左翼文學高漲的聲勢之下，堅持創作獨立的作者命運，確如杜衡所謂「第三種人」般左右爲難。
〔註60〕見王德威：〈從「海派」到「張派」〉，收入其所著《如何現代，怎樣文學？》。

學，於是便在中國沉寂了。雖然在抗戰結束後的四〇年代末期，上海又出現了以《詩創造》和《中國新詩》爲中心、致力創作現代詩的九位詩人，〔註61〕但是隨著國共兩黨的鬥爭和政治局勢的驟變，這股現代主義詩潮並未得到充分發展便匆匆結束，直到一九五〇年代，現代主義文學才在台灣復燃並得以盛行。〔註62〕

〔註61〕這九位詩人是辛迪、陳敬容、杜運燮、杭約赫、鄭敏、唐祈、唐湜、袁可嘉和穆旦。1981年7月，南京人民出版社出版了他們九人的詩作《九葉集》，因此他們又被稱爲「九葉詩派」。1947年7月，杭約赫在上海主編《詩創造》，1948年6月又主編《中國新詩》，凝聚了其他八位詩人參與現代詩的創作與評論。其中穆旦、杜運燮、袁可嘉、鄭敏是戰時西南聯大的學生，他們受聞一多、朱光潛、沈從文和馮至的薰陶而創作新詩，其餘五人則都曾在大學中學習並受到西方現代主義的影響。他們試圖調和中西、融會現代主義與現實主義，是大陸現代派在1949年之前的最後一次顯影。見吳兆朋：〈永遠的九葉：九葉詩人與現代詩派〉，《國文天地》七卷一期，民國80年6月。

〔註62〕其實台灣在日治時期的1930年代，已有現代主義文學的萌芽。當時台灣在武裝抗日的霧社事件失敗後，遭受到日本政府更爲嚴密的殖民統治與鎮壓，而台灣社會資本主義都市型態的初步建立，又來自於作爲資本主義最高發展形式的殖民帝國主義的統治。現實政治的壓力和種種矛盾複雜的感受，導致部分作家轉向內心感覺世界的現代藝術探索，例如王白淵、巫永福、翁鬧等人的小說，他們多有留日的背景，具都市生活經驗，在作品中表現啟蒙的、個人主義思想者的感情失落。理想動搖與幻滅，以及都會的誘惑、苦悶和寂寞。其中翁鬧的小說也影響了後來的呂赫若和龍瑛宗。施淑女曾指出三〇年代台灣現代主義文學的來源是受到「三〇年代中以西川滿爲首的在台日人文學的唯美傾向，日本本土的私小說、新感覺主義，經日文傳譯過來的十九世紀末歐洲的頹廢文藝風尚，二十世紀初的現代主義文學思潮，都有直接和間接的影響和作用。」和大陸的新感覺派一樣，台灣的現代主義文學在三〇年代的出現，也是受到日本相當的影響。見施淑女：〈日據時代台灣小說中頹廢意識的起源〉，亦可參考〈感覺世界——三〇年代台灣另類小說〉，俱收入其所著《兩岸文學論集》，（台北：新地出版社，民國86年6月）。

第二章　戰後台灣反共文學主流論述的形成與轉移

　　繼八年抗戰之後的國共內戰，在四〇年代末期開打的結果，造成了共產黨於大陸建立政權，而國民黨則退守台灣維持政權的「兩岸分治」的局面。共產黨隨即在大陸展開極權統治，國民黨政府也基於反共的戰備考量，在台灣實施戒嚴，將人民的出版和言論自由納入管轄，並配合反共國策的制定，透過由政府支持的文藝機制、文藝獎金和民間社團的推動，在報刊雜誌上大量生產反共戰鬥的文學作品，以文學作為鼓舞民心士氣的宣傳武器，反共文學遂應時勢之需，而成為五〇年代喧騰一時的主流論述。

　　然而隨著韓戰的爆發和美國對台灣的軍事經濟支援，反共文學也因為台海危機的緩和、本身題材的侷限及藝術技巧的僵化，而引起文壇人士的批評與檢討。胡適身為自由主義知識份子的領導人，也重新提出五四時期的「自由的文學」、「人的文學」，對國家主導文藝創作所造成的不自由予以抨擊。因此在五〇年代後期，反共文學主流論述的地位，逐漸轉而為新起的現代主義文學風潮所取代，甚至原本生產反共文學的機制，最後也成為傳播現代主義的幫手。本章以戰後台灣建立的戒嚴體制為背景，探討反共文學主流論述如何配合既定政策與各種機制的推動而形成；當其面對現實環境改變及本身的侷限時，所引發的檢討意見為何？這些意見與現代主義文學的興起有何關聯？從中可看出反共文學和現代主義文學之間的微妙關係，並藉以了解五〇年代台灣文學主流的發展演變。

第一節　戒嚴體制與反共文學主流論述的形成

一、戒嚴的施行與出版品審檢制度

　　一九四九年國民黨政府於國共內戰失利後撤守台灣，面對的是台海緊張的情勢與台灣島內不安的環境。為了有效管理與穩定動盪的時局，國民黨政府對民眾與知識份子的思想言論進行限制，也波及到文學界人士的活動。〔註1〕五月二十日，警備總司令部發布全省戒嚴，將台灣納入了軍事統治的體制，依據「戒嚴法」、「動員戡亂時期臨時條款」、「懲治叛亂條例」等法條，凍結憲法，以非常時期的措施進行動員戡亂，政府對叛亂份子可施以嚴懲，對人民的言論、出版、著作、通訊、集會結社的自由均行管制，並可加以審查和取締。例如戒嚴法第十一條：

　　　　戒嚴地區內，最高司令官有執行左列事項之權：

　　　　（一）得停止集會、結社及遊行、請願，並取締言論、講學、新聞、

　　　　雜誌、圖書、告白、標語暨其他出版物之認為與軍事有妨害者。

又懲治叛亂條例第七條：

　　　　以文字、圖畫、演說為有利於叛徒之宣傳者，處七年以上有期徒刑。

　　　　〔註2〕

　　於是政府對言論自由和出版品的控制檢查，便隨著戒嚴的施行而展開。關於出版品的具體管制，又以「台灣省新聞雜誌資本限制辦法」（1949年8月公佈）進行限紙、限張、限發、限印，使報數維持三十一家，讓報紙訊息量不致超過其管理能力，同時利用「台灣省戒嚴期間新聞紙雜誌圖書管制辦法」（1950年3月公佈，1953年修訂實施）、「出版法」（1952年4月公佈）、「台灣地區戒嚴時期出版物管制辦法」（1970年9月公佈）〔註3〕等相關法令，限

〔註1〕　例如1949年4月6日爆發的大學生被逮捕約談的「四六事件」，本省籍詩社「銀鈴會」的成員朱實、林亨泰、張彥勳等人牽連其中，「銀鈴會」詩社解散。創刊於1947年8月1日、曾對台灣文學應走路線進行熱烈討論的《台灣新生報》「橋」副刊，也被迫停刊，部分外省作家亦遭監禁，原本台灣文學中的寫實傳統遂告中斷。見彭瑞金《台灣新文學運動四十年》，（台北：自立晚報出版社，民國80年3月），頁62；葉石濤《台灣文學史綱》，（高雄：文學界雜誌社，民國82年9月），頁76～79；陳芳明：〈反共文學的形成及其發展〉，《台灣新文學史》（上冊）第十一章，（民國100年10月），頁264。

〔註2〕　以上條例引自張詩源《出版法之理論與實用》，（台北：警察雜誌社，民國43年9月），頁140。

〔註3〕　「台灣地區戒嚴時期出版物管制辦法」乃是在「台灣省戒嚴期間新聞紙雜誌

制對政府可能造成不利的言論。例如「台灣省戒嚴期間新聞紙雜誌圖書管制辦法」第二條，就明確規定新聞紙、雜誌、圖書告示、標語及其他出版品不得為下列各款記載：

　　一、未經軍事新聞發布機關公佈屬於「軍機種類範圍令」所列之各
　　　　項軍事消息
　　二、有關國防政治外交之機密
　　三、為共匪宣傳之圖畫文字
　　四、詆毀國家元首之圖畫文字
　　五、違背反共抗俄國策之言論
　　六、足以淆亂視聽、影響民心士氣或危害社會治安之言論
　　七、挑撥政府與人民情感之圖畫文字

　　這是處於國共對峙的戰備狀態中所製定的標準，從第三、五項條文中，可以知道「反共」已成為全民皆須遵守的國策，不能有所違背，更不容許「為匪宣傳」。至於第四、六、七項則是為了加強戰鬥能力，凝聚民心士氣，增加人民對政府的向心力，所以人民必須服從效忠元首，並禁止對國家和元首的不當批評，否則便有「擾亂士氣」、「危害治安」、「挑撥情感」之慮。除了「台灣省戒嚴期間新聞紙雜誌圖書管制辦法」第二條之外，還有第四條和第六條，規定省內發行之新聞紙雜誌圖書及出版品或進口書刊，都要送交保安司令部檢查，〔註4〕國民黨中央委員會第四組也設有審查單位。這一套出版品審檢制度，雖然是基於戰時的考量，不得不對人民進行思想與言論自由的限制，但是不可諱言的，它對台灣的民主、思想與文學發展的正常化也造成了某種程度的阻礙。

二、反共文學主流論述的推動與形成

　　為了配合反共國策，除了以法令限制出版與言論自由外，國民黨政府也

圖書管制辦法」的基礎上新增法條，如第二條「匪酋、匪幹之作品或翻譯及匪偽之出版物一律查禁」，大陸學術著作和文學作品幾乎全遭禁絕，使得台灣與本土文學和三、四〇年代中國文學發生傳承上的斷裂。此法公佈後，取代了原「台灣省戒嚴期間新聞紙雜誌圖書管制辦法」而成為警備總部查禁書刊的依據。參見薛月順等主編：《戰後台灣民主運動史料彙編（一）：從戒嚴到解嚴》，「台灣地區戒嚴時期出版物管制辦法」法條部分，（台北：國史館印行，民國89年12月），頁225～231。
〔註4〕「台灣省戒嚴期間新聞紙雜誌圖書管制辦法」十條，見《出版法之理論與實用》附錄，頁177～178。

開始注重文藝工作的效用與政策的建立。有鑒於國共內戰的潰敗在於民心士氣之不振,其重要導因正是「中了共產黨文藝政策的毒素」,所以如何建立一套可與共產主義對抗的反共文藝政策,並透過各種管道鼓勵作家創作以反共、戰鬥爲題材的文學,便成爲國民黨政府關注的目標。作爲一種因應歷史環境而起、見證歷史傷痕和宣揚意識型態的反共文學,除了有大陸來台作家們自發性的情感創作外,政治力量的支持與主導也正是使之蔚爲文學主潮的最大助因。

(一)獎金制度與文藝社團的運作

在實際的操作層面,反共文學之所以形成國府遷台後的主流論述,主要是透過一連串由政府主導的文藝社團、獎金制度及配合反共政策的文藝雜誌來推動的。早在一九四九年十一月三日,台海局勢最危殆不安的時候,孫陵便應當時國民黨中宣部代部長任卓宣之邀,撰寫〈保衛大台灣歌〉刊登於各報,成爲反共文學的第一聲。接著孫陵主編《民族報》副刊,在發刊詞〈文藝工作者底當前任務〉中以戰鬥的姿態出現,呼籲文藝必須配合時代任務與環境要求,「創造士兵文學!創造反共文學!創造眞正認識自由、保衛自由的自由主義的文學!」〔註5〕這裡所謂自由主義的文學,是指相對於共產主義爲階級服務的不自由的文學而言,也就是反共的、戰鬥的文學。眞正不爲任何目的宣傳的自由主義作家,反而在孫陵的批判之列。

《民族報》副刊是第一個標榜反共的報紙副刊,後來《新生報》副刊也參酌多方意見,訂徵稿原則爲「戰鬥性第一,趣味性第二」,〔註6〕宣示了文學寫作的方向,此後《中央日報》、《中華日報》以及《全民》、《公論》、《經濟時報》等報的副刊都改變了徵稿範圍,盡量容納有反共抗俄意識的作品。這些報紙的副刊主編又組成聯誼會,並得到國民黨中央的支持,共同籌畫文藝組織,於一九五〇年五月四日成立「中國文藝協會」(簡稱文協),是五〇年代第一個由政

〔註 5〕 孫陵此文發表於 1949 年 11 月 16 日,號稱是自由中國的反共文藝運動的第一篇論文,收錄於劉心皇所編《當代中國新文學大系:史料與索引》導言:〈自由中國文學三十年〉,(台北:天視出版公司,民國 70 年 8 月),頁 24。當時受大陸戰局惡化影響,台灣文壇充斥著動亂、灰色和黃色的作品,10 月 18日《新生報》更有一篇巴人的〈袖手旁觀論〉,暗示台灣作家只可袖手旁觀,無所作爲,引起文藝界的反駁之聲,孫陵此文即爲一例。

〔註 6〕 《新生報》副刊對徵稿原則的討論,可參見劉心皇:〈自由中國初期的文壇〉,《當代中國新文學大系:史料與索引》,頁 369～373。

府扶植的文藝社團，〔註7〕在文藝函授學校的設置外，「中國文藝協會」更扮演了五〇年代文學推手的角色，同時也是推動反共文學的主要機制。

「中國文藝協會」發起人之首為張道藩。在一九五〇年四月，張已奉蔣中正總統之命創設「中華文藝獎金委員會」（簡稱文獎會），每年固定徵選符合反共抗俄主題的文學作品，贈予優厚獎金，並發行機關刊物《文藝創作》（1951 年 5 月 4 日創刊），以文獎會得獎及錄取的稿件為刊登對象，正式透過獎金制度和發表管道的提供，吸引各方人士從事反共文學的創作。「中國文藝協會」成立後，又凝聚了文化界的力量，以「團結全國文藝界人士，研究文藝理論，從事文藝創作，展開文藝運動，發展文藝事業，實踐三民主義文化建設，完成反共抗俄復國建國任務，促進世界和平」為宗旨，〔註8〕設有小說、詩歌、散文、音樂、美術、舞蹈、話劇電影、戲曲、民俗文藝等十七個委員會，隨時配合政府政策，從事相關文藝活動的推廣，舉辦各種文藝研習輔導機構及定期文藝講座，還有文藝聯誼欣賞活動與海內外文藝交流，以及進行文藝的出版和研究工作。〔註9〕

五〇年代的文協，掌握了當時頗多的文學發表管道，這種由政府力量支持而使文藝界全面動員的組織運作方式，也見於一九五三年八月「中國青年寫作協會」和一九五五年五月「中國婦女寫作協會」等文藝社團的成立，這是要將青年與婦女的寫作力量也凝聚起來，共同配合三民主義文藝與反共抗俄的宣傳。〔註10〕

（二）官方文藝政策的提出與落實

而官方正式提出的文藝指導方針，則見於一九五三年十一月，蔣中正總

〔註7〕 中國文藝協會得到當時國民黨中宣部部長張其昀、教育部部長程天放、國防部總政治部主任蔣經國、台灣省教育廳廳長陳雪屏等政府官員的支持贊助，並在文化新聞界的協力籌備下成立，具有明顯的官方主導性質。見《當代中國新文學大系：史料與索引》，頁 464。

〔註8〕 見中國文藝協會會章第二條，收錄於《當代中國新文學大系：史料與索引》，頁 488～489。

〔註9〕 有關中國文藝協會的成立發展、組織架構與工作內容，可詳見該會所編印《文協十年》，民國 49 年 5 月 4 日出版。

〔註10〕 中國青年寫作協會會章第二條：「本會以團結青年作者，培養青年寫作興趣，提高寫作水準，建立三民主義文藝理論，加強反共抗俄宣傳為宗旨。」中國婦女寫作協會章程第二條：「本會為鼓勵婦女寫作發揚中華文化實踐三民主義為宗旨。」收錄於《當代中國新文學大系：史料與索引》，頁 508、523。

統著《民生主義育樂兩篇補述》所談到對當前文學的看法：

> 今日的文學問題是什麼呢？就是文學的商業化。工商城市的生活是
> 靠收入的，文學作家的收入從哪裡來呢？他們的收入多半是來自書
> 賣的，書賣爲了把握文學作品的銷場，只有迎合一般群眾的胃口，
> 便阻礙了文學走上眞摯和優美的道路。但是群眾並不是甘心墮落
> 的，匪共乘了這一空隙，對文藝運動下了很大的功夫，把階級的鬥
> 爭的思想和感情，藉文學、戲劇，灌輸到國民的心裡，於是一般國
> 民不是受黃色的害，便是中赤色的毒，我們國民革命爲建國而奮鬥
> 已六十年，竟聽任這兩種毒素來殘害我國民的心理健康，實在感覺
> 到萬分的愧慚。

> 今日台灣省在這方面有顯明的進步。民族主義的文學作品漸見抬
> 頭，反共抗俄的台語戲劇使一般民眾受很大的感動，反共抗俄的電
> 影又有優良的作品陸續製成和上演，但是我們決不自覺滿意，因爲：
> （一）純眞和優美的文藝作品還是太少，一般國民的閒暇時間大部
> 分仍是商業化的文藝作品的領域。（二）表揚民族文化的作品還在萌
> 芽和生長之中，還不夠充實。在暴俄匪共有系統有計劃的摧毀我中
> 國文化的今日，我們感覺發揚民族文化使其深植人心的新文藝作
> 品，還是太少。我們不僅在光復大陸以後，要向這一方向去努力，
> 並且在今日反攻的前夕，便應該在這方面作必要的準備。〔註11〕

這一段文字雖尚不足以構成非常具體的文藝政策，但已清楚的揭示了國
民黨政府對文學走向的態度，一是反對文學的商業化與共產黨的階級鬥爭文
藝，二是鼓勵民族主義與反共抗俄的文學藝術，同時針對共產黨對中國文化
的破壞，故愈加重視民族文化之表揚。鄭明娳的分析曾指出：「強調中國固有
文化的保存，可強化國民黨及其領導人所背負的道統形象。中國傳統教忠教
孝的思想訓練，亦有利於鞏固國民黨政權的正面形象。這種主張銜接大傳統
的規劃，擺明了說是藉由政權的力量企圖扭轉五四以降的左翼文藝潮流，重
建官方文化的權威性格。」〔註12〕因此可以說國民黨基本的文藝策略，是將

〔註11〕《民生主義育樂兩篇補述》，（台北：中央文物供應社，民國50年11月26版），
　　　　頁110～112。
〔註12〕鄭明娳：〈當代台灣文藝政策的發展、影響與檢討〉，見其所主編《當代台灣
　　　　政治文學論》，（台北：時報文化出版社，民國83年7月），頁28。

傳統的民族文化與反共國策結合起來，以民族主義的訴求來建立以反共意識型態為主的文學路線，與共產黨的左翼文學相抗衡。

　　《民生主義育樂兩篇補述》的文學觀點，引發了國民黨的文宣幹部及右派文人們進一步的闡揚與推動。一九五四年四月，張道藩發表《三民主義文藝論》，根據《民生主義育樂兩篇補述》建立了一套更完備的文藝理論。〔註13〕中國文藝協會則發起研讀《民生主義育樂兩篇補述》，舉行座談二十四次，發表文章三十萬字並製成「研讀心得與建議」，決心實踐蔣總統「務須剷除赤色的毒與黃色的害」的主張，更成立專門研究小組，負責研究如何會同各界展開「文化清潔運動」，實際扮演了官方文藝政策的宣傳者、推動者和執行者的角色。

　　一九五四年七月二十六日，文協常務理事陳紀瀅以「某文化人士」的身分，在中央及新生兩報發出「文化清潔運動」的第一聲，呼籲文化界響應《民生主義育樂兩篇補述》的指示，消滅赤毒與黃害，並又添上「黑色的罪」一項，認為透過內幕雜誌揭人隱私、混淆是非的「黑色新聞」同樣殘害國民心理健康，應予杜絕，因此該文籲請各界一致奮起，共同撲滅「文化三害」：即赤色的毒，黃色的害，黑色的罪。這項呼籲帶動了一個全面性的文化運動在社會各界的展開：八月九日，各報發表了〈自由中國各界為推行文化清潔運動厲行除三害宣言〉，在宣言上簽名的包括教育、新聞、文藝、出版、宗教、婦女、僑務、青年、民意代表各界人士五百餘人及發起此一運動的一百五十五個社團。海內外各界人士也紛紛響應，一個月之內在此宣言簽名者，個人達二百萬餘人，團體方面則有各種社團達三百餘單位之外，促使各書報攤、書店、印刷廠和全國軍民讀者，「拒售、拒印、拒購、拒讀」三害書刊。八月中旬成立「文化清潔運動促進會」，接受民眾檢舉不良刊物投書，至八月底達兩千餘封。最後由政府出面，根據出版法和國家總動員法，對不良刊物進行取締及處分，以達九月間「三害均已斂跡銷聲」的成效。〔註14〕

〔註13〕早在 1942 年毛澤東代表共產黨發表〈在延安文藝座談會上的講話〉，以政治作為文學的指導原則時，當時任國民黨文宣幹部的張道藩就發表了〈我們所需要的文藝政策〉，以「三民主義文藝政策」與共產黨對抗，他的主張基本上很接近國民黨的文藝政策取向，頗具有代表性。〈我們所需要的文藝政策〉和〈三民主義文藝論〉二文，收錄於《張道藩先生文集》，（台北：九歌出版社，民國 88 年）。

〔註14〕關於文化清潔運動的發起、推展與成效，可詳見《文協十年》，本論文所述亦根據該書。

　　「文化清潔運動」是一場民間充分響應政府政策的總體動員，居中推動者又是政府支持的最大文藝組織，其實也就是先由民間團體「自動」執行政府的政策，然後再名正言順地由政府依法處理，以完成文藝政策的具體落實，因此動員層面之廣與肅清效率之高，在當時堪稱所向披靡，也使得文藝、出版和新聞界提高警覺，以防止不當言論的出現。綜觀國民黨政府除三害的目的，主要是這些內容無助於反共戰鬥士氣的凝聚，雖然對部分不良刊物有正面的清掃作用（如掃黃掃黑），但換一個角度看，也是相對的限制了人民表達意見和選擇讀物的自由，而掃除赤毒一項，則更有利於反共文學政策的推行。

（三）從軍中文藝到戰鬥文藝的號召

　　反共文學除了在民間文藝界被大力宣導提倡，另一個面貌就是以具備戰鬥性質的文藝姿態出現在軍中，這同樣是鑑於文藝可鼓舞軍心、激勵士氣的功能而將文藝視為「軍隊的精神武裝」，由國防部總政治部主任蔣經國先生負責推動。

　　一九五一年五月，國防部總政治部發表〈敬告文藝界人士書〉，正式號召社會知名作家支持「文藝到軍中去運動」，一方面藉作家指導和培養軍中文藝人才，一方面以軍中戰鬥事蹟做為作家寫作題材。一九五二年六月，又舉辦「軍中文化示範營」，提出「兵寫兵、兵唱兵、兵演兵、兵畫兵」的口號，邀請社會文藝作家輪流授課指導，提倡軍中文藝。一九五三年十月起，每年舉行「國軍文化康樂大競賽」，邀請社會名家評選優良軍中創作，並發給獎金獎狀。一九五四年元月，國防部總政治部發行《軍中文藝》月刊（前身為一九五〇年六月創刊的《軍中文摘》），提供軍中創作示範及作品發表空間。〔註 15〕在這一連串的軍中文藝倡導活動中，所謂社會知名作家的邀請以文協的作家居多，而文協也充分發揮配合與輔助的力量，定期組成軍中訪問團和座談會，與國軍官兵做文藝交流，並提供報紙副刊和文藝雜誌的版面讓其投稿。這些措施的確刺激了軍中文藝創作風氣，也培養出不少軍中作家，民間文藝界遂與軍中以筆代槍的作家結合，從各報刊媒體到軍中雜誌，一起為創作反共戰鬥的文學效力。

　　另外必須提到的是，在一九五三年八月成立的中國青年寫作協會，也是由蔣經國擔任主任的中國青年反共救國團總團部所輔導，並出版《幼獅文藝》

────────────

〔註15〕軍中文藝的發展，可見吳東權：〈國軍文藝運動三十年〉，收入《當代中國新文學大系：史料與索引》。

月刊，將反共戰鬥文藝推廣到青年學生之中。由此可知成立文藝組織並配合機關刊物的發行，這種模式是製造和宣傳反共文學成為主流論述的有效方法，還有就是透過報刊雜誌的大量生產來達到傳播的目的。五〇年代各大報紙都提供篇幅刊登反共作品，文藝雜誌的出版數量更有近三十種之多，如《火炬》、《暢流》、《自由青年》、《野風》、《海島文藝》、《文藝月報》、《文壇》、《半月文藝》等等，其中帶有官方性質的雜誌固然不少，連民間雜誌的創辦者也大半有一定的黨政軍關係，多配合政府提供反共抗俄與戰鬥的文藝。〔註16〕於是在文藝社團、軍中作家和文藝雜誌的三面動員下，將反共戰鬥文學推到了最高峰，而且也直接的促進了文學活動的興盛與蓬勃，這可以說是以政治力量推動反共戰鬥文學的一項附加價值。

　　不過，自一九五四年十二月「中美共同防禦條約」簽訂後，台海的安全正式受到美國的保護，台灣內部的戒備和戰鬥氣氛也逐漸鬆懈而趨於安逸，此一外在情勢的改變，對於文學的發展也產生了重要影響。首先就是使得反共戰鬥文學生產的迫切性與現實性，漸漸失去了社會存在的基礎。同時由於台灣對美國在政治和經濟層面的依賴日深，從一九五〇年六月韓戰爆發，美國派第七艦隊協防台灣海峽開始，美國對台灣提供了大量的經濟援助並簽訂協防條約，使國民黨政府可運用美援，在一九五三到一九五九年間積極從事工業化建設，對現代性的追求亦隨著工業化的腳步愈發迫切，這連帶使以美國為主導的西方文化輸入，造成西化浪潮快速的席捲台灣，文學上自然也受到西化意識型態的影響，開啟了現代主義文學（尤其是英美的現代主義）風行的契機，造成了五〇年代後半期文學主流轉移的趨勢。〔註17〕

〔註16〕五〇年代文學雜誌的出版與內容概況，可參考薛茂松：〈五十年代文學雜誌〉，《文訊》第九期，民國73年3月。關於反共文學如何透過社會機制而大量生產，可參考應鳳凰：〈五十年代台灣文藝雜誌與文化資本〉，收入《台灣文學出版現象》，（台北：文訊雜誌社，民國85年）。

〔註17〕這裡可以舉尉天驄的一段話，來說明當時台灣文學和文化界的西化狀況：「正好民國43年（1954）中美簽訂了共同防禦條約，這個條約訂了之後，台灣興起了一番新的局面，大家心裡知道，這個條約一訂，台灣至少可有二、三十年的安定，而且由於和美國有著極其密切的關係，於是便造成一切以美國的解釋為解釋、以美國的標準為標準，這樣我們台灣的教育情況就對自己近代的歷史比較不熟悉了。那麼我們從那兒吸收營養呢？從西方的文化。我們可以看到，約在四十四、四十五年（1955、56）以後，台灣整個文藝界和文化界的風氣是一步步地步入西方的道路，……那時的文學雜誌都有一個風氣：學習西方的技巧，而學院派方面也是常在介紹這個東西。」見尉天驄：〈西化

　　但是因為反共戰鬥文學的降溫，不利於戒嚴體制的維持及居安思危的心理建設，而且大量生產的反共文學也有公式化而趨於浮濫的現象，於是在一九五五年春，蔣中正總統又對全台軍民明確提出「戰鬥文藝」的號召，代表國家對文藝內容的正式指導與提倡。〔註 18〕文協作家王集叢隨即撰《戰鬥文藝論》加以系統的闡釋，將文藝必須宣揚反共抗俄、堅定戰鬥立場的道理不斷反覆申述。而身為國家文藝政策的民間執行者的文協，自然也發動全體會員熱烈響應，撰寫專文說明戰鬥文藝理論、創作戰鬥文藝作品、協助戰鬥文藝著作出版（王集叢《戰鬥文藝論》即為一例），並舉辦各種戰鬥文藝活動如座談、廣播、晚會等等。〔註 19〕許多文藝刊物也紛紛製作推出與戰鬥文藝有關的專題，例如《幼獅文藝》在一九五五年元月號就刊出〈戰鬥文藝向誰戰鬥？怎樣戰鬥？〉這樣的文章，《文藝月報》二卷四期也闢有「戰鬥文藝理論專輯」，《文壇》和《軍中文藝》都用好幾期的篇幅，邀請各部門作家，舉行戰鬥文藝筆談，認為戰鬥文藝創作的內容，應該具有戰鬥性、團結性、積極性和創造性，能夠增強戰鬥精神和堅定反共意志，〔註 20〕為戰鬥文藝的號召增添不少聲勢。在國軍的響應方面，國防部總政治部發行的刊物《軍中文藝》，也為了配合這項號召而更名為《革命文藝》，以示服從戰鬥的決心。

　　一九五五年的戰鬥文藝運動，是過去五年來推行的反共文學在意識方面

的文學〉，收入邱為君、陳連順編《中國現代文學的回顧》，（台北：龍田出版社，民國 67 年），頁 155～156。

〔註 18〕關於戰鬥文藝的提出，吳東權說：「因為『反共文藝』在經過十年左右的開花結果、燦爛輝煌之後，所有的反共、仇共、和批共、貶共的直接素材逐漸貧乏下來，原先那些充滿了反共經驗和鬥爭心得的文藝作家們也幾乎到了『江郎才盡』的邊緣，其作品也就沒有前些時候那麼雄渾洗鍊，甚至有些作品竟流於形式，缺少創新，於是，先總統蔣公乃提出了『戰鬥文藝』的號召，涵蓋了『反共文藝』的實質，而又具備了比『反共文藝』更有攻擊性的意義，範圍和深度，都有了莫大的擴展，立即響遏行雲。」顯示了戰鬥文藝是為了振興和強化已趨衰弱的反共文藝而提出的。見〈從反共文藝到文藝反共〉，《國魂》398 期，民國 68 年 1 月，頁 42。

〔註 19〕文協推動戰鬥文藝運動的經過，詳見《文協十年》。王集叢《戰鬥文藝論》屬於文協支助的由穆天南主編之「文壇戰鬥文藝叢書」十種之一，民國 44 年由台北文壇社出版。另外還有虞君質主編的「現代戰鬥文藝選集」上下冊，收入富於戰鬥意義的小說、散文、詩歌、戲劇等作品五十八篇，是戰鬥文藝創作的典型代表作品。

〔註 20〕見中國文藝年鑑編輯委員會主編《中國文藝年鑑》，（台北：平原出版社，民國 55 年），頁 46～47。

的再強化運動，而且是由政府出面領導，不再迂迴的經過民間文藝社團的發動，目的就是要維持反共文學的主流論述地位於不墜。可知在五〇年代的前半期，反共文學的確是根據國策與國家文藝指導原則，在限制出版和言論自由的法令配合下，由政府授意的文藝組織與軍中文藝的建立，有效策動各界力量投入生產而勃興的一套主流論述。

第二節　反共文學的檢討、文藝政策的批評與文學主流的轉移

一、反共文學的檢討方向與現代主義的興起

從一九五五年之後，反共文學的主流就有盛極而衰的趨向。除了如前所述，因外在環境的改變而必須透過戰鬥文藝的大聲疾呼來注入強心針外，來自創作本身的主題單調、文學技巧粗糙與公式化等問題，也是反共文學出現不振跡象的原因。例如以獎金制度吸引反共文學創作的中華文藝獎金委員會，於一九五六年十二月結束，其機關刊物《文藝創作》也就此停刊，據張道藩的說法是推行反共文學有成，已經完成了任務，所以有功成身退的意味，〔註21〕但從另一個角度來看，似乎也說明了反共文學無以為繼的狀況。事實上在一九五三年一月，身為主任委員的張道藩就對文獎會三年來所推動的創作成績做出了檢討，他說：

> 回顧三年來反共文藝運動的蓬勃，與反共文藝作品的豐盛，實在值得我們興奮與安慰，對許多刻苦努力的老作家和新作家，也值得我們深致無限的敬佩。但是一個不容否認的事實擺在我們面前：便是反共的文藝作品一年比一年產生得多了，廣大讀者對反共文藝作品的欣賞興趣卻一年比一年減少了。不僅是少數專家學者認為這些作品，是屬於「宣傳」一類的東西，便是廣大的讀者，也把它們當作宣傳品看待。反共文藝的效用，在逐漸減削，這是值得自由中國文藝作家們反省與檢討的，這是一個大的問題，也是創作上一個嚴重

〔註21〕張道藩在《文藝創作》的停刊宣言中表示，該刊五年多來所發表的反共文學字數約一千萬字左右，「在反共文藝運動的發揚上已經盡到了獎勵扶助的責任」，因此在任務完成且經費不足的情況下宣告停刊。見〈為「文藝創作」停刊敬告讀者〉，《文藝創作》68 期，民國 45 年 12 月，頁 1。

的問題。〔註22〕

這段話足以說明反共文學在量的膨脹上已影響了質的提昇，尤其是題材的侷限與創作技巧的貧弱，已經變成了宣傳品而非文學作品。因此張道藩認爲要想擴大文藝效能，今後必須研求藝術與技巧，向「中國傳統文藝」、「歐美各民主國家當代的文藝傑作」以及「一切民間的文藝作品」多學習，「努力創造新形式與新藝術」。〔註23〕這樣的認知來自反共文學宣傳集團的內部，表示文學的藝術性逐漸受到重視，而且是區別反共文學爲「文學作品」或「宣傳品」的重要標準。以反共文學成名的作家彭歌在回應張道藩的評語時，也指出反共文學「千篇一律」和「公式化」的內容是：

> 有游擊隊，有敵後工作者，有覺悟的老百姓，有瘋狂萬惡的匪徒，
> 有爲虎作倀的漢奸，有淫逸驕奢的俄寇，最後還有「活捉毛澤東」，
> 「槍斃史達林」，似乎已經很夠了。反共抗俄是既定的國策，只要能
> 「反」能「抗」，似乎內容便不成爲其問題。〔註24〕

他並認爲公式化的內容與民眾的現實生活沒有關聯，因此引不起讀者欣賞的興趣，所以希望作家能夠充實自己，豐富精神食糧，「一方面應該努力提倡純文學的外國傑作的介紹，一方面應該建立嚴格的批評風氣。」〔註25〕這些來自反共文學集團內部的自我檢討，居然都提到要向外國的優秀作品學習，似乎也預告了現代主義文學的興起。而且對於文學的藝術性的追求，在反共文學浮濫且千篇一律的寫作模式下，恐怕也正是當時具有自覺意識的創作者亟欲尋求突破的方向，並率先表現在詩的領域：一九五三年二月，紀弦便創辦了《現代詩》季刊，一九五四年三月，覃子豪等人的「藍星」詩社成立，同年十月又有張默、洛夫、瘂弦發起的「創世紀」詩社，逐步開啓了反共文學以外的創作空間。

但是，這些詩人在剛開始的時候，也是配合國策寫作反共詩篇的，例如紀弦就多次得過文獎會詩歌創作獎金，「創世紀」則根本是由軍中詩人成立的詩社，他們在《創世紀》詩刊的發刊詞中，也表示了要「確立新詩的民族路

〔註22〕見〈論當前自由中國文藝發展的方向〉，《文藝創作》21期，民國42年1月，頁2。
〔註23〕同前註，頁7。
〔註24〕彭歌：〈當前文藝發展方向的探討〉，《文藝創作》22期，民國42年2月，頁117。
〔註25〕同前註，頁124。

線」，而且響應文化清潔運動，「徹底肅清赤色黃色流毒」。這些詩人在意識型態上都是反共的，自然會響應政府號召，創作反共文學。那麼這和他們後來提倡現代主義文學有沒有矛盾衝突的地方呢？紀弦在《現代詩》創刊宣言就說：「標語口號不是詩。但是，寫得好的政治詩，又何嘗不能當藝術品之稱而無愧。只要是詩，是好詩，是現代詩，無論其為政治的或非政治的，都是我們所需要的。詩是藝術，也是武器。來了來了我們！一面建設，一面戰鬥。來了來了我們！」〔註26〕因此紀弦並不排斥具藝術性的政治宣傳品。不過他同樣也寫過藝術性不高的宣傳作品，在面對質疑時，他說：「宣傳品就是要像這樣寫的。為了政治上的目的，像這類反共抗俄的宣傳品，我是常常寫的。而這，並非『雙重人格』。我認為他們很少有藝術價值，所以我不會把它們收入我的藝術品的詩集。」〔註27〕

由此可知，作品的藝術價值正是「文學」與「宣傳品」的分野，詩人也把政治目的和純文學創作區隔得十分清楚，現代主義文學對反共文學並非全然的拒斥關係，而是由於反共文學面臨僵化困境，對創新題材和藝術性的需求愈來愈迫切，不管是反共文學集團或是自由作家，都把目光投注在西方文藝的學習，使得現代主義文學有機會獲得青睞，這可以說是時勢所趨造成的結果，甚至較早開始運用現代主義創作技巧的，就是起自反共文學作品，如彭歌的小說〈落月〉。等到現代主義在五○年代後期形成風潮，尤其是現代詩的流行，也從專業詩刊擴及到《自由青年》等國民黨創辦的刊物，並且還有許多軍中詩人熱衷於現代詩的創作（見本論文第七章第二節及第八章第一節），這些都說明了具有官方色彩的反共文學集團對現代主義的吸收與發揚，因此這是現實環境轉變和文學進步需求下的文學主流之自然轉移，生產反共文學的機制最後也成為傳播現代主義的助手。

二、胡適對文藝政策的批評及其反響

對於國民黨政府的文藝政策，文化界也有批評的聲音出現，以自由主義大師胡適最具代表性。一九五八年五月四日，胡適在中國文藝協會發表演講，

〔註26〕見《現代詩》創刊號，民國 42 年 2 月，頁 1。
〔註27〕這是紀弦在 1958 年現代詩論戰中答覆余光中的〈兩點矛盾〉之言，見〈一個陳腐的問題〉，收入《紀弦論現代詩》，（台中：藍燈出版社，民國 59 年 1 月），頁 110。

作為一個典型的自由主義者，他對政府是否該有輔導文藝的政策，提出了明確的反對意見：

> 因為自由國家，尤其是我知道最熟悉的美國，絕對沒有這一個東西，對於文藝絕對完全取一個放任的，絕對沒有人干涉，政府絕對沒有一種輔導文藝，或指導文藝，或者有一種文藝的政策。絕對沒有；也絕對沒有輔導文藝的機構。……一個自由國家裡面，政府對於文藝應該完全取一個放任的態度，……文藝作家，應該完全感覺到我們是海闊天空，完全自由；我們的題材，我們的作風，我們用的材料，種種都是自由的。只有完全自由的方向，才可以繼續我們四十多年來所提倡的新文藝。這個傳統，我們所認為的自由，提倡文體的革命，提倡文學的革命，四十年來，我們所希望的，是完全有一個自由的創作文學。〔註28〕

胡適主張政府對於文藝不應干涉、輔導或指導，應該採取完全放任的態度，也不應設輔導文藝的機構或所謂文藝政策。胡適又提到五四時期新文藝的傳統，是提倡文體和文學的革命，是自由創作的文學，所以他希望這個自由的傳統可以延續下去，並進一步指出新文藝運動的標準有二：

> 第一個是，人的文學，人，不是一種非人的文學，要夠得上人味兒的文學。要有點兒人氣，要有點兒人格，要有人味兒的，人的文學。文學裡面每個人是人，人的文學。第二，我們希望要有自由的文學。文學這東西不能由政府來輔導，更不能夠由政府來指導。〔註29〕

胡適重揭人的文學，頗有以個人主義對抗集體壓迫的意味，這個集體壓迫在五四時期是封建體制對個性的抹殺，在五○年代的台灣則是由國家主導的反共抗俄大敘述對個人創作自由的限制，這也正是自由主義批判精神的展現。但是胡適的意見很快就引起國民黨文化工作人士的反駁，在《文壇》刊出胡適此一演講稿之前，有一篇穆中南寫的〈關於文藝政策〉，認為台灣處於非常時期，文藝應該接受政府的輔助，而建立一套正確的文藝政策是必要的，這是從共匪的階級文藝提倡成功所得到的血的教訓。沒有明顯的文藝政策，

〔註28〕 胡適：〈中國文藝復興・人的文學・自由的文學〉，原載《文壇》季刊第二號，民國 47 年 6 月。收入王夢鷗編選《當代中國新文學大系：文學論評集》，（台北：天視出版公司，民國 69 年 2 月），頁 1～2。

〔註29〕 同前註，頁 13。

反而會使個人過分自由且被各個擊破，也產生不了自由的文學。尤其當「後起作家輩出，而且日漸遠離了共匪所給我們的痛苦的生活體驗，我們再不能置若罔聞，遲遲的不製定文藝政策了。」〔註 30〕穆中南爲文藝政策的辯護與「官方說辭」一致，即以國家民族的存亡爲前提，來限制對民主自由的要求，顯然雙方看待問題的出發點是完全不同的。

接著任卓宣也針對胡適的演講發表了〈論人的文學和自由的文學〉，提出三民主義來與之辯駁。他指胡適人的文學只是簡單貧乏的概念口號，應以三民主義來加以詮釋，使人的文學成爲「民族的文學、國民的文學、平民的文學、社會的文學」，才能獲得豐富的內容。「所以我們與其說人的文學，就不如說三民主義的文學之爲好。三民主義的文學可以包括人的文學，人的文學則不能包括三民主義的文學。」〔註 31〕同時認爲政府對作家創作是輔導而非壓迫，「精神上的指導有裨於寫作能力底增進，物質上的輔助有裨於出版能力底增進。」〔註 32〕他的結論是胡適「人的文學‧自由的文學」乃消極放任的個人主義和自由主義的文學，不如三民主義來得完全和積極。一九五九年五月，任卓宣又發表〈文藝政策論〉，除了將胡適的言論歸爲個人主義而大肆批評，並抬出憲法條規與反共國策，指文藝作家應遵從三民主義思想，才能與馬克思的共產主義相對抗，又指國家的文藝政策是對作家的「輔導」而非「干涉」，與自由的文學不衝突，「如果文藝界不要求文藝政策，就有不實行憲法，不加強反共，不發展文藝之嫌。」〔註 33〕前文是以三民主義理論作爲涵容自由文學的手段，藉以消除異議；後文則以明文的法令來強調文藝政策的合理性，使人依法遵從。

三民主義與反共戰鬥的文學和文藝政策，雖然不斷被國民黨文化工作人士所標舉鼓吹，〔註 34〕然而隨著國際局勢的穩定，文化界湧現自由主義的批

〔註 30〕穆中南：〈關於文藝政策〉，《文壇》季刊第二號，民國 47 年 6 月，頁 5。
〔註 31〕任卓宣：〈論人的文學和自由的文學〉，收入王夢鷗編選《當代中國新文學大系：文學論評集》，頁 20。
〔註 32〕同前註，頁 22。
〔註 33〕任卓宣：〈文藝政策論〉，《文壇》季刊第四期，民國 48 年 5 月，頁 7。
〔註 34〕反共戰鬥文學及相關文藝政策的制定，其所顯示的主題單一和重複宣示性質，是具有在特定時代需求下政治意識型態宣揚的特殊作用的，其實不宜用一般正常環境下的文學創作標準去衡量；只是既然作爲特定時代背景下的特殊政治文類，難免容易因現實環境與時代的變遷而旋起旋滅，當此特定的時代需求漸漸淡化時，代之而起的就是各種求新求變的聲音。王德威在〈一種

評聲浪，形成了一股爭取言論自由的力量；文壇文也逐漸轉向西洋文藝理論的介紹與學習，而有現代主義在五〇年代後期的興起，慢慢取代了反共文學主流論述的地位。

逝去的文學？——反共小說新論〉一文中，對反共文學有較爲客觀的理解和評價，並將之納入中國政治文學（該文主要以小說作品爲例）的傳統，與早期的批判現實小說、抗戰宣傳小說，以及晚近的各種傷痕文學（文革、白色恐怖、二二八等）並列齊觀，本論文亦贊同這樣的看法。王文收入其所著《如何現代，怎樣文學？》一書，（台北：麥田出版社，民國 87 年 10 月）。

第三章 《自由中國》的自由民主訴求與文學表現

　　《自由中國》是五〇年代台灣的自由主義知識份子爭取自由民主最具代表性的政論刊物。這本創刊於一九四九年十一月二十日的雜誌，原本在一九四九年初的上海就由胡適、雷震、杭立武、王世杰等人打算以報紙的形式發行，卻因國共內戰的戰火而受阻，最後隨著國民黨撤退來台，而在台灣以半月刊的型態面世。它的發行人由胡適掛名，實際負責人則是雷震，還有一個八、九人組成的編輯委員會共理編務，雷震、殷海光、夏道平等人更成為《自由中國》社論的健筆。

　　《自由中國》創刊的目的，本是為了對抗共產極權的專制，希望發起「自由中國運動」來宣傳自由與民主的價值，並促使中華民國成為自由的中國，[註1] 因此在最初的立場上是堅決反共以及支持擁護國民黨政府。但是隨著美援的進入和台灣地位的日趨穩固，國民黨政府卻非朝著民主化的方向進行，仍然將政治、教育、出版言論等自由置於戒嚴體制的約束之中，與《自由中國》所追求的民主自由信念相違背，於是《自由中國》便轉向批評和針砭時政的道路，並援引五四運動的民主與科學精神，來作為爭取自由和人權保障的依據；該刊的政論內容也與國民黨當局產生愈來愈嚴重的衝突，甚至有後期雷震等人呼籲籌組反對黨的言論出現，想要將書面論政化為實際的民主改革行

〔註 1〕 見胡適：〈「自由中國」的宗旨〉，《自由中國》創刊號，民國 38 年 11 月 20 日，頁 2。

動，終於導致《自由中國》在一九六○年九月四日雷震被捕後停刊。在整整十年的歲月裡，《自由中國》一共出了二十三卷、二百六十期，〔註2〕可謂見證了台灣五○年代政治的發展，成爲第一波自由主義改革的象徵力量。

　　雖然《自由中國》是政論性質的刊物，但是它在文學方面的表現也不容忽視。初期的《自由中國》仍配合國家政策刊行反共文學，自一九五三年起，由聶華苓主編文藝欄之後，開始有意識的採用反共文學之外的作品，凝聚了一批具有自由色彩的作家，創作題材多樣化的文學作品，對作品的藝術性也愈來愈重視，逐漸偏離了反共文學獨大的創作軌道，正呼應了它在政治方面所採取的改革立場，可視爲文學主流轉移之前的一種試驗。在文藝政策的看法上，《自由中國》也主張不應由政府來主導文藝的發展，而應讓作家自由的發揮與表達。本章探討《自由中國》作爲五四以來自由主義傳統在台灣的首要延續，它倡導的自由民主理念如何形成政治上的輿論，成爲一股督促政府邁向自由民主的改革力量，以及與其精神互相呼應的文藝欄作品，在文學題材的拓展和技巧提昇方面的表現成績。

第一節　從反共擁蔣到自由民主的政治追求

一、創刊宗旨與反共擁蔣立場的奠定

　　以反共爲號召的《自由中國》，在發刊詞中已申明了他們創刊的目的：「正是要闡明蘇俄對於世界——尤其是對於中國——的禍害，和中共對於國家和人民的罪惡感。我們並要討論如何阻止這個禍害，如何洗滌這些罪惡。這個刊物所發表的文字，本著思想自由的原則，意見不必盡同，但棄黑暗而趨光明，斥極權而信民主，求國家民族的自由，求世界的和平，則是大家共同的主張。」〔註3〕同時由胡適所撰寫的「自由中國的宗旨」，從創刊號開始也出現在每一期的雜誌中，說明《自由中國》致力的工作是：

〔註2〕《自由中國》是半月刊的形式，每月一日和十六日出刊（從第二卷開始），每半年一卷，每卷十二期，到停刊爲止總共出版了二十三卷。但是第一卷和第二十三卷都不滿十二期，每一卷只有三期，而且三期的出刊日分別是創刊號的一九四九年十一月二十日、第二期的十二月五日、第三期的十二月二十日。第二十三卷只有五期，最後一期的出刊日期是一九六○年九月一日。

〔註3〕《自由中國》發刊詞，見《自由中國》創刊號，民國38年11月20日，頁4。

第一、我們要向全國國民宣傳自由與民主的真實價值，並且要督促政府（各級的政府），切實改革政治經濟，努力建立自由民主的社會。

第二、我們要支持並督促政府用種種力量抵抗共產黨鐵幕之下剝奪一切自由的極權政治，不讓他擴張他的勢力範圍。

第三、我們要盡我們的努力，援助淪陷區域的同胞，幫助他們早日恢復自由。

第四、我們的最後目標是要使整個中華民國成為自由的中國。〔註4〕

可見自由與民主是《自由中國》所秉持的價值，胡適正是體現此一價值的具體代表人物，而為《自由中國》同仁奉為精神領袖，成了掛名的發行人。在胡適為《自由中國》所寫的有限文章中，泰半是在鼓吹言論自由的重要，而《自由中國》因為評論時政與國民黨當局起了一連串的衝突，亦儼然成為當時台灣爭取自由言論機關的象徵。〔註5〕其實《自由中國》成立之初，是以反共擁蔣為基本立場的，在創刊後一年半的時間裡，它和國民黨政府的關係是相當融洽的，雷震等人認為蔣中正總統所領導的國民黨政府，是唯一可與大陸的共產極權對抗的政治力量，因此予以支持並對之寄予民主改革的厚望。而國民黨政府容許《自由中國》的存在，亦因其反共擁蔣的政治立場於己有利，且有藉此在國際間塑造言論自由的國家形象之考量。〔註6〕但是隨著韓戰的爆發，台灣的地位得到美國的保護而日趨穩固後，國民黨仍維持威權式的治國模式，便與《自由中國》所期盼的民主憲政方向產生歧異，使他們對國民黨政府由支持轉為督促式的批判。

〔註4〕〈「自由中國」的宗旨〉，見《自由中國》創刊號，頁2。

〔註5〕例如胡適在《自由中國》雜誌三週年紀念會上致詞，就指出《自由中國》至少替國家建立了一個自由言論的機關，並不忘強調言論自由的重要，因為「自由民主的國家，最要緊的就是言論自由」、「言論自由和別的自由一樣，還是要靠我們自己去爭取來的；法律的賦予與憲法的保障是不夠的，人人應該把言論自由看作最寶貴的東西，隨時隨地的努力爭取」。見〈「自由中國」雜誌三週年紀念會上致詞〉，《自由中國》第七卷第十二期，民國41年12月16日，頁376。

〔註6〕對於《自由中國》創刊初期與國民黨政府良好的互動關係之詳細分析，可參見薛化元《自由中國與民主憲政》一書的研究，第三章「《自由中國》思想的開展與分期」，（台北：稻鄉出版社，民國85年7月）。

二、議政的展開與「祝壽專號」的出版

　　一九五一年六月，《自由中國》四卷十一期所刊登的〈政府不可誘民入罪〉社論，批評一宗治安單位有誘人入罪之嫌的金融案，而招致保安司令部的反彈，是為《自由中國》與國民黨政府機關正式發生摩擦之始。當時胡適身在美國，認為這篇社論有憑有據、嚴肅負責、很有膽氣，「夠得上『自由中國』的招牌」。但隨後《自由中國》受到軍事機關的壓力而刊出新的社論，言論趨於緩和，胡適認為這是被逼寫出的賠罪道歉文字，因此去信雷震，要辭去《自由中國》發行人的頭銜來表示對軍事機關干涉言論自由的抗議，因為「『自由中國』不能有言論自由，不能有用負責態度批評實際政治，這是台灣政治的最大恥辱。」〔註7〕此事最後在陳誠出面下暫告平息，《自由中國》也從此成為台灣爭取自由民主的精神象徵，並末對政治、教育體制、出版法、言論自由、地方選舉等問題展開一連串的評論，與國民黨政府的衝突也愈益激化。例如自一九五二年起，《自由中國》對計劃教育與救國團的批評，〔註8〕引起軍方政治作戰部和蔣經國先生的不滿，軍中政治部禁止閱讀《自由中國》，後來連學校內也對《自由中國》的陳閱進行限制，〔註9〕顯示《自由中國》的言論已令政府當局不悅，胡適與雷震與自由主義知識份子所寄望的民主改革，在現實政治中顯然沒有實踐的機會。

　　一九五六年十月，《自由中國》製作了「祝壽專號」，為蔣中正總統祝壽，並在蔣總統廣開言路的鼓勵下，又提出一系列對國是的意見，共十五篇文章，例如胡適的〈述艾森豪總統的兩個故事給蔣總統祝壽〉，藉艾森豪故事婉轉建議蔣總統應充分授權，無為而治；夏道平的〈請從今天起有效地保障言論自由〉，指出台灣只有常識中有限的言論自由，而無符合現代民主政治理論上的

〔註7〕　胡適：〈致本社的一封信〉，《自由中國》第五卷第五期，民國40年9月1日，頁5。

〔註8〕　見徐復觀：〈「計劃教育」質疑〉、《自由中國》第六卷第九期，民國41年5月1日；〈青年反共救國團的健全發展的商榷〉，《自由中國》第七卷第八期，民國41年10月16日：社論：〈對於我們教育的展望〉，《自由中國》第七卷第六期，民國41年9月16日：余燕人等：〈搶救教育危機〉，《自由中國》第十一卷第十二期，民國43年12月16日。

〔註9〕　1955年6月，台南農業職業學校根據教育廳命令審查書籍，將《自由中國》列為言論不正確雜誌，不陳於閱覽室而交由教務處保管，該校一教員投書《自由中國》披露其事，《自由中國》亦刊出社論：〈抗議與申訴〉質疑所謂言論正確的衡量標準。見《自由中國》第十二卷第十二期，民國44年6月16日。

言論自由，此乃基本人權，希望政府可以有效的保障它。其他如王師曾、陳啓天、蔣勻田的文章，皆談到民主憲政的根本問題；徐道鄰和陶百川的文章，要求尊重法治和制度；雷震和翁之鏞的文章，則主張國防和經濟的改革；魏正明的文章提到了成立反對黨的必要性；羅大年的文章更直陳救國團的設置和強制研讀總裁言論，是建立自由教育的兩大弊害。此專號首頁並有一篇社論〈壽總統蔣公〉，建議選拔繼任人才、確立責任內閣制、實行軍隊國家化三事。〔註 10〕由於所論直切時政，言人所未敢言，因此讀者反應熱烈，使得專號一再加印，連出了十三版。國民黨的相關媒體自然對《自由中國》的言論不滿而開始反彈，如《中華日報》、《軍友報》、《國魂》、《幼獅》等報刊，指《自由中國》搞「思想走私」，「爲共匪的統戰工作鋪路」。〔註 11〕《自由中國》既被扣上「紅帽子」，與國民黨的關係幾瀕臨破裂。

三、「今日的問題」系列社論的時政批判

從一九五七年八月開始，《自由中國》第十七卷第三期又刊出社論「今日的問題」系列，在長達半年的時間裡，總共有社論十五篇，分別探討了反攻大陸、軍事、財政、經濟、美援運用、中央與地方政制、新聞自由、教育、反對黨等問題，並以第一篇社論〈是什麼，就說什麼〉來申明立言的態度。文中感嘆「台灣在一個大的藉口之下，有計劃地置于一個單一的意志和單一的勢力嚴格支配之下」，而不能說眞話，因爲「台灣在思想言論方面居然已弄成以官方爲『眞理的標準』之局面」，政府對於民間思想言論的衡量，以自訂的範疇和尺寸爲甄別標準，以「國家利益」、「基本國策」、「非常時期」、「緊急事態」、「非國即共」等藉口來控制言論自由，透過教育機構灌輸官方思想，文中對此提出相反看法，認爲正因時值非常，才更需要集思廣益，對攸關大眾禍福的政治決定作出公斷，不應由少數人憑權威操持，因此以「是什麼，就說什麼」爲立言標準，嘗試以積極實徵的態度，對當前的現實問題提出批評與解答。〔註 12〕這樣的言論在當時的戒嚴空氣下實屬大膽，再次挑戰著國

〔註 10〕 全部文章的詳細內容，可參《自由中國》第十五卷第九期，封面還印有「恭祝總統七秩華誕」字樣，民國 45 年 10 月 31 日。

〔註 11〕 見《自由中國》第十六卷第二期社論（二）：〈我們的答辯〉，民國 46 年 1 月 16 日，頁 56。

〔註 12〕 今日的問題（一）：〈是什麼，就說什麼〉（代緒論），《自由中國》第十七卷第三期，民國 46 年 8 月 1 日，頁 67～68。

民黨對自由主義知識份子議政的容忍尺度。其後一系列的社論，最引起國民黨當局反感者，包括了指出反攻大陸非一時可成，應作長期奮戰的準備；國家預算的百分之八十用於軍事，負擔沉重，應裁減常備兵員；撤銷反共救國團，停止黨化教育，還有主張成立反對黨。對於這些言論，官方和軍方報刊斥爲鼓吹「反攻無望論」，破壞民心士氣，「爲朱毛共匪張目」，是對國民黨的侮辱與否定。〔註13〕

四、五四民主與科學精神的重新標舉

　　隨著愈來愈清晰的改革訴求，《自由中國》也重新標舉五四運動的民主與科學精神，從一九五七年五月到一九六○年的五月，都由殷海光爲《自由中國》撰寫紀念五四的社論，將五四的民主與科學精神，視爲破除一黨專政和思想權威的利器，並推崇胡適傳播民主與科學的領導地位。〔註14〕其實早在一九五五年五月，殷海光就在〈我們要貫徹五四精神〉的社論大聲疾呼：

> 五四運動的眞正貢獻，原在提出「民主與科學」的口號，這是一種「啓蒙」（或了悟）的運動。然而民主與科學二義，卻最未能引起國人的重視。實在當時所提出的「民主與科學」，依今日的眼光看來，並不算徹底。「民主與科學」實應綜括在「自由」之下。自由在政治制度方面的意義，便正是人權保障。……我們今日所最需要的，便在貫徹「五四」運動中的這種自由精神。……採納普遍性的人權制度和科學方法，養成科學與民主的態度，這才是我們必須要貫徹的「五四」精神！〔註15〕

　　在這裡，《自由中國》與五四以來的自由主義傳統接軌，以獨立批判的精神爭取自由民主和人權制度的保障。另一方面，《自由中國》更不斷刊出力主成立反對黨的文章。〔註16〕一九五八年五月，再以社論批評限制言論自由的

〔註13〕見張忠棟：〈爲自由中國爭言論自由的胡適〉，收於《自由主義人物》，（台北：允晨出版社，民國 87 年 6 月），頁 201。

〔註14〕這幾篇五四社論分別是〈重整五四精神〉、〈跟著五四的腳步前進〉、〈展開啓蒙運動〉、〈「五四」是我們的燈塔〉，見《自由中國》第十六卷第九期、第十八卷第九期、第二十卷第九期、第二十二卷第九期，民國 46 年、47 年、48 年、49 年 5 月 1 日。

〔註15〕〈我們要貫徹「五四」精神〉，《自由中國》第十二卷第九期社論，民國 44 年 5 月 1 日，頁 283。

〔註16〕根據薛化元的研究，《自由中國》從 1957 年 1 月 1 日起，到 1960 年 9 月停刊

出版法修正案，〔註17〕但仍無法阻止出版法修正案的通過，《自由中國》的理念至此與國民黨已水火不容。

五、反對黨的籌組失敗與停刊

　　一九五九年初，由一篇讀者投書引發的「陳懷琪事件」，使《自由中國》蒙上了冒名虛構、污衊革命軍人的指控。〔註18〕後來又有蔣總統修憲三連任的問題，以及地方選舉舞弊的問題，《自由中國》都在社論中表示反對意見，〔註19〕雷震等人更將籌備反對黨化為實際行動。一九六○年九月四日反對黨預定成立的前夕，雷震與《自由中國》總編輯傅正等人，終以涉嫌叛亂遭到警備總司令部逮捕下獄，《自由中國》也被迫停刊。《自由中國》不斷挑戰國民黨政府對異議容忍底限所招致的悲劇收場，顯示自由主義知識份子的理想與現實權力者的實際考量相衝突，雙方對國家未來發展的認知也有所差異，雖然《自由中國》的存在有利政府營造開明形象，卻無法爭取將言論化為實際行動的空間，並終因此而成為追求民主自由的殉道者。

　　不過《自由中國》的精神領袖胡適，雖然鼓吹言論自由和民主的價值，但是對某些政治現實的看法卻和《自由中國》其他人不同，在《自由中國》和國民黨政府產生摩擦時，胡適也試圖作了些調解的工作。例如對於「今日的問題」系列社論所提出的反攻大陸問題和反對黨的問題，胡適就認為反攻大陸是全民希望與象徵的一個招牌，不應該去碰；他也不贊成使用反對黨一詞，為避免有搗亂、顛覆政府的意味，他主張讓教育界、青年和知識份子組織一個不希望取得政權的在野黨即可。〔註20〕「陳懷琪事件」發生後，胡適

　　　　為止，在這四年多的時間裡，刊登了八十多篇呼籲成立反對黨的文章，見《「自由中國」與民主憲政》。其中由朱伴耘所寫的討論反對黨系列的文章，一寫就是七論之多，亦引起雷震的極大興趣。

〔註17〕見《自由中國》第十八卷第九期、第十期社論：〈出版法修正案仍以撤回為妥〉、〈出版法事件的綜合觀〉，民國47年5月1日、16日。

〔註18〕有關「陳懷琪事件」的始末，可參考張忠棟：〈為自由中國爭言論自由的胡適〉所述。

〔註19〕1959年6月16日，《自由中國》第二十卷第十二期社論：〈蔣總統不會做錯了決定吧！〉表明了反對蔣總統三連任；1960年4月的地方省議員暨縣市長選舉，發生了舞弊情事，5月1日《自由中國》第二十二卷第九期社論：〈這樣的地方選舉能算「公平合法」嗎？〉遂提出質疑。

〔註20〕見胡適：〈從爭取言論自由談到反對黨〉，《自由中國》第十八卷第十一期，民國47年6月1日，頁341～342。

一面為文呼籲政府要養成容忍異見的雅量，一面建議《自由中國》改變處理讀者投書的方式。〔註21〕在後期雷震投入反對黨的籌畫工作時，胡適更因本身涉入實際政治的意願不高，婉拒了雷震邀他出任反對黨領導人之請。

雖然胡適的主張已盡量與現實折衷配合，但在當時的政治環境下仍難以施展，更何況雷震等人的實際組黨動作。隨著雷震被捕、胡適的營救無力與猝逝，《自由中國》爭取民主和言論自由的理想已遭中挫，後繼的自由主義者，只能把改革焦點轉到政治以外的文化和文藝領域了。

第二節　由反共文學趨向多元發展的文藝欄

一、聶華苓與文藝欄風格的轉變

五○年代由於反共論述的興盛，文學也被當作支援和強化反共論述的工具，國民黨政府對文藝工作的重視與提倡，雖是出於政治上反共的需要，但是確實也大大促進了文學的蓬勃發展，大量創刊的文藝性雜誌即為一例。就像《自由中國》雖是政論性質的刊物，亦闢有文藝一欄，〔註22〕內容包括了散文、小說、新詩、劇本和文藝評論，並在早期的一九四九到一九五二年之間，配合著該雜誌支持國民黨政府的反共立場，刊登了不少反共文學作品，較著名的如陳紀瀅的〈荻村傳〉（二卷七期至三卷八期，1950 年 4 月 1 日至 10 月 16 日，共連載了十四期）、金溟若的〈歧路〉（三卷十一期，1950 年 12 月 1 日）、〈篩〉（四卷九期至四卷十期，1951 年 5 月 1 日至 16 日），朱西甯的〈糖衣奎寧丸〉（三卷十二期，1950 年 12 月 16 日）、〈拾起屠刀〉（四卷十一期，1951 年 6 月 1 日）、〈火炬的愛〉、〈何處是歸宿〉（六卷五期、六卷十期，1952 年 3 月 1 日、5 月 16 日）。到了一九五三年以後，《自由中國》在許多政

〔註21〕見胡適：〈容忍與自由〉、〈胡適之先生給本社編輯委員會一封信〉，《自由中國》第二十卷第六期、七期，民國48 年 3 月 16 日、4 月 1 日。

〔註22〕《自由中國》從第一卷第三期才開始刊登文藝作品，而文藝欄似乎為了在嚴肅的政論性質之外，用以調劑讀者情緒才設置的，見第十三卷第十期社論〈我們的檢討與報告〉：「本刊是一個態度嚴正的刊物，我們為調劑讀者的情緒，很想在這一欄中多選點短篇的輕鬆的優美作品，所惜者這一類夠格的來稿不太多。小說方面，凡是對於人物個性有深刻描寫，對於社會問題有深刻認識，從而可以提高生活意境的，我們就認為是好的作品。」（民國 44 年 11 月 16 日，頁 4）《自由中國》雖非有意重視和提倡文學，但對文學作品的選擇仍有一定的標準，不失其對五○年代台灣文學發展之貢獻。

治問題上和國民黨政府的歧見愈來愈大，在文學品味上也因聶華苓負責文藝
欄後而逐漸悖離反共文學的題材，但是對於寫得好的反共作品，仍然繼續刊
登，例如彭歌的〈落月〉就連載了十期（十四卷二期至十四卷十一期，1956
年1月16日至6月1日），這一方面是《自由中國》並未改變其反共立場，
一方面也因〈落月〉的藝術表現已具有現代小說的元素，符合該刊逐漸升高
的藝術性要求。

　　正是因為反共論述的興盛，造成了文學創作的言必反共，使得反共文學
不免終因過度浮濫而流於「反共八股」，文學創作的題材和技巧都有萎縮僵化
之虞，所以聶華苓自一九五三年起受雷震之邀，擔任文藝欄的編輯之後，便
檢討了反共作品充斥文壇的現象，且欲改變文藝欄的選稿標準。她說：

　　　　那時台灣文壇幾乎是清一色的「反共」八股，很難看到一篇「反共」
　　　　框框以外的純作品。有些以反共作品出名的作家把持台灣文壇，非
　　　　「反共」作品很難找到發表的地方。《自由中國》就歡迎這樣的作家，
　　　　「反共」八股決不要！……那時的台灣有人叫做「文化沙漠」，寫作
　　　　的人一下子和三、四十年代的中國文學傳統切斷了，新的一代還沒
　　　　有開始摸索，成熟的文藝作品很難得。〔註23〕

　　這段話中的「文化沙漠」一詞，是當時美國學者對台灣教育文化界的評
價，也成為五〇年代台灣知識份子的共同憂慮。文化沙漠形成的原因之一，
是台灣社會和政治裡流行的各種禁忌，使思想範圍大大的受了限制。〔註24〕
就文學的表現來看，不止和三四十年代中國文學傳統的斷裂，與日治時代以
來台灣本土文學傳統的斷裂、以及反共題材的侷限與藝術技巧的貧弱，都令
當時有識的作家們不能不對沙漠現象感到憂心。因此聶華苓在擔負起文藝欄
的編輯工作後，便開始有意識地接納反共文學以外的創作，並特別重視藝術
的創造。〔註25〕這個時期也正是《自由中國》對國民黨政府展開一連串批評
之時。自由主義的政論與文藝觀開始俱現於《自由中國》，文藝欄的創作也由

〔註23〕聶華苓：〈憶雷震〉，《愛荷華札記：三十年後》，（香港：三聯書店，1981年），
　　　　頁329。
〔註24〕見李濟：〈文化沙漠〉，《自由中國》第二十一卷第十期，民國48年11月16
　　　　日，頁302。
〔註25〕聶華苓〈爐編漫談〉曾提到：「《自由中國》的文藝版常出現冷門作家，我們
　　　　著重的，是主題、語言、形式的創造性——縱令是不成熟的藝術創造，也比
　　　　名家陳腔濫調的八股好。」此文原刊香港《九十年代》雜誌，民國74年6月，
　　　　後收於柏楊編《對話戰場》，（台北，林白出版社，民國79年3月），頁31。

早期的反共文學漸漸趨向多元的發展。〔註26〕

二、文藝欄的多元發展特色

（一）文學創作的成就與貢獻

　　整體來看，《自由中國》文藝欄轉變後的第一個特色，是題材多樣的散文興起。尤其像徐鍾珮、張秀亞、琦君、孟瑤、鍾梅音等女作家散文的出現，運用了女性獨特的細膩筆觸，刻劃大陸生活的回憶與日常情感的經歷，使反共文學以國族取向的大論述色彩淡化了不少。另外像吳魯芹、陳之藩、梁實秋、思果、周棄子等男作家的散文，他們中西學養俱佳，文筆精練、幽默而清新，不論訴人生哲思或記生活之趣，其說理之精確與抒情之優美，自不同於反共題材的單一和技巧的平板，頗能開拓讀者的視野與思考空間。其中陳之藩於一九五五年寄自海外的「旅美小簡」系列散文，很受讀者歡迎，成為留學生散文的先驅，在一九五五年三月到十一月之間，陳之藩就發表了十五篇之多的散文，著名的有〈月是故鄉明〉（十二卷五期，1955 年 3 月 1 日）、〈失根的蘭花〉（十三卷一期，1955 年 7 月 1 日）、〈哲學家皇帝〉（十三卷三期，1955 年 8 月 1 日）等等。一九五七年至一九六〇年，於梨華和叢甦也加入了留學生散文的行列，於梨華的「海外寄語」系列共有六篇，密集出現在一九五七年七月至九月；〔註27〕叢甦的散文則有〈西雅圖的秋天〉（二一卷十一期，1959 年 12 月 5 日）、〈黃昏在唐人街〉（二二卷六期，1960 年 3 月 16 日）、〈蝸居和漂鳥〉（二卷十期，1960 年 5 月 16 日）三篇，為《自由中國》開啓更多管窺西方世界的窗口。《自由中國》文藝欄就在聶華苓的主導下，由一群取材多樣化的散文作家，慢慢地轉移和替代了反共經驗的描寫。

　　第二個特色則是小說題材與新詩技巧的開拓。在小說創作方面，郭衣洞

〔註26〕較早注意到《自由中國》文藝欄的重要性而加以整理研究的資料，可參考應鳳凰：〈「自由中國」、「文友通訊」作家群與五十年代台灣文學史〉，《文學台灣》26 期，民國 87 年 4 月。本論文有關論述大致依據其說。另外陳芳明在〈橫的移植與現代主義之濫觴〉文中，也提到聶華苓與《自由中國》文藝欄的概況，見其所著《台灣新文學史》（上冊）第十三章，民國 100 年 10 月。

〔註27〕分別是〈胃氣與爭氣〉（十七卷一期，7 月 1 日）、〈烏托邦在何處〉（十七卷二期，7 月 16 日）、〈白色小屋的主人〉（十七卷三期，8 月 1 日）、〈一年的成績〉（十七卷四期，8 月 16 日）、〈尼加拉瀑布〉（十七卷五期，9 月 5 日）、〈訪康克特〉（十七卷六期，9 月 16 日）。

（柏楊）、郭嗣汾、王敬羲、司馬桑敦的短篇小說，都對人性展開深入的挖掘與反諷，題材也不侷限於模式化的反共命題上。例如司馬桑敦的〈山洪爆發的時候〉（九卷七期，1953 年 10 月 1 日）和〈在寒冷的絕崖上〉（十卷四期，1954 年 2 月 16 日），前者寫一女性因迷戀英雄形象而嫁給一位將軍，後來發現將軍也有凡人的弱點甚至不如凡人時，她終於打破英雄迷思而與一平凡踏實的工程師私奔。後者則描寫一位東北國民軍的連長被中共軍隊困在山頂七天七夜，面對叛將的勸降和部下親人的一一死去，最後他懷著虛幻的堅持倒斃於山頂上。兩文跳脫了樣板式的刻劃而呈現了人性真實的一面，因此達到永恆的人性文學標準而產生了感人的力量。

　　女作家的小說創作成績亦不比散文遜色，在一九五四年到一九五七年之間，就有孟瑤的〈幾番風雨〉（十一卷一期至十二期，1954 年 7 月 1 日至 12 月 16 日）和〈斜暉〉（十五卷五期至十六卷五期，1956 年 9 月 1 日至 1957 年 3 月 1 日）、聶華苓的〈葛藤〉（十四卷十一期至十五卷五期，1956 年 6 月 1 日至 9 月 1 日）、童真的〈翠鳥湖〉（十七卷六期至十期，1957 年 9 月 16 日至 11 月 16 日）等中篇小說於《自由中國》連載。一九五七年的前半年，張秀亞、林海音、聶華苓、童真、琦君、鍾梅音、於梨華的短篇小說更是密集地出現，她們捨卻制式的反共主題，著重刻劃的多是平凡人物在離亂時代的生活際遇與無奈心境，從而呈現了比漸趨空洞的反共經驗更為寫實的文學內容。值得一提的是聶華苓與林海音，她們的小說揭示了女性在婚姻和兩性關係中所處的不平等地位，間或躍動著對女性自主意識的追求，頗能呼應自由主義對個人主體價值的重視，例如聶華苓的〈黃昏的故事〉（六卷二期，1952 年 1 月 16 日）、〈母與女〉（十二卷一期，1955 年 1 月 1 日）、〈窗〉（二十卷十期，1959 年 5 月 16 日），林海音的〈殉〉（十六卷四期，1957 年 2 月 16 日）、〈城南舊事〉（十七卷十一期至十二期，1957 年 12 月 1 日至 16 日）。女作家對生活瑣事和兩性議題的關注，與國族主義式的反共論述更加漸行漸遠。

　　在新詩創作方面，早期的《自由中國》為了配合「自由中國」（國民黨政府領導的中華民國）對民主自由的標榜，以及對共產極權的唾棄，所刊登的詩作多與自由主題有關，如惜夢〈自由的謳歌〉（五卷八期，1951 年 10 月 16 日）、梁雲坡〈自由的寓言〉（七卷七期，1952 年 10 月 1 日）、上官予〈自由之歌〉（八卷三期，1953 年 2 月 1 日），基本上不脫政治歌頌或指控式的情緒直陳。到了一九五四年六月，現代詩人方思發表了〈等待〉一詩，在主題內

涵和修辭技巧上已是純藝術性的表現。在此之前他還發表過一篇〈談文藝批評〉，認為批評家、創作者和讀者都應該培養對文學的品味，而批評家充當的是啟發優秀創作、引導讀者欣賞好作品的急先鋒，具有重要任務，並期望能以「對當代事件人物、對當代心理有所把握、而以適切的方式表達」的清新作品，形成當代文學的新傳統，〔註 28〕代表了現代詩人對文藝批評的重視與文學傳統創新的普遍期待。

　　藍星詩人余光中也開始在《自由中國》發表詩作，從一九五四年六月到一九五七年八月，他一共發表了〈給惠德曼〉、〈歸吻〉、〈雲〉、〈飲一八四二年葡萄酒〉、〈黃昏星〉、〈病室〉等十首詩，除了〈給惠德曼〉（十卷十一期，1954 年 6 月 1 日）還帶有口號歌頌式的表達外，其餘的詩都是優美凝煉的藝術性表達，〈飲一八四二年葡萄酒〉（十三卷十一期，1955 年 12 月 1 日）就是頗具代表性的詩作，同時余光中也成為《自由中國》曝光率最高的現代詩人。另一位藍星詩人夏菁，在一九五五到五八年之間，也有〈鵝鑾鼻燈塔〉（十三卷四期，1955 年 8 月 16 日）、〈新秋〉（十五卷十一期，1956 年 12 月 1 日）、〈最後的微笑〉（十九卷二期，1958 年 7 月 16 日）三首詩作發表。余光中和夏菁擅以西洋地名、人名入詩，遣詞造句典雅，想像力豐富，所作已非觀念或口號式的宣傳詩可比擬，因此對讀者有較大的吸引力，藍星詩人發表詩作的園地，在當時也是最多的。《自由中國》接納這些現代詩人的創作，和該刊從早期配合反共文學的宣傳，到後來逐漸轉變為對藝術性的要求與重視有關。事實上現代詩人對新題材和新技巧的探索開發，在當時已漸有形成風潮之勢，而這些現代詩人的創作亦符合《自由中國》文藝欄試圖多元發展的原則。

（二）對文藝創作的主張與文藝政策的評論

　　《自由中國》肯定文學作品的藝術性之重要，並進而反對官方文藝政策的干涉，還可以從幾篇關於文藝創作與文藝政策的討論文章中看出。早在一九五三年一月一日，子強就以〈為胡適之先生有關文藝的談話進一解〉一文，響應胡適在新生報上對文藝創作方向的意見：「藝術本身有它自己的價值」、「寫作必須是忠於自己所想的」，因此應該「努力照個人認為最好的文學去

〔註 28〕方思：〈談文藝批評〉，《自由中國》第十卷第九期，民國 43 年 5 月 1 日，頁 28、26。〈等待〉一詩則見《自由中國》第十卷第十二期，民國 43 年 6 月 16 日。

作」，以及「在任何階段，純文藝的作品的份量都不應比宣傳性的文藝較輕」。文中闡明這並非象牙塔式的「爲藝術而藝術」，因爲具有永恆藝術價值的作品，自然能發揮更廣泛的宣傳功能。對於整體文藝環境的提昇，該文則建議各刊物多登新進作家的創作，並重視文藝批評家對文學的指導作用，同時肯定翻譯的地位不下於創作，應藉西方文學作品的引介，以收觀摩學習之效。〔註29〕由此可知，重視文藝批評與翻譯的功用，並向西方文學汲取養分的看法，是大部分開明知識份子尋求改革進步時所持之認知，也是美援輸入後西化風潮在文化領域出現的一個開端。

　　在一九五三年底到一九五四年間，國民黨政府積極提倡文藝政策的同時，《自由中國》於一九五四年刊出了兩篇批評文章，李經的〈從文藝的應用性談文藝政策〉指出基於政治考量所制定的文藝政策，偏重的是文藝的應用性，容易誘致作品思想的簡陋化與機械化，進而喪失創造力。他並認爲應重新重視四十年來建立起的新文學傳統：即以人性尊嚴爲基準的「人的文學」，胡適在一九五八年的公開演講也提到要重揭人的文學，可以看出《自由中國》對新文藝的發展方向是傾向於繼承自由主義傳統的文學方向。李瑜的〈我們需要一個文藝政策嗎？〉則指出當前的文藝政策以「表揚反共抗俄與三民主義爲思想中心，作現實之寫實的描寫」爲最高指導標準，是近乎箝制作家的思想情感、妨礙人性多面向表達的做法；作家固然要以文學擔負反共抗俄的時代使命，也應在寬廣的人性範疇中作自由的表達，否則便產生不了純真優美的作品。〔註30〕而李經於一九五九年再寫〈文藝政策的兩重涵義〉，說明文藝政策除去以「政治原則取代文學原則」的干涉意義之外，其實更該朝向以保障思想、創作和出版自由，協助學術機關提供作家福利的方向去發展，如此文藝政策的制定才能轉化爲正面的意義。〔註31〕這些反對文藝政策干涉創作自由的文章，與聶華苓等主編文藝欄的自由開放態度是互相呼應的。

　　《自由中國》對文藝創作的主張，可以用劉復之的意見來概括：

〔註29〕 子強：〈爲胡適之先生有關文藝的談話進一解〉，《自由中國》第八卷第一期，民國 42 年 1 月 1 日，頁 40～41。

〔註30〕 李經：〈從文藝的應用性談文藝政策〉，《自由中國》第十卷第三期，民國 43 年 2 月 1 日，頁 25 至 26；李瑜：〈我們需要一個文藝政策嗎？〉，《自由中國》第十一卷第八期，民國 43 年 10 月 16 日，頁 10～13。

〔註31〕 李經：〈文藝政策的兩重涵義〉，《自由中國》第二十卷第十期，民國 48 年 5 月 16 日，頁 16～17。

　　必須盡量放開胸襟，撤銷一切控制的禁約，使文藝各部門的每一個
　　工作者享受最充分的自由：自由地研究、自由地觀摩、自由地討論、
　　自由地嘗試、自由地創造、自由地表現。〔註32〕

　　此一體現自由主義開放精神的主張，落實到聶華苓負責後的《自由中國》
文藝欄，更可清楚看到文學創作的多元拓展，已非復最初三年反共文學獨大
的面貌，可說是《自由中國》認同自由文藝的具體實踐。這個自由文藝的發
展趨勢，配合著文藝欄在中期以後對藝術技巧的日漸重視，也為現代主義文
學在題材和藝術技巧創新的實驗上，作了前奏式的開路工作，雖然《自由中
國》文藝欄尚未出現成熟的現代主義創作，但是已憑藉自由開放的精神，為
五○年代台灣的文學發展，開啟了寬廣的視野與多元的表現。

〔註32〕劉復之：〈藝術創造與自由〉，《自由中國》第十四卷第九期，民國 45 年 5 月 1
　　　　日，頁 14。

第四章 《文學雜誌》對台灣現代主義文學的導引

　　台灣在五〇年代國民黨的統治下，代表改革力量的自由主義思潮，除了有《自由中國》在政治領域的表現外，在文學領域對反共文學的宣傳性格予以揚棄，而堅持純文學路線的當推《文學雜誌》。創刊於一九五六年九月的《文學雜誌》，到一九六〇年八月停刊為止，總共出了八卷四十八期，由當時任教台大外文系、具自由主義傾向的夏濟安負責編輯。這份刊物對六〇年代興起的現代主義文學發生了影響，具有十分特殊的「過渡」性質，因為它不走反共文學的路線，而是引介了不少西方文學作品及文藝理論，企圖為文學創作開闢新視野，帶有文風轉折時期實驗與示範的特色，並且還栽培了一群後起之秀的現代主義文學作家，「無意中」為五〇到六〇年代文學典範的轉移貢獻了力量。〔註1〕

　　五〇年代反共文學獨盛文壇的流弊所及，使得文學成了為政治服務的宣傳品，在題材和藝術技巧上顯出了貧乏，而且當時的文學，還常常陷入五四以來浪漫感傷的餘緒。要如何擺脫反共的政治枷鎖、使文學不受特定的政治目的限制，回歸到自由的、純粹的文學道路上去，找出一個新的文學發展方

〔註1〕根據《文學雜誌》編輯顧問吳魯芹的回憶，《文學雜誌》壽命僅短短四年而影響力則甚大，因為培養了像白先勇這麼重要的作家，是他們創辦當年所始料未及的：「追懷往事，維持四年的壽命，已是很難得了，至於發生影響更說不上，因為《文學雜誌》不是在『負有時代使命』或者『啟迪後進』的嚴肅氣氛之下產生」而是誕生在麻將桌上幾個朋友的一時興起。見〈瑣憶「文學雜誌」的創刊和夭折〉，《傳記文學》第三十卷第六期，民國66年6月，頁63。

向，是當時的文壇自覺者所致力追求的。現代詩是在這樣的背景下，展開了現代主義的美學實驗，《文學雜誌》也以此爲創刊目的，秉持著自由主義「言論自由、創作自由」的態度，提倡樸實、理智、冷靜的文風，企圖導正混亂叫囂的不良風氣，在五〇年代後半期，開始進行一場伴隨西化浪潮的文學革新。

《文學雜誌》堅持走純文學的路線，不宣傳、只想腳踏實地說老實話。它以樸實理性節制濫感式的浪漫，又採取中西並容的立場，吸收西潮之餘亦不偏廢傳統，對新文學在傳統與現代的融合上有著正面的幫助。在引介西方文學作品及文藝理論方面，尤其是關於現代主義的介紹，使文學創作的技巧和整體素質得以提昇，夏濟安本身更是積極以文學評論來誘導出好的文學創作，《現代文學》的新秀作家們便是在此受啓發，進而嶄露頭角，「現代詩」、「藍星」、「創世紀」三大詩社的詩人，也常在此發表作品，對興盛於六〇年代的現代主義文學而言，除了現代詩論戰的推波助瀾，《文學雜誌》在現代小說創作的示範上亦起了先導作用。本章探討《文學雜誌》的創刊理念和提倡的文風，在當時所具有的意義；並以《文學雜誌》的文學批評實例及白先勇等人的小說創作爲分析對象，說明《文學雜誌》如何對現代主義文學產生啓發導引，從而扮演了五〇年代台灣文學主流轉移的關鍵角色。

第一節 《文學雜誌》的創辦理念與倡導之文風

一、創刊宗旨與純文學的堅持

古典和西洋兼具、包羅了詩歌、散文、小說、影劇和文學評論的《文學雜誌》，創辦人是明華書局的負責人劉守宜，主編是台大教授夏濟安，編輯顧問是任職於台北美國新聞處的吳魯芹，使《文學雜誌》因此獲得美新處的支持補助，另外還請來余光中擔任新詩欄的編輯。經常爲《文學雜誌》撰稿者，多爲在大學教書的「學院派」人物，像是朱立民、余光中、林文月、林以亮、周棄子、夏濟安、夏志清、梁實秋、陳世驤、劉紹銘等等，是一本知識份子屬性非常濃厚的「純文學」雜誌。〔註2〕在創刊號最後，有一篇類似發刊詞、

〔註 2〕 較早出現的有關《文學雜誌》的重要整理資料，可參考應鳳凰：〈劉守宜與「明華書局」‧「文學雜誌」〉（上）（下），《文訊》20、21 期，民國 74 年 10 月、12 月。

由夏濟安寫的〈致讀者〉，可以知道《文學雜誌》的創辦宗旨以及對文學的態度：

> 我們希望讀者讀完本期本刊之後，能夠認為這本雜誌還稱得上是一本「文學雜誌」。……我們不想在文壇上標新立異，我們只想腳踏實地，用心寫幾篇好文章。我們反對共產黨的煽動文學。我們認為：宣傳作品中固然可能有好文學，文學可不盡是宣傳。……我們反對舞文弄墨，我們反對顛倒黑白，我們反對指鹿為馬。我們並非不講求文字的美麗，不過我們覺得更重要的是：讓我們說老實話。〔註3〕

而周棄子於同年十月刊於《自由中國》的一篇回應文章，正好為《文學雜誌》這段話，做了更深入的題解與背景闡釋。周文認為就是因當時的「文學雜誌」實在太多，而且不乏由「領導」方面所主持、以文學之貌出現實則已非「文學」，才更顯出《文學雜誌》可貴的「純文學性」，並指出「正因為現在的風氣是不腳踏實地，不用心寫文章，不說老實話」，所以《文學雜誌》「說老實話」特別值得重視，更進一步替《文學雜誌》的立場做了補充說明：「我們不可以把分明是宣傳品的東西認作文學；尤其不可以硬性規定『只有』宣傳品才准許認可它是文學。」接著還對宣傳過頭的反共戰鬥文學進行批判，揭發其流弊如「妨礙文學的創作自由和批評自由」、「工於戰鬥卻昧於文學的人也躋身文學之途」等等。〔註4〕周文的言詞犀利，將《文學雜誌》含蓄未明言之意都道出了。

《文學雜誌》和《自由中國》一樣，都是以胡適為精神領袖、具有自由主義傾向的雜誌，並在一九五七年同時推舉胡適為諾貝爾文學獎的候選人，肯定胡適對中國文學開山式的貢獻。〔註5〕另外，在《自由中國》和《文學雜誌》發表文章的作品，重疊性其實也很高，像梁實秋、周棄子、聶華苓、余光中、吳魯芹、張秀亞、林海音、童眞、於梨華、思果、彭歌、師範、王敬羲等，都是兩刊常見的作者，而這兩份刊物也有互通聲息、互相呼應的狀況。

〔註3〕《文學雜誌》第一卷第一期，民國45年9月，頁70。

〔註4〕見周棄子：〈腳踏實地說老實話：讀「文學雜誌」創刊號〉，《自由中國》第十五卷第七期，民國45年10月，頁618～619。

〔註5〕見〈致讀者〉，《文學雜誌》第一卷第五期，民國46年1月，頁94；以及余光中、何凡、孟瑤、林海音、陳諧庭、夏菁、郭嗣汾、琦君、彭歌九人聯名的〈建議推胡適先生為諾貝爾文學獎金候選人〉，《自由中國》第十六卷第三期，民國46年2月1日，頁29。

例如前述周棄子對《文學雜誌》的嘉許，還有夏濟安為《文學雜誌》奠定在文壇地位的一篇〈評彭歌的「落月」兼論現代小說〉（《文學雜誌》第一卷第二期，1956 年 10 月 20 日），其時彭歌的《落月》正於《自由中國》連載完不久。兩刊相近的作者群，凝聚了一種相近的思想理念與藝術風格。〔註6〕而創刊於一九五七年的《文星》，也帶有自由主義色彩，並在六〇年代主張全盤西化，攻擊傳統，將西化的風潮推到最高峰，比《文學雜誌》更為前進。這三份雜誌分別在政治、文學和文化的領域對五〇年代的台灣發生影響，促使文學思潮由國民黨政府主導的反共、戰鬥轉向西方的民主、現代。

二、樸實文風的提倡與中西文學的並舉

　　配合前述周棄子文中的解釋，可以知道《文學雜誌》是反對文學「不說老實話」而淪為政治宣傳品的，因此不刊登反共文學而堅持走純文學的路線，這和夏濟安的自由主義信仰有關。自由主義基本上是爭取言論自由的，所以《文學雜誌》秉持創作自由的態度，要說老實話、用心寫幾篇好文章。這個創作自由的態度，使《文學雜誌》呈現相當平和的理性與包容性，這反映在他們所提倡的文學風格和徵稿的原則上。先看看他們所提倡的風格：

> 我們的希望是要繼承數千年來中國文學偉大的傳統，從而發揚光大之。我們雖然身處動亂時代，我們希望我們的文章並不「動亂」。我們所提倡的是樸實、理智、冷靜的作風。孔子說「繪事後素」，就是這個道理。孔子的道理，在很多地方，將要是我們的南針。因為我們嚮往孔子開明的、合理的、慕道的、非常認真可是又不失其幽默感的作風。〔註7〕

《文學雜誌》的徵稿原則，則是：

> 我們希望因《文學雜誌》的創刊，更能鼓舞起海內外自由中國人士寫讀的興趣。本刊歡迎投稿。各種題裁的文學創作與翻譯，希望海

〔註6〕轟華苓〈爐邊漫談〉曾提到：「為《自由中國》文藝版寫稿的一小撮作家，常常聚在一起，喝杯咖啡，聊聊天。後來由周棄子先生發起，乾脆每月聚會一次，稱為『春台小集』……夏濟安、劉守宜、吳魯芹創辦了《文學雜誌》，『春台小集』就由劉守宜包了，每個月到他家聚會一次，我們也就成了《文學雜誌》的撰稿人。」頗能見出兩刊作者的淵源及文學立場的相近。見柏楊編《對話戰場》，頁 31～32。

〔註7〕〈致讀者〉，《文學雜誌》第一卷第一期，頁 70。

內外作家譯家，源源賜寄，共觀厥成。文學理論和有關中西文學的論著，可以激發研究的興趣；他們本身雖不是創作，但是可以誘導出更好的文學創作。這一類的稿件，我們特別歡迎。〔註8〕

《文學雜誌》提倡的「樸實、理智、冷靜」作風，有導正當時浮誇不實的文學風氣的作用，樹立了較為嚴肅和純正的文學態度。在發刊一年後，夏濟安檢討《文學雜誌》發表過的文章是否與創刊時的理念相符，所寫的第二篇〈致讀者〉中，也可以看到重複的宣示：

《文學雜誌》不標榜什麼主義，也不以跑在時代的前頭為榮。……我們的態度可以說是比較冷靜的，理智的。熱情奔放的文章，我們很少發表，我們並不否認熱情在人生中的重要，但我們覺得更重要的是完美的精鍊的表現方式。《文學雜誌》所推崇的風格，是樸素、老練、成熟。我們並不是說，非具備這種條件的文章不能算是好文章。《文學雜誌》只是許多種雜誌中的一種，我們無意強迫別人接受我們的標準。我們有我們的理想，而且我們相信：只有照這個理想做去，我們的文學才會從過去大陸那時候的混亂叫囂走上嚴肅重建之路。〔註9〕

儘管推崇樸實、理智、冷靜、成熟的文字風格，但又不強要人信奉此一標準，也不標榜什麼主義或自居時代前鋒，這正是自由主義精神的體現，這樣的精神也表現在《文學雜誌》對傳統的繼承，以及對中西文學理論的廣泛接納上。那麼《文學雜誌》對傳統／西化的態度為何？當時西化風潮正熾，且總是不可避免與傳統形成對立，但夏濟安並沒有否定傳統，反而十分推崇孔子之道，希望繼承並發揚中國文學的傳統。夏濟安也期待「真正有現代眼光，能融合中西，評論中國舊文學」的作品出現，〔註10〕因此《文學雜誌》的徵稿原則，呈現了自由創作、兼容並收的精神，所接納的稿件也是中西皆可，沒有一面倒向西方文學。這種客觀冷靜不偏頗的態度，的確使《文學雜誌》腳踏實地的介紹了不少優秀的翻譯作品，評論了許多深刻的古今創作。

此種態度在夏濟安的〈舊文化與新小說〉一文中亦充分表露，他認為中

〔註8〕　同前註。
〔註9〕　《文學雜誌》第三卷第一期，民國46年9月，頁84。
〔註10〕夏濟安致彭歌的四封信之一。收於彭歌《落月》，（台北：遠景出版社，民國66年），頁220。

國當前的新小說最需培養的是小說的藝術，而西方現代小說處理的是道德問題的緊張、人生矛盾不得協調的苦悶，這些都可以使小說內容更形豐富，西方優秀的作家喬治艾略特、亨利詹姆斯、康拉德、珍奧斯丁和 D.H.勞倫斯等人因此值得取法，但也不應忽視代表中國傳統文化的儒家思想所能提供的薰陶與素材。〔註11〕可以看到夏濟安在向西方現代文學注目之餘，仍不忘時時回顧傳統，然而《文學雜誌》終究是一本以西方文藝理論與創作的引介為主要特色的雜誌，若從《文學雜誌》背後有美國新聞處的資助來看，更不難理解它在西潮中所採取的位置，只是《文學雜誌》態度較溫和理性，不像《文星》後來走上了激烈的全盤西化的道路。

　　夏濟安並不厭其煩的一再指出「《文學雜誌》多數的文章是樸素的，清醒的，理智的。這種風格當然和編者個人的好尚有關，但是這種風格可能暗合世界的潮流，也未可知。別人也許喜歡夢想、憧憬和陶醉；《文學雜誌》的文章寧可失之瘦冷乾燥，不願犯浮艷溫情的病。」〔註12〕《文學雜誌》這種主張，其實是對台灣文壇當時流行的五四浪漫主義，那種直接訴諸情緒告白的創作手法，提出一種沉潛和節制的作用，與當年的《新月》和梁實秋對浪漫主義的態度頗有類似之處。《文學雜誌》意圖在傳統和五四的招牌之後，為五〇年代後期僵化、浮濫而失之淺薄的文學語言，開闢一條「嚴肅重建之路」，努力使文學煥發出新的生命面貌，在那個舊有技巧不夠成熟、新的摸索尚未成功的文學過渡時期，《文學雜誌》對於文學新風格的要求、嘗試與建立，無疑是具有開創意義的。

第二節　重視文學理論對現代主義文學創作的引導

一、現代主義的引介與夏氏兄弟的文學評論

　　《文學雜誌》對六〇年代風行的現代主義文學，特別是小說創作方面有重要的先導作用，雖然就整體而言，《文學雜誌》並不能算是一本現代主義文

〔註11〕見夏濟安：〈舊文化與新小說〉，《文學雜誌》第三卷第一期，民國 46 年 9 月，頁 32～39。

〔註12〕此為夏濟安在民國 48 年 3 月赴美前夕發表的第三篇〈致讀者〉，見《文學雜誌》第六卷第一期，民國 48 年 3 月，頁 88。夏濟安出國後，《文學雜誌》的編務交由侯健接棒。

學的雜誌，它對中國古典文學的研究和介紹之重視，使得雜誌上常常可以看到像林文月、葉慶炳、鄭騫、葉嘉瑩這些古典文學名家的評論文章，這當然和《文學雜誌》不偏廢傳統的中西並容態度有關，但它對西方文學作品和文藝理論的譯介更是不遺餘力，特別是一些關於現代主義文藝思潮的介紹，例如：

> 葉維廉譯：〈現代法國詩的特徵〉（第三卷第四期，1957 年 12 月）、〈艾略特戲劇的精神中心〉（第七卷第三期，1959 年 11 月）

> 朱南度譯：〈現代藝術與存在主義〉（第六卷第三期，1959 年 5 月）、〈現代英國小說與意識流〉（第六卷第五期，1959 年 7 月）

> 劉紹銘譯：〈論批評家影響下的美國現代小說〉（第七卷第一期，1959 年 9 月）、〈卡繆論〉（第八卷第二期，1960 年 4 月）

> 石莊譯：〈論卡繆的小說〉（第八卷第二期，1960 年 4 月）

> 文孫：〈一篇現代小說中象徵技巧的分析〉（第二卷第二期，1957 年 4 月）

> 周學普譯：〈西班牙的現代詩壇〉（第八卷第五期，1960 年 7 月）

> 立青譯：〈談現代小說〉（第八卷第四期，1960 年 6 月）

這些文章介紹了西方現代派大師如艾略特、卡繆的作品和理論，談到了象徵主義、存在主義、意識流等現代詩、現代小說和現代藝術的技巧與觀點運用，在一定的程度上可說拓寬了文學創作的視角。除了西方理論的翻譯引介之外，《文學雜誌》也特別重視文學理論對實際創作所具的指導效用，在《文學雜誌》各種文類當中，以文學評論所佔的比例最高，其徵稿原則也明示這是《文學雜誌》最歡迎的稿件，因為夏濟安「想以文學評論誘導出更好的文學創作」，他本人更親自動筆作示範，以〈評「落月」兼論現代小說〉一文，為《文學雜誌》建立了文壇的地位。這篇長達兩萬字的評論文章，登在創刊後的第二期，「並非力作，居然成名」，據吳魯芹的說法，這是夏濟安在稿約誤點而雜誌又即將付排之際，不得已親自動手寫來撐門面的「急就章」，可能也有露一兩招給大家看看的心理，〔註 13〕卻已充分「示範」了他如何將期望中的小說技巧和文字風格落實到實際的創作上，試著為「現代小說該怎麼寫」作一個回答。

　　〈評「落月」兼論現代小說〉是夏濟安運用「新批評」的方法所寫的文學

〔註 13〕吳魯芹：〈記夏濟安之「趣」及其他〉，收入齊邦媛編《吳魯芹散文選》，（台北：洪範書店，民國 75 年），頁 102。

評論。新批評於二十世紀二○年代在英國形成，三○至五○年代流行於美國，它以文學作品爲中心，重視作品本身的語言、結構和技巧等研究，而不注重社會歷史與作家背景等外緣研究。〔註14〕夏濟安受到新批評的影響，將文學作品的技法和語言風格做了詳細的分析與探討。〈評「落月」兼論現代小說〉便以現代主義的小說技巧——主要是「意識流」和「象徵主義」作爲依據來評論《落月》，認爲《落月》以一個女伶翻閱照相冊的回憶與心理活動來經營故事的始末，是少見的寫法，替中國心理小說開了路，可惜沒有將心理小說的技巧好好發揮，於是藉機介紹了像普魯斯特、吳爾芙、喬哀思、福克納所用的、比歷史編排法更爲藝術和眞實的意識流手法來描寫回憶，強調以內心情感印象的「主觀現實」，來代替外界事實的「客觀現實」，也能夠寫出好小說。接著此文同樣肯定《落月》借用了象徵主義的手法，例如小說題名「落月」，就是一個夠「現代」的題名，並舉出《落月》中幾處含有豐富意象的譬喻：

> 「月亮落下去，明夜又將昇起來。人是經不得幾次浮沉的。」

> 「寂靜的晚秋之夜，彷彿是半盞殘茶，盛在澄明的杯子裡，又冷，
> 又澀，又淒涼。」

善用象徵技巧所創造的意象，比抽象空泛的模糊字眼如愛、恨、空虛爲佳，也更能夠喚起讀者的某些情感和聯想而產生共鳴。不過《落月》的象徵手法仍未盡貫徹，夏濟安於此文中不但一一挑出，還不忘諄諄叮囑小說家切莫陷於溫情主義（Sentimentalism，或譯感傷主義）自我陶醉的幻境而忽略了人生的眞實，也很能呼應《文學雜誌》所提倡的樸實冷靜的文風。

值得注意的是此文對小說的語言文字所傾注的關心和期許。夏濟安認爲「每個偉大的小說家，幾乎都曾有過幾節超越散文而接近詩的描寫」、「二十世紀小說是有意模仿詩的技巧的」，此詩即象徵主義的詩而非浪漫主義的詩。除了應多運用「打碎了的瓷器，再黏也黏不起來」這類新穎的譬喻代替「覆水難收」之類的陳腔濫調，更要塑造出符合小說人物個性的獨特表達風格。〔註15〕整體看來，似乎一種心理的、個人感受式的獨創性文字技巧，正爲夏濟安《文學雜誌》所隱然標舉著，而這也正是白先勇等人日後創辦《現代文學》

〔註14〕可參朱立元主編《當代西方文藝理論》第二版（增補版），（上海：華東師範大學出版社，2006），頁92～93。

〔註15〕夏濟安：〈評「落月」兼論現代小說〉，《文學雜誌》第一卷第二期，民國45年10月，頁25～44。

加以發揚光大的現代主義小說風格。居浩然說「濟安像是一個醫學院的名教授，當著學生進行大外科手術，一面將『落月』解剖得白刀子進，紅刀子出，一面還要向學生講解學理」，〔註16〕比喻誠屬不虛。如果說，文學理論確實「本身雖不是創作，但是可以誘導出更好的文學創作」的話，《文學雜誌》在這方面的確為提昇新文學的素質作出了貢獻，也為現代主義文學鋪了一條導引之路。

在夏濟安評完彭歌的〈落月〉後，他的胞弟夏志清在美國也介紹了張愛玲的反共小說《秧歌》。夏志清於《文學雜誌》發表了兩篇評論：〈張愛玲的短篇小說〉和〈評「秧歌」〉，大力推崇張愛玲這位四〇年代的上海女作家。〔註17〕夏志清指出張愛玲的小說特色是意象繁複豐富、具有歷史感、處理人情風俗熟練、抉發人物性格深刻，除了深受中國舊小說的影響，也受西洋小說和心理學大師弗洛依特的影響，這可從她心理描寫的細膩和運用暗喻以充實文字的意義上看出，〔註18〕張愛玲的小說實已具備現代主義表現技巧的要素。《秧歌》寫的是共產主義統治下的農村生活，雖然沒有運用繁複的意象，而呈現出十分樸素的風格，但仍採用了現代小說的象徵主義手法來經營主題。例如以「秧歌」這種變質為共產黨宣傳工具的民間舞蹈，作為中國文化和人民生活遭到歪曲貶抑的反映，「秧歌」便成為一種意象，暗喻共產黨所制定的「禮樂」之虛假僭妄，以及人生如戲的諷刺無奈。同時又用鬼怪幻覺來暗射共產黨，把共產黨控制下的淒涼農村寫成一種夢魘式的可怕的「鬼域」，〔註19〕那種鬼氣森森的氛圍，是比直接空訴共產黨的殘暴還更能撼動人心，因而成為一種更現實的描寫。夏志清的評論標準和夏濟安可說是相同的，都看到

〔註16〕見林海音：〈紀念和懷念：為夏濟安先生逝世三週年〉，此為林海音摘錄居浩然悼夏濟安的文字，收入《芸窗夜讀》，（台北：純文學出版社，民國71年），頁96。

〔註17〕根據王梅香的研究，早在《文學雜誌》創辦之前，張愛玲的《秧歌》已透過美新處的《今日世界》連載，並於1956年1月獲選中國青年寫作協會舉辦「四十四年度全國青年最喜閱讀文藝作品測驗」青少年最喜歡閱讀的小說作品。夏志清的評論文字則使得張愛玲的作品在台灣更加受到矚目。見王梅香《肅殺歲月的美麗／美力？戰後美援文化與五、六〇年代反共文學、現代主義思潮發展之關係》，（成功大學台灣文學研究所碩士論文，民國94年6月），頁99。

〔註18〕夏志清：〈張愛玲的短篇小說〉，《文學雜誌》第二卷第四期，民國46年6月，頁9。

〔註19〕夏志清：〈評「秧歌」〉，《文學雜誌》第二卷第六期，民國46年8月，頁4～11。

成熟的小說表現技巧與深刻的主題經營之間的重要關聯；張愛玲的小說也因夏志清的高度評價，奠定了在中國現代文學史上的地位，張愛玲更成為影響台灣作家至深的「張派」開山人。〔註20〕

二、現代小說的實驗與新詩的表現

《文學雜誌》在當時提供了許多新作家一個發表作品的空間，它栽培的一班青年後進，像叢甦、白先勇、王文興、陳秀美（若曦）等人，後來都成為現代主義文學的健將。他們多是夏濟安在台大外文系所教的學生，夏濟安在課餘常鼓勵和指導學生們寫作，並花了很多心力在稿件的修改上，真正從理論介紹的抽象層面，推進到文學創作的實務層面。從一九五八到一九六○年之間，這些人在《文學雜誌》上具體的小說創作成績有：

　　白先勇：〈金大奶奶〉（第五卷第一期，1958 年 9 月）、〈入院〉（第五卷第
　　　　　　五期，1959 年 1 月）
　　王文興：〈一個公務員的結婚〉（第五卷第六期，1959 年 2 月）、〈殘菊〉
　　　　　　（第六卷第二期，1959 年 4 月）、〈下午〉（第六卷第六期，1959
　　　　　　年 8 月）
　　陳秀美：〈週末〉（第三卷第三期，1957 年 11 月）、〈欽之舅舅〉（第四卷
　　　　　　第一期，1958 年 3 月）、〈灰眼黑貓〉（第六卷第一期，1959 年 3
　　　　　　月）
　　叢　甦：〈伊莎白拉的蜜月〉（第三卷第六期，1958 年 2 月）、〈車站〉、〈天
　　　　　　梯〉、〈斜坡〉（第四卷第一、二、六期，1958 年 3、4、8 月）、〈雨〉
　　　　　　（第五卷第四期，1958 年 12 月）、〈秋霧〉、〈五枚硬鎳幣〉（第
　　　　　　七卷第一、五期，1959 年 9 月、1960 年 1 月）

以上多為短篇小說創作，而主編《自由中國》文藝欄的聶華苓，也在《文學雜誌》發表過〈高老太太的週末〉（第一卷第二期，1956 年 10 月）、〈珊珊，你在哪兒？〉（第三卷第四期，1957 年 12 月）、〈寂寞〉（第六卷第六期，1959年 8 月）三篇小說。於梨華和王敬羲的小說，也發表在《文學雜誌》上，他

〔註20〕夏志清的《中國現代小說史》將張愛玲的作品闢為專章討論，並對其現實諷諭及藝術技巧的運用給予甚高的評價，使張愛玲脫離了上海通俗文學作家的層次，而晉升到世界級的中國代表作家之列。可參考夏志清《中國現代小說史》，（台北：傳記文學出版社，民國 80 年 11 月再版）。

們日後也成爲《現代文學》的重要小說家。白先勇曾提到《文學雜誌》對他寫作生涯的影響和啓發之深：

> 有一天，在台南一家小書店裡，我發覺了兩本封面褪色，灰塵滿佈雜誌「文學雜誌」第一、二期，買回去一看，頓時如綸音貫耳，我記得看到王鎮國譯華頓夫人的「伊丹傳羅姆」，浪漫兼寫實，美不勝收。……夏濟安先生編的「文學雜誌」實是引導我對西洋文學熱愛的橋樑。我作了一項我生命中異常重大的決定，重考大學，轉攻文學。……進入台大外文系後，最大的奢望便是在「文學雜誌」上登文章，因爲那時文學雜誌也常常登載同學的小說。……那時我對夏先生十分敬仰，而且自己又毫無信心，他的話，對於一個初學寫作的人，一褒一貶，天壤之別。夏先生卻抬起頭對我笑道：「你的文字很老辣，這篇小說我們要用，登到文學雜誌上去。」那便是「金大奶奶」，我第一篇正式發表的小說。〔註21〕

　　這段話也反映出夏濟安對年輕作家的指導和栽培之力。雖然這些初試啼聲的小說，並未完全運用現代主義的文學技巧，但是在文字風格的分析琢磨上，卻受夏濟安點撥不少。白先勇就說當時他看了許多浪漫主義的作品，文字有時也染上感傷色彩，夏濟安特別要他學習毛姆和莫泊桑冷靜分析的風格，避免陷入中國作家濫用浪漫熱情和感傷文字的毛病，〔註22〕這是夏濟安一貫提倡的樸實理智的文風。因此可以說《文學雜誌》激發了這些作家的寫作熱情、訓練他們的實務創作並提供發表的園地，也爲他們日後辦《現代文學》奠下了基礎。在台大自北大繼承來的自由學風以及五四精神的影響，也對這群台大外文系的新秀作家起了創新求變的刺激作用。白先勇在一篇回憶《現代文學》創刊背景的文章中說：

> 那時我們都是台灣大學外文系的學生，雖然傅斯年校長已經不在了，可是傅校長卻把從前北京大學的自由風氣帶到了台大。我們都知道傅校長是五四運動的學生領袖，他辦過當時鼎鼎有名的新潮雜誌。我們也知道文學院裡我們的幾位老師台靜農先生、黎烈文先生跟五四時代的一些名作家關係密切。當胡適之先生第一次回國返

〔註21〕白先勇：〈驀然回首〉，原載中國時報，後收入《驀然回首》，（台北：爾雅出版社，民國67年），頁70～72。

〔註22〕同前註，頁72。

台，公開演講時，人山人海的盛況，我深深記在腦裡。「五四運動」對我們來說，仍舊有莫大的吸引力。「五四」打破傳統禁忌的懷疑精神，創新求變的改革銳氣對我們一直是一種鼓勵，而我們的邏輯教授殷海光先生本人就是這種「五四」精神的具體表現。台大外文系當年無爲而治，我們仍有足夠的時間去從事文學活動。我們有幸，遇到夏濟安先生這樣一位學養精深的文學導師，他給我文學創作上的引導，奠定了我們日後寫作的基本路線。他主編的《文學雜誌》其實是《現代文學》的先驅。〔註23〕

在這篇文章中，白先勇又談到他們那一代的本省和外省青年，都面臨與父執輩的舊時代價值截然不同的「認同危機」，舊時代已一去不返，新社會與新文化還有待開創建立，因此他們受到「五四」創新求變的激勵與台灣社會轉型的考驗，努力去建立一套合乎戰後台灣現實的新價值觀，〔註24〕而西方現代主義叛逆性的藝術表現與對人類文明的懷疑悲觀，正好迎合了經歷戰爭與破壞之後、尚未摸索出新的價值方向的那一代台灣年青人的求新望變、徬徨苦悶的心理。〔註25〕《文學雜誌》所引介的現代主義，便啓發了白先勇等人創辦《現代文學》，繼續進行藝術技巧的實驗與創新。

總括來說，《文學雜誌》最重要的成績就是在現代小說的開路與示範，在新詩方面則略顯保守，不過《文學雜誌》也常常刊登翻譯詩作，或介紹一些西洋詩人及其作品，例如鄺文德談黎爾克的詩（第一卷第二期，1956年10月）、林以亮譯韋利夫人詩選（第四卷第一期，1958年3月）、余光中譯愛倫坡詩選（第四卷第三期，1958年5月）等等。梁文星、周棄子、夏濟安皆撰文探討過新詩是否可有更恰當的表現形式的問題，在現代詩論戰之時，《文學雜誌》也成爲詩人發表言論的場地之一（詳見本論文第八章第二節），對現代詩運動有躬逢其會的參與感。常在《文學雜誌》發表作品的詩人，有余光中、瘂弦、葉維廉、夏菁、葉珊、周夢蝶、辛鬱、張默、覃子豪、洛夫、羅門等人，幾乎網羅了「現代詩」、「藍星」、「創世紀」三大詩社的重要成員，可說與現代詩人有一定程度的交集。儘管和六○年代全盛時期的現代詩比起來，《文學雜

〔註23〕見白先勇：〈「現代文學」創立的時代背景及其精神風貌〉，收入《現文因緣》，（台北：現代文學社，民國80年12月），頁8～9。
〔註24〕同前註，頁9～10。
〔註25〕同前註，頁11。

誌》的詩作可能還不夠「現代」，有著過渡期的色彩，然而為新詩尋求更恰當的表現形式的認知，卻是《文學雜誌》傾向現代詩（至少不排斥）的基本出發點。

　　《文學雜誌》是五〇年代的自由主義知識份子在文學領域最重要的貢獻。它可貴的價值，就在它於反共文學當道之時，透過自由主義精神的追求，不以文學為政治宣傳，喚起文壇對「純文學」的重視，它所提倡的文風與創作技巧的介紹和示範，也推動並促成了現代主義文學的興起與成熟，為六〇年代文學主流的轉向助了一臂之力。雖然《文學雜誌》只有四年的壽命，誠如休刊宣言所說：「至少對於文化沙漠之譏，該是一個有力的反證」。〔註26〕

第三節　白先勇、王文興、陳秀美、叢甦小說分析

　　如前所述，夏濟安曾經親撰文學批評為學生示範小說寫作的技巧，甚至有時還為學生修改稿件以加強他們的創作功力，使得他在台大外文系那一班高徒如白先勇、王文興、陳秀美和叢甦，不僅在寫作風格上受到夏濟安所提倡的樸實冷靜文風的影響，在現代主義文學技巧的運用上也開始有了初步的心得，雖然這些發表在《文學雜誌》的習作不如他們日後在《現代文學》時期的作品成熟，但卻是印證夏濟安與《文學雜誌》對六〇年代台灣現代主義小說的引導啟發之實例，因此值得作深入分析。

一、小說的題材與風格

　　白先勇、王文興、陳秀美、叢甦在《文學雜誌》上總共發表了十五篇短篇小說。這些小說的題材基本上都取材自現實生活，除了叢甦有一篇〈伊莎白拉的蜜月〉標榜是「《咆哮山莊》裡可能漏掉的一章」，〔註27〕以仿自西洋翻譯小說的筆調為《咆哮山莊》編撰新的情節之外，其他十四篇的題材或批判舊家庭制度與迷信行為，如白先勇〈金大奶奶〉和陳秀美〈灰眼黑貓〉；或刻劃大陸來台的中下階層苦悶潦倒的生活，如王文興〈一個公務員的結婚〉、〈殘菊〉；叢甦〈車站〉、〈秋霧〉；或藉主角的感情（理想）幻滅來反映現實的無情，如叢甦〈天梯〉、〈斜坡〉、〈雨〉；或關懷不幸人物的遭遇，如白先勇

〔註26〕最後一篇〈致讀者〉，《文學雜誌》第八卷第六期，民國49年8月，頁61。
〔註27〕見叢甦：〈伊莎白拉的蜜月〉，《文學雜誌》第三卷第六期，民國47年2月，頁69。

〈入院〉和叢甦的〈五枚硬鎳幣〉。從這些題材的選擇來看，白先勇等人倒是遵守了寫實主義的傳統，並未自閉於學院的圍牆中與世隔絕。

那麼這些小說的文字風格如何？夏濟安提倡樸實冷靜的文風，是為了矯正浪漫主義流於濫感濫情式的寫作弊病，他的諄諄告誡顯然對這些年輕的小說作者有所影響。這十五篇小說所呈現出來的文字風格，基本上都相當平實而有節度，部分受限於題材的選擇，而表現出苦悶、灰暗和陰鬱的情調，如陳秀美〈灰眼黑貓〉、王文興〈殘菊〉和叢甦〈伊莎白拉的蜜月〉、〈雨〉、〈五枚硬鎳幣〉等等。值得注意的是白先勇的〈金大奶奶〉，曾獲得夏濟安「文字老辣」的讚譽，這篇小說描寫的是富孀金大奶奶被金大先生騙婚騙財、打罵虐待到終至自殺的悲劇。白先勇透過一個叫容哥兒的小男孩，來敘述整個事件的經過，從容哥兒眼中看到金家的人如何虐待金大奶奶，例如金二奶奶和他的兒子小虎子，常常對金大奶奶刻薄嘲諷與拳打腳踢，就連下人對金大奶奶也毫不尊重，最後金大先生要討戲子進門，想把金大奶奶趕出去，金大奶奶在新人拜堂當晚仰藥自盡。全篇除穿插容哥兒的奶媽順嫂對金家的批評和對金大奶奶的同情外，並未對整個事件作出褒貶，尾段寫了容哥兒目睹金大奶奶陳屍在床的可怖景象，回去之後嚇得發燒、做惡夢，然後以淡淡的筆觸作結：

> 金大奶奶死後第三天就下了葬。人下了葬，也就沒有聽見再有什麼人提起這件事了。大家的注意力很快的統統轉到新的金大奶奶身上，這位新的金大奶奶年青貌美，為人慷慨而又有手段，與金二奶奶是一對好搭檔，所以大家都趕著她叫「金大奶奶」。不過自從這位金大奶奶來了之後，我跟順嫂總也不去金家了。順嫂是為了傷心，我是為了害怕。……真的，雖然現在事隔多年，可是每逢我想到金大奶奶懸在床下的那隻小腳，心中總不免要打一個寒噤。〔註28〕

小孩子的是非判斷尚未養成，因此看到金大奶奶的悲劇只感覺害怕，但是透過小孩子未置褒貶的陳述來看整個事件，卻更加能呈現金家人的冷漠無情與金大奶奶的冤屈不平。白先勇利用冷眼旁觀的第三者，來觀照命運悲慘的女主角，在客觀冷靜的筆觸中，反能彰顯更深的控訴與喚起讀者的矜憫之情。〈金大奶奶〉因此符合夏濟安所說的樸實冷靜風格，擺脫了悲劇慣有的激情控訴而進入「老辣」的境界。

〔註28〕白先勇：〈金大奶奶〉，《文學雜誌》第五卷第一期，民國47年9月，頁63。

　　另外還可以叢甦的〈車站〉為例。這篇小說以全知的敘事角度，描繪了在一個雨天的車站，偶然聚在一起的幾個落魄人物背後的故事。叢甦以冷靜而略帶滑稽的筆調，刻劃這些在雨天冷清的車站中偶遇的人：有賣香煙的老頭和賣花生的小販、有帶著賣身少女進城的過氣妓女寶姐，後來又加入一位警察和一個袖著手的中年男人。這個中年男人「裹著一件及膝的舊大衣，乾瘦、憔悴，很像動物園裡穿緊身背心的猴子」，他自稱李正飛將軍，從前曾叱吒一時，現在他正要前往新公館，並喚警察為他的副官；他還覺得寶姐很像他以前的相好，故與她熱烈攀談，想接她去新公館同住。賣香煙的老頭和警察聊天，才從警察口中得知這位「李將軍」其實是個瘋子，他以前幹過副官，但老愛做將軍夢，夢想擁有白花花的銀子和女人，結果他和上司姨太太的姦情敗露而下獄，後來還發了瘋，警察正要押送他去瘋人院。然而賣香煙的老頭才是真正的李正飛將軍，在警察為他的落魄而驚愕時，他說：

> 「告訴你，將軍也是人，他也得活著。但是吹牛、癡人說夢卻養不
> 活人！」〔註29〕

　　不過寶姐卻相信了「李將軍」的許諾，滿心期待他會派人接她去新公館，另外賣花生的小販也表達了對賣身少女的同情。最後「李將軍」被警察推向月台的列車時，皺起眉說：

> 「副官，他們該派專機來接我們的呀！這多慢，像條毛蟲樣地爬。
> 我們不能坐這個，我們是該飛起來的呀！」說著，他始終袖著的兩
> 手興奮地舞動著，袖子裡露出一副淨亮的手銬，亮得像「白花花的
> 銀子」。〔註30〕

　　在這個略帶戲謔的描寫之下，故事最後在兩人上車後，小販也轉身離去，而寶姐兀自沉浸在「他要來接我」的喃喃自語，車站外卻仍然陰雨不停的場景中結束。叢甦客觀的呈現了每個人物的言行舉止，讓他們在偶然的交會中演出各自的癡想，並以車站和賣香煙老頭的話為暗喻，透顯活著就要面對現實、不斷前進的人生苦味，但全篇並無明顯的批判褒貶，一如白先勇的〈金大奶奶〉，以超然的視角對荒謬的人物和事件進行觀照，而達到了夏濟安所謂在樸實冷靜的文字背後，讓反思與反諷自然而深刻的流露出來的作用。

〔註29〕叢甦：〈車站〉，《文學雜誌》第四卷第一期，民國47年3月，頁63。
〔註30〕同前註，頁64。

二、現代主義文學技巧的運用

夏濟安在〈評「落月」兼論現代小說〉一文中，曾介紹了兩種現代主義的文學技巧，即象徵技巧和意識流的運用。象徵技巧乃是利用具體的意象或「象徵物」，作爲譬喻某事某物和暗示其未來發展的一種設計，它融合了譬喻、聯想和暗示等手法，可以避免平鋪直敍所造成的抽象空洞，而能夠透過具體的象徵，來喚起讀者的某種想像或情緒，達到美感經驗的深化，以獲得思想情感上的啓迪。簡單來說，象徵就是「符號」，亦即以具體事物去呈現和代表比它本身更深更寬廣的意義。〔註31〕小說的境界和層次，亦因象徵的使用而有所不同。

意識流技巧則可視爲一種心理描寫的方法，從廣義上看，它可以上溯到十八世紀以降歐洲小說中的心理描寫傳統；從較爲專門的意義上而言，意識流主要是指二十世紀初葉開始，詹姆斯喬伊斯、維吉尼亞吳爾芙、威廉福克納以及普魯斯特等作家，致力於描繪人物的無意識活動，以自由聯想等方法，直接自然地展現人物意識流動的敍事手法。〔註32〕作家記錄的是個人內心在某一時段中的片段思緒和主觀印象（由於平時深受壓抑而沒有表現出來，具有私秘的性質），通常是零碎而不連貫的，並透過極破碎和跳躍的語句來呈現此種心理狀態，亦可反映現代人面對變動不居的現實環境所特有的內心狀態，這也是對寫實主義描摹客觀環境技法的一種突破。對個人而言，捕捉主觀的心理現實，會比客觀的外在現實更能呈現感受的複雜。在《文學雜誌》這十五篇小說中，有些已經運用了象徵技巧和粗淺的意識流手法來創作了。

（一）象徵的技巧

如彭歌「落月」的題名一樣，小說的題目本身就含有象徵意義的，可以陳秀美的〈灰眼黑貓〉和王文興的〈殘菊〉爲例。〈灰眼黑貓〉是一篇批判鄉人迷信和舊家庭制度的小說，它一開頭就寫道：

> 在我們鄉下有一個古老的傳說：灰眼的黑貓是厄運的化身，常與死
> 亡同時降臨。〔註33〕

這裡的灰眼黑貓就成了具有某種神秘性和恐怖性的不祥之物。在故事

〔註31〕可參李喬《小說入門》，（台北：時報出版社，民國79年），頁67。
〔註32〕可參朱立元主編《當代西方文藝理論》第二版（增補版），（上海：華東師範大學出版社，2006），頁81。
〔註33〕陳秀美：〈灰眼黑貓〉，《文學雜誌》第六卷第一期，民國48年3月，頁51。

中，女主角文姐美麗聰明又得人緣，某次和村中的孩子們在田野裡放風箏，看到一隻灰眼黑貓，文姐一時興起將風箏繫在黑貓身上，不料風箏被疾風吹起又墜落，黑貓也因而跌死。黑貓的主人是一個老太婆，她尋貓而至見此狀況，便發出詛咒，要黑貓永遠跟住害死牠的人，讓此人不得好死。結果文姐被父親許配給紈褲子弟朱大年，結婚那天她的衣櫥裡出現了灰眼黑貓，朱老爺被黑貓驚嚇而亡，從此朱家認定文姐是掃把星，開始對她百般虐待，那隻灰眼黑貓也從早到晚跟在她身後，趕都趕不走，造成她的精神崩潰。後來文姐生的小孩患病夭折，她在發瘋追殺黑貓的過程中墜巖而死。整個故事是透過作者（文姐兒時的玩伴）的敘述來進行，並在結尾提出疑問：

> 文姐是死了。她還是死了的好。我常常思索她悲慘而短暫的一生，歸究不出何以她要受到這樣的遭遇。那古老的關於黑貓的傳說，時常閃過我的腦海，我茫然了。她究竟是黑貓還是舊家庭制度的犧牲者呢？我不能回答。〔註34〕

有關灰眼黑貓是厄運化身的說法，當然是一種鄉下人的迷信，朱家信了這種迷信之說，以為文姐也跟黑貓一樣的不祥，遂對她展開折磨，而文姐自己亦受到黑貓的影響，陷在厄運附身的困擾和不幸的婚姻生活中無法解脫。其實黑貓的死亡和出現都是偶然的，只要不對牠作迷信的附會，牠便不能左右人的命運。灰眼黑貓因此是迷信的象徵，這篇小說最主要批判的就是鄉下舊家庭對此種迷信之說的盲從。陳秀美在經營黑貓這個象徵物時，刻意製造出種種巧合來增加牠的神秘與恐怖，彷彿迷信之說是真有其事，但又透過結尾的設問法，讓讀者對整個事件進行反思，並找出真正的問題所在，因此這是一篇具有懸疑感的象徵小說。

王文興的〈殘菊〉則描寫一位英文老師郭慕賢單調無變化的婚姻生活。他和妻子都是老師，收入不豐但還算穩定，每天過得規律平板，缺少生活的動力。王文興用主角家裡擺設的一瓶菊花來暗喻這種狀況：

> 在一個角落裡，擺著一張大桌子，這桌子是吃飯時用的，上面有熱水壺，覆著的玻璃杯，還有一瓶花，已經開始凋殘的黃菊，垂著頭，葉子都捲了，莖也黑了，瓶裡的水已經乾涸，粉黃的細花瓣像一堆亂髮。〔註35〕

〔註34〕同前註，頁61。
〔註35〕王文興：〈殘菊〉，《文學雜誌》第六卷第二期，民國48年4月，頁57。

　　郭慕賢百無聊賴的生活,使他常以冷淡或挑剔的態度來面對妻子。某夜他正患著傷風,適逢大學同學的弟弟造訪,他對這位客人並不熱絡,直到客人提起了自己的感情事件,他才表現出極度的興趣,而且「很奇怪的,他那傷風的鼻子這時忽然聞到一陣瓶裡殘菊的香味。」郭慕賢頻頻追問客人與女友相處的細節,並想一睹其女友的相片,但是客人忘了帶,使郭慕賢感到非常失望。客人向他辭別時,他還依依不捨的送到屋外,回屋之後卻發覺傷風轉劇:

> 郭慕賢感到鼻子一陣酸,眼淚湧了出來。他知道傷風又加重了。他歙動鼻孔,試試看,還能不能嗅到殘菊的香味。他已嗅不到,他想傷風真的更重了。〔註36〕

　　小說在此結尾。殘菊儼然象徵著僵化的生命對青春、活力、夢想、熱情的渴望與憧憬,就像郭慕賢平淡的婚姻生活需要愛情的滋潤一樣。這篇小說鋪陳了教員夫妻一成不變的生活鬱悶,而殘菊的芬芳若有似無的浮現在鼻端,營造出惆悵失落和熱切嚮往兩種對比的情緒落差,使全篇產生內在張力而不致流於枯燥乏味。

　　另外白先勇的〈入院〉雖未以題目作為象徵的用法,但是在文中也運用了一段象徵技巧。這篇小說是以第一人稱的「我」為敘事角度,交代身為弟弟的「我」在某個早上要把精神失常的姊姊騙到臺大醫院接受隔離的經過。由於講明原因姊姊就不肯隨他出門,這位弟弟只好懷著不忍又無奈的心情,騙姊姊說要帶她去新公園看菊花展,然而他和母親心中都充滿了哀傷與憂愁。白先勇於此穿插了一段院子裡的景象描寫:

> 我們院子裡本來就寒傖,這十月天愈更蕭條;幾株扶桑枝條上東一個西一個盡掛著蟲繭,有幾朵花苞才伸頭就給毛蟲咬死了,紫漿都淌了出來,好像傷兵流的瘀血。原來小徑的兩旁剛種了兩排杜鵑的,哪曉得上月一陣颱風,全倒了——萎縮得如同發育不全的老姑娘,明年也未必能開花。〔註37〕

　　此處是以被蟲咬的花苞和遭颱風吹倒的杜鵑,暗示姊姊的命運正是如此悲慘,她的生命已經萎縮,再也開不出燦爛的花朵,這個象徵技巧的運用,便發揮了融情於景、以景喻人的作用。最後姊姊果然被成功的騙進臺大醫院精神科,在淒厲的哭喊中關入了鐵柵門,弟弟也只有一個人嗅著新公園的菊

〔註36〕同前註,頁67。
〔註37〕白先勇:〈入院〉,《文學雜誌》第五卷第五期,民國48年1月,頁47。

花，來抒解心中的愧疚與無奈。

（二）意識流的技巧

在白先勇、王文興、陳秀美和叢甦發表於《文學雜誌》的十五篇小說中，叢甦是所佔數量最多的一位，總共發表了七篇小說，她也是四人中第一個開始運用意識流技巧的作者。不過嚴格來說，《文學雜誌》中尚未出現成熟的意識流作品，叢甦所運用的技巧與一般的心理描寫相同，並未達到語句破碎跳躍不連貫的意識流標準，只能算是粗淺和不成熟的意識流，但是叢甦可能已受夏濟安影響而開始注重內心探索了。在〈秋霧〉和〈五枚硬鎳幣〉這兩篇作品中，可以看到若干對小說人物的心理描寫。〈秋霧〉刻劃的是一個婚姻美滿、事業有成的中年男子孫文達對生活莫名的倦感感，他一個人在街道上漫無目標的行走，思緒在美滿但無味的日常生活和從前大學時代的情人之間切換著。他腦中充滿這個女孩子說話的聲音，想起他們以前交往的情形：她不停地喚他小哥哥，她是他們學校附近妓女戶中的年輕姑娘，欣賞他的藝術氣質而與他相好，並要求他帶她私奔，但是他辜負了她的期望。此刻孫文達心裡想著：

> 是的，那天下午，天是灰灰的，空裡有風，在Ｓ城城西車站的天橋底下，她的白圍巾在風裡飄起，飄得長長的，遠遠的，連編起的絲穗子也呼呀呼呀地飄著。但是為什麼我躲在車站存貨間的陰影裡猶豫、心跳、不肯出來？她走近了，張大眼睛，四下張望著，手裡提著一個藍白花的小布包袱，我能聽見她的綢裙子被風吹得嘩嘩的聲音，我彷彿聽見她在說：「小哥哥，你在哪裡？帶我走吧！」但是，我們到哪裡去呢？我們空無所有，一塊兒去喝冰水嗎？私奔？報紙上的大標題，同學們的議論，教授們的搖頭，老花鏡後舅父的眼睛，警察廳，她乾媽直剁上鼻尖的手指……這怎麼行？不行，我不能出去，讓她失望吧！不要煩惱，時間最仁慈，它使我們忘記一切……

〔註38〕

孫文達的思緒在路旁的三輪車夫喝罵另一個車夫：「吓！老鼠，別挾著尾巴就溜呀！」的話聲中被打斷，瞬間回到了現實。（面對「她」，孫文達其實也像挾著尾巴溜掉的老鼠。）他想起自己對目前從事貿易工作其實毫無興趣，

〔註38〕叢甦：〈秋霧〉，《文學雜誌》第七卷第一期，民國48年9月，頁36。

然而既已成家立業，年輕時的感情與夢想也再無重拾的可能。他又誤認路上一個戴白圍巾的長髮女孩，彷彿是喚他小哥哥的「她」，幻想破滅後他終於失望的回到家裡，望著窗外的秋霧，繼續面對第二天的生活。這篇小說是以孫文達的內心想法來串連故事的情節，使得人物置身於現實環境，思緒卻能在過去和現狀之間轉換游移。

〈五枚硬鎳幣〉描寫徐秋之不堪妻子離家出走，留下四個心智性格不正常的孩子，使他無法負荷而撞車自殺的悲劇。故事從徐秋之苦惱的晃進公園，開始回想一切遭遇之處展開：他的太太四年前拋棄家庭，當起了咖啡室的女老闆，他只有一肩扛起養活家庭的重擔。所有的家務由大女兒葆兒操持，二女兒文珠則因腦膜炎變成智障，老三文成是個陰鬱老氣的男孩，小兒子小秋又患了小兒麻痺症。他想到了他的家庭，想到了死：

> 葆兒她的姊妹們怎麼辦呢？怎麼好？我走了，我走了以後，葆兒該
> 每天捆著那條藍布裙，上菜市，生煤球，煤球的圓眼瞪得老大……
> 嗆了滿口滿腮的煤煙……菜刀挺長挺快，也許剁掉她一兩個指
> 頭……才十七歲，唔，才十七歲的葆兒……傻虎虎的文珠，彆扭成
> 性的文成，還有夜半喊「姆媽」，得小兒麻痺症的小秋……這一切，
> 葆兒準得給壓垮，……文珠會整天傻笑……小秋會順著牆邊蹣跚，
> 推倒了煤油爐子，熱水瓶……噢，噢，有人說人死了就像一股煙一
> 樣地散了，四大皆空，什麼也沒有，說不定是真的，不過，我又信
> 不得它，我究竟扔不下他們的，他們是我的，哎，在這個世界上我
> 什麼也沒有了，不過他們是我的，我們必須緊緊地靠在一塊兒，除
> 了這麼辦，我們任誰都要感到寒冷的，我們任誰都要感到寒冷的……
> 但是，我究竟做了什麼呢？我究竟做了些什麼呢……〔註39〕

在徐秋之接下來的心裡回憶中，道出他自己因工作過度，得了腦炎，他的上司特別補助他五百元救濟金，但他卻自暴自棄的將五百元輸在牌桌上。因此徐秋之才絕望的走進公園，想到了死。然後他看到馬路駛過的轎車內，坐著一個很像他妻子的女人，於是不顧一切的撲上去，被汽車撞倒在馬路上，口袋裡僅餘的五枚硬鎳幣也滾了出來，四散各處。這篇小說的經營手法和〈秋霧〉相同，都利用主角的心裡回憶來交代故事的經過，使人物的內心世界和

〔註39〕叢甦：〈五枚硬鎳幣〉，《文學雜誌》第七卷第五期，民國49年1月，頁19～20。

外在世界可以互相轉換呼應，情節的推展也較爲靈活有變化。

　　從這些小說例子可以發現，夏濟安所引介的現代主義文學技巧：主要是象徵和意識流的技巧，確實被受他指導的學生白先勇、王文興、陳秀美和叢甦運用到初期的小說創作中，即使技巧不夠成熟，但仍可視爲一個開始，《文學雜誌》因此是台灣現代主義文學（特別是小說創作方面）的重要引導。

第五章　《文星》的思想啓蒙與台灣現代文藝運動

　　五○年代的自由主義知識份子，在一九五七年十一月，又創辦了《文星》雜誌，想要以廣泛的文學藝術的介紹，對青年進行思想啓蒙。它的發行人是葉明勳，社長是蕭孟能。蕭孟能在一九五二年先開設了文星書店，然後才起了辦雜誌的念頭。《文星》最初由何凡（夏承楹）、林海音夫婦和陳立峰擔任主編，〔註1〕一九六二年八月以後由李敖接任主編，到一九六五年十二月停刊爲止，在八年兩個月之中，總共出刊了九十八期。

　　由於《文星》秉持民主和言論自由的立場，在九十八期批評「國法黨限」的混亂，指責出版法違憲，遂導致九十九期未上市即遭國府當局勒令停刊的命運，等於步上了《自由中國》的後塵。但《文星》並非和《自由中國》一樣是政論性雜誌，也和《文學雜誌》的純文學性及濃厚的學院派風格有所區隔，它是屬於涵括內容較廣泛的綜合性雜誌，它的風格也有前後期不同的轉變。〔註2〕

〔註1〕　《文星》初期的編務分工可參見夏承楹：〈倒在地裡的筆耕者〉，《文星》65
　　　　期，民國 52 年 3 月。
〔註2〕　關於《文星》內容風格的轉變，無非將之區分爲三個階段，第一階段是五十
　　　　期之前所表現的綜合開放、平實客觀，無固定立場；第二階段是李敖加入後，
　　　　從五十到五十八期熱烈展開的中西文化論戰，言論變爲激烈大膽；第三階段
　　　　是五十八期以後到九十八期，立場已轉向全盤西化與反傳統，並抨擊教育、
　　　　道德、法律、倫理等現實的政治社會問題。可以看到第二階段李敖的加入和
　　　　中西文化論戰的引發，是《文星》內容風格轉變的關鍵，正好也是發行期數
　　　　過半、雜誌主編易手的時候，因此本文以李敖介入爲依據，將《文星》內容
　　　　風格的轉變分爲前後兩期。無非的分期可見其所著《文星！問題！人物！》，

　　《文星》創刊之初，重心本來是放在文學和藝術方面，自四十九期（1961年 11 月）李敖介入之後，引發了中西文化論戰，《文星》的路向遂演變成全盤西化並強烈攻擊傳統，成為在文化層面上啓蒙人心和提倡西化最力的一本言論激烈的雜誌。從五〇年代末到六〇年代中，《文星》在西方現代文藝的介紹提倡、以及中西文化論戰的刺激鼓動上，對台灣封閉的文藝視野和思想格局造成了又一波重大衝擊，在啓蒙的氛圍中，現代主義文藝是被《文星》當作思想啓蒙的利器而加以推廣的。本章從《文星》作為一份自由主義刊物所倡導的言論自由為始，探討它由文藝介紹推進思想啓蒙的過程中，在西方現代文藝的推廣和中西文化論戰的議題上，對台灣文化思想界的衝擊與台灣現代文學的影響。

第一節　言論自由的爭取與現代文藝的提倡

一、啓蒙定位與言論自由的爭取

　　《文星》是一本秉持自由主義精神，而且最初是以文藝為主的綜合性刊物，在它的發刊詞中，除了表示在艱困的出版環境中，「不按牌理出牌」的辦雜誌決心，也說明了雜誌以「文星」為名，是因為這是歷來傳說主管文運的星宿，並將《文星》性質定位在「生活的，文學的，藝術的」，希望能夠「啓發智慧並供給知識」，故廣邀學人撰述有指引性的文章，以供青年人在求學與做人方面的參考，「在文學方面，將包括長短篇小說、散文隨筆、詩歌、書評等。在藝術方面，將包括音樂、繪畫、攝影、木刻、舞蹈、影劇等藝術的欣賞、批評和研究。」〔註3〕可知《文星》是一份重視文藝發展，而且帶有啓蒙青年用心的刊物，與五四初期《新青年》所走的路線頗相近。《文星》到了第三年的二十五期（1959 年 11 月）起，雖然將「文學」化合於藝術與生活之中，加強了思想的比重，使雜誌定位變為「思想的、生活的、藝術的」，開始注重思想的探討和啓發，〔註4〕但就四十九期之前的雜誌內容來看，《文星》大致上仍是文藝比例頗高、無特定文化方向、態度溫和平實的，不論是對西方文

　　　　（台北：龍門出版社，民國 55 年 12 月），頁 54～62。
〔註 3〕　〈不按牌理出牌：代發刊詞〉，《文星》創刊號，民國 46 年 11 月，頁 2。
〔註 4〕　見〈「不按牌理出牌」的繼續嘗試：「文星」踏進第三年〉，《文星》25 期，民國 48 年 11 月，頁 2。

化的介紹或國內現況的評論，尚能以開放的態度與客觀的立場為之，其中對現代文學和藝術的提倡，也有很大的成績。

在起初的階段裡，《文星》繼承了《自由中國》的路線，首先對於新聞、文學、學術等言論自由的爭取，發表了許多文章，例如成舍我〈「狗年」談「新聞自由」〉（三期，1958 年 1 月）、陶百川〈緊箍咒與新聞自由〉（七期，1958年 5 月）、〈何不痛快堂皇准辦新報〉（三十四期，1960 年 8 月）、小野秀雄〈對抗權勢力爭新聞自由〉（十九期，1959 年 5 月）、王洪鈞〈報紙為什麼要自由〉（五十九期，1962 年 9 月）、居浩然〈文藝與自由〉（八期，1958 年 6 月）、李聲庭〈論學術自由〉（二十五期，1959 年 11 月）、〈再論學術自由〉（二十八期，1960 年 2 月）等等。其中成舍我的文章刊出後，還引起官報的誤會，被扣上「新亡國主義者」的帽子，使《文星》在第四期以〈互信團結不必自擾〉澄清官方疑慮，[註5] 顯示了《文星》的言論自由取向，是不為政府當局所歡迎的，但「言論自由」卻正是打破言論控制、進行思想啓蒙的基本條件。

二、現代文學與現代藝術的提倡

（一）自由作家與現代文學的交會

在言論自由的主張之下，《文星》所提倡的文學藝術，自然不會是服膺官方政策的反共戰鬥文藝，而是順應當時的西化潮流，大量引介西方新觀念來從事文藝的革新。先從《文星》前期的編輯委員會來看，負責編文藝篇幅及校核的，是具有開明自由作風的林海音，[註6] 她邀稿的作家是張秀亞、思果、梁容若、李霖燦、童真、孟瑤、文心、郭衣洞這一群人，與《自由中國》和《文學雜誌》的作家群，都有很高的重疊性，而現代主義小說家聶華苓和於

〔註 5〕 見夏承楹：〈「文星」一年〉，《文星》13 期，民國 47 年 11 月，頁 3。

〔註 6〕 林海音曾於民國 42 年（1953）11 月到民國 52 年（1963）4 月之間擔任《聯合報》副刊主編，她建立了《聯副》的純文藝路線，並在擔任主編的十年期間，以其開明和包容的作風，網羅了許多知名作家與發掘文壇新秀為《聯副》寫稿，民國 47 年（1958）《聯副》也有詩人的大量來稿，如余光中、辛鬱、吳望堯、夏菁、羅門、瘂弦等現代詩人的作品都曾刊登，民國 48 年（1959）更有余光中負責歐美文壇報導，因此林海音主編的《聯副》也與現代文學的陣容有交集，並且對五〇年代台灣文學的耕耘有相當的貢獻，更是自由主義精神在平民報章上體現的例子。關於林海音在《聯副》十年間的編輯狀況與投稿作家的紀錄，可參考其所寫：〈流水十年間〉，收入《芸窗夜讀》，（台北：純文學出版社，民國 71 年）。

梨華,亦在《文星》刊登過小說作品,像聶華苓的〈中根舅媽〉(十一期,1958年9月)、〈李環的皮包〉(四十期,1961年2月),於梨華的〈雪夜〉(二十四期,1959年10月)、〈也許〉(三十七期,1960年11月)、〈黃昏‧廊裡的女人〉(六十九期,1963年7月),她們的小說關注的是女性與婚姻的問題,分別探討了已逾適婚之齡女性的空虛與壓力,以及婚後女性面對丈夫孩子所產生的各種家庭問題。

在有關現代主義文學的介紹方面,有王文興的〈論台灣的短篇小說〉(三十七期,1960年11月),指出了當代台灣小說創作的缺點,並希望國內的西洋文學讀物能夠以現代主義作家為範本。王尚義的〈達達主義與失落的一代〉(五十七期,1962年7月)、〈現代文學的困境〉(五十八期,1962年8月)、〈現代文學與現代人〉(六十二期,1962年12月),則介紹了西方現代文學興起的歷史背景、現代文學的特質及其與現代人之間的關係等等。王尚義認為現代文學乃是表白現代人真實處境的文學,現代人因經歷戰爭的浩劫與物質文明的宰制,心靈普遍充斥著信仰喪失的絕望和內在割裂的孤獨焦慮,因此人必須重新發現和挽回自己,現代文學表現的就是現代人這種懷疑、掙扎、追索的精神特性。王文對西方現代文學的介紹,有助於國人對此一新興文學的初步認識與了解。

至於新詩的部分,則由藍星詩人余光中負責編詩選欄,後來由覃子豪接替。《文星》開闢的「地平線詩選」,在創刊的頭兩年幾乎都由藍星詩人包辦,最常見的有夏菁、吳望堯、余光中、黃用、張健、阮囊等人的作品,而「創世紀」詩人洛夫、瘂弦、辛鬱等人的作品,刊登率也不低。夏菁在《文星》創刊號的「地平線詩選」有一首題為〈地平線〉的詩寫道:

　　孤獨的裸體者呵
　　擁抱我以二十世紀的大圓
　　圓是空寂的:我屹立於圓心
　　蒼白的土壤向我索取血液
　　那麼,割一個缺口吧
　　傾獅子的血於東方的黎明

　　呵!昨日粉碎了——
　　粉碎的昨日,鋼鐵的微粒
　　鑄發光的世界於東方的圓弧

圓週上的城市矗立起來了

於是，我看見十二個巨人

在東方的地平線上

嘩笑著，跨進二十一世紀的邊緣

　　這首詩頗能顯示新詩人們想在荒蕪的大地上，以自己的努力開創出現代詩新世紀的雄偉氣魄。緊接其後有余光中的一首〈雕刻家──給中國的新詩人們〉，期許新詩人要做超越自古至十九世紀以來的新時代雕刻家，那種求新望變的企圖更是明顯。〔註7〕到了一九五九年十一月開始的新詩論戰，《文星》特別策劃了「詩的問題研究專號」，以藍星詩人爲主軸，替新詩進行解說和辯護，對於現代主義的提倡至爲賣力，而又顧及反面的意見，不失其平實客觀的自由主義態度，也達到以文學議題的討論來刺激封閉思考的效果（詳見本論文第八章第二節）。

（二）封面畫頁的設計與叢刊的出版

　　《文星》大力提倡現代主義文藝，還可以從「封面人物」和「文星畫頁」的設計、現代藝術、音樂和電影的介紹看出其努力。爲了思想啓蒙的考量，《文星》特別重視封面人物的選擇與介紹，選擇的標準是各領域中第一流的人物，而且必須是當代現存的人物，又是讀者不太熟悉的，〔註8〕如此既能突顯《文星》以之作爲青年楷模的意義，又能代表《文星》所推崇的思想觀念。在《文星》九十八期所有的封面人物中，文學、音樂、美術、表演電影等文藝領域的傑出人物所佔的比例相當高，例如前三期（1957 年 11 月至 1958 年 1 月）的封面人物就分別是海明威、毛姆、卡繆，二十七期（1959 年 1 月）是艾略特，現代繪畫方面有三十六期（1960 年 10 月）的薩格爾、四十八期（1961 年 10 月）的畢卡索，都是西方現代主義的文藝大師，說明了《文星》對於西方現代主義的認同。

　　而文星畫頁的設計，則嘗試以圖片來呈現各種藝術作品的影像，舉凡世界攝影佳作、現代繪畫、建築、木刻、舞蹈、體壇集錦等等，都企圖在視覺感受上造成比文字更突出的印象，以達到傳遞新知的目的。另外邀請學者專家介紹現代藝術、音樂與電影的文章也很多，例如音樂方面有許常惠的〈走

〔註7〕夏菁〈地平線〉和余光中〈雕刻家──給中國的新詩人們〉二詩，俱見《文星》第一期「地平線詩選」，民國 46 年 11 月，頁 23。

〔註8〕見〈「不按牌理出牌」的繼續嘗試：「文星」踏進第三年〉，頁 2。

上現代中國音樂的大路〉（三十九期，1960 年 1 月）、張邦彥的〈二十世紀的音樂〉（四十六、四十七期，1961 年 8、9 月）、陳振煌的〈荀貝及其作品〉（四十八、四十九期，1961 年 10 月、11 月）、侯俊慶的〈談現代中國音樂的建立〉（五十九期，1962 年 9 月）；繪畫方面有藝術學者張隆延的藝術賞析文章（一至十二期，1957 年 11 月至 1958 年 10 月）、怒弦的〈現代繪畫簡介〉（二期，1957 年 12 月）、現代畫家劉國松的〈論抽象畫的欣賞〉（三十四期，1960 年 8 月）、余光中的〈五月畫展〉、〈樸素的五月〉對劉國松所屬之「五月畫會」的推崇（四十四期，五十六期，1961 年 6 月、1962 年 6 月），都是一種對現代藝術的提倡和鼓吹。〔註9〕當時同具學院背景的「藍星詩社」和「五月畫會」的關係甚為密切，余光中常常為「五月」寫評介文字。他曾將抽象畫和現代詩比喻成文化沙漠中兩匹無鞍的千里馬，唯善騎者可馳騁自如，反映出當時知識份子視文藝現代化為進步象徵的心理，〔註10〕與《文星》的宗旨如出一轍。

　　將《文星》與《文學雜誌》相比較，可以看到《文星》並不僅限於文學的領域，而是將範圍擴大到整個現代文藝的提倡。那麼《文星》為何如此力倡現代主義的文藝呢？在《文星》三十七期的〈編輯室報告〉曾指出：「我們的大部分讀者和文學作家，對『現代文學』和現代音樂與現代繪畫一樣的未能適應，然而時代畢竟已經進步到二十世紀六十年代，我們是無法停頓不前的。」〔註11〕已充分說明了《文星》全面引介現代主義文藝的用心，是希望能夠趕上世界潮流，以提倡文藝的現代化來作為思想啟蒙的一環，對於當時處於封閉環境的青年學生和知識份子而言，確實是有打開視野、刺激思考的作用。

　　在創刊第五年的宣言中，《文星》再次重申創刊時的理念「不按牌理出

〔註9〕　「五月畫會」以劉國松為首，由一群師大藝術系的畢業生所組成，和「東方畫會」同為戰後推動台灣現代繪畫的兩大重要組織，活動時間約從 1956、57 年之交至 1970 年前後。「五月畫會」之名取法於巴黎的五月沙龍，走的是「全盤西化」的路線，1960 年後，以抽象繪畫作為現代繪畫的主流，得到學院派的學者們如廖繼春、孫多慈、虞君質、張隆延、余光中等人在精神和理論上的大力支持，聲勢於六〇年代中期達於極盛。詳細資料可參考蕭瓊瑞《五月與東方：中國美術現代化運動在戰後台灣之發展》，（台北：東大圖書，民國 80 年 11 月）。

〔註10〕見傅孟麗《茱萸的孩子：余光中傳》，（台北：天下文化，民國 88 年），頁 90。

〔註11〕〈編輯室報告〉，《文星》37 期，民國 49 年 11 月，頁 44。

牌」，表示要與文化沙漠的牌理「津貼、倚靠、內幕、黃色、武俠、低級趣味、軟趴趴的文章」反其道而行，辦一份不肯媚世的理想性雜誌，並且說：

> 「新民叢報」不按牌理，可是它爲中國革命刷新了顏色；「新青年」不按牌理，可是它爲中國文學帶來了浪花；「新月」不按牌理，可是它爲中國文壇引進了高潮。「不按牌理出牌」是一種神聖的信仰，這種信仰的功德圓滿是把不能變爲可能。〔註12〕

對於文學方向的帶動，很顯然地，《文星》是想要上承五四以來《新青年》與《新月》的精神，超越流俗而開創一條不同的路，就像《新青年》提倡白話文學，《新月》堅持文學的純粹性一樣。因此，《文星》也盡量刊登並出版理念相同作家的作品，《新月》的主張與文學貢獻尤其受到重視，例如「舊文新刊」專欄的闢設，是以刊登五四時期討論文學和文化問題的文章，來作爲今日從事文化工作的借鑑，〔註13〕第一篇重刊的文章就是《新月》的發刊詞〈「新月」的態度〉（五十五期，1962 年 5 月），這是認同《新月》在新文學的創造和新思想的啓發方面的價值，並且認爲《新月》可爲台灣當時的文化發展提供方向。曾是新月健將的梁實秋，也在《文星》發表〈憶新月〉（六十三期，1963 年 1 月），文星書店所出版的文星叢刊，亦重印了新月成員陳西瀅的《西瀅閒話》，因爲其內容涵括文學、思想、藝術和人物，不僅是五四時期文壇的縮影，也足以作爲今人的參考。於是在三〇年代文學和台灣本土寫實主義傳統的雙重斷裂下，具有溫和自由主義色彩，又帶有進步西化意識型態的《新月》，自然便成爲《文星》知識份子所取法的對象。

另外值得一提的是「文星叢刊」的出版，乃仿效自美、英、日的文庫圖書，以「僅可能好的書，僅可能低的錢」爲出版原則，大量出版各種有助於文化推廣和思想傳播的書籍，希望能在讀者可負擔的經濟範圍內，促進讀書風氣的普及，進而達到宣揚現代思想和文化的目的。〔註14〕例如《文星》非

〔註12〕〈「文星」五歲了！〉，《文星》61 期，民國 51 年 11 月，頁 3。

〔註13〕《文星》刊登的舊文多半是與其倡導的自由、民主、現代化（西化）等理念相符合者，例如中西文化論戰之時，《文星》重刊胡適的〈充分世界化與全盤西化〉（56 期）、陳序經〈全盤西化的理由〉（58 期）與林語堂的〈機器與精神〉（59 期）等文，便是取其倡導西化的主張。

〔註14〕見〈「文星叢刊」出版緣起〉，《文星》71 期，民國 52 年 9 月，頁 50。文星書店最初是以進口代理外文書籍爲主，也作翻印的生意，後來爲了配合《文星》提倡現代文藝與現代化思潮，先後出版了「文星集刊」、「文星叢刊」系列書籍，計有數百種之多，因讀者反應不惡，除了成功的達到宣傳現代思想的目

常推崇自由主義者殷海光、胡適與夏濟安，文星叢刊曾出版為當時言論尺度所不容的殷海光著作三種：《思想與方法》、《到奴役之路》和《中國文化的展望》，殷海光也在《文星》寫過一篇〈自由的倫理思想〉（九十六期，1965 年 10 月），宣揚自由的價值與觀念。〔註15〕而作品常見於《文星》的現代主義作家於梨華、聶華苓和余光中，也在文星叢刊出版過作品集，如於梨華的小說集《歸》，聶華苓的《一朵小白花》、《失去的金鈴子》，余光中的詩論集《掌上雨》和抒情散文集《左手的繆思》。這種以出版書籍來配合雜誌推動現代思潮與文學的方式，在當時頗受知識階層與藝術從事者歡迎，〔註16〕並形成了一定的影響力，對自由主義思想和現代文學的傳佈有著很大的貢獻。

第二節　思想啟蒙與中西文化論戰

一、中西文化論戰的爆發與經過

　　促使《文星》從現代文藝的引介跨入文化問題的探討，言論風格也由理性樸實轉向激烈的西化立場，成為各方注目焦點的，是一九六二年掀起的中西文化論戰。中西文化論戰的起因，是胡適在一九六一年十一月六日的亞東區科學教育會議上，發表了一場演講：「科學發展所需要的社會改革」，《文星》十二月號第五十期將演講全文刊登出來，胡適於文中主張國人應打破東西方有「精神文明」、「物質文明」對立的成見，重提三十年前他對中西文明的看

的，也為文星帶來不錯的銷售利潤。

〔註15〕其實殷海光和胡適一樣，並未與《文星》有密切接觸，但是卻和胡適同被奉為思想啟蒙的精神導師，甚至在中西文化論戰時，被胡秋原和徐復觀懷疑為《文星》西化派的幕後操控者。殷海光雖未參與論戰，但西化派的論戰主角李敖、黃富三、許登源等人都是殷海光在台大的學生，在思想上受到他的影響。另外《文星》在胡適和夏濟安去世時，都以不小篇幅登悼念文章，如悼胡適的 53 期、65 期，悼夏濟安的 90、91 期，顯示出《文星》對這幾位當代自由主義人物的認同。

〔註16〕李敖在《李敖回憶錄》中曾述及 1968 年 3 月「文星」書店受到情治單位的壓力而關門，大批讀者湧入書店瘋狂搶購文星書刊的情況，並轉錄 3 月 17 日《紐約時報》的報導：「它（文星書店）的消逝，使年輕作家們、摸索中的畫家和攝影家們、現代舞的獻身者們以及數不盡的大專學生們，同時失去了一個精神上的寄託。」可得知文星叢書在當時的年輕知識份子和藝術從事者之間受歡迎的程度及其影響力。見《李敖回憶錄》，（台北：商周出版社，民國 90 年 11 月），頁 219～220。

法，認爲東方的老文明未必有多少精神成分，西方的科學技術文明也不是唯物的，而是具有高度理想主義的精神。國人唯有經過這種智識上的變革，誠心而熱烈的接受西方近代文明，才能爲科學發展鋪路。因此胡適說：

有人認爲西方的文明是物質文明，東方的則是精神文明，事實上這是一種偏見。東方文明，並沒有什麼精神價值，它只是一個人類衰老期的文明而已。反之，由科學和技術組成的近代文明，才是個具有高度理想的精神文明，東方所需要的就是這種東西。〔註17〕

此論調一出，立刻引起海內外文化界人士一片叱責，駁斥他不該藐視中國文化和倡導「全盤西化論」，例如徐復觀就斥胡適之言爲「中國人的恥辱，東方人的恥辱」，台灣的立法院也爲此提出質詢，把中國大陸淪陷於共產黨的責任歸咎於胡適思想。〔註18〕

而《文星》卻接著在五十一期（1962年1月）用胡適爲封面人物，請當時的青年學人李敖寫了一篇〈播種者胡適〉，來介紹胡適推動民主科學和新文化運動的貢獻，文中表示「我們現在是文化沙漠，胡適的重要在於他能運用他的遠見、聲望與『親和力』，爲沙漠打幾口井」、「胡適思想只不過是一個『開放社會』所應具有的最基本的必要條件。說他叛道離經則可，說他洪水猛獸則未必。」〔註19〕表明了《文星》以胡適爲思想導師來倡導現代化的立場。同期居浩然的〈恭賀新禧〉也是附議胡適的文章，另外有一篇胡秋原的〈超越傳統派西化派俄化派而前進〉，長達兩萬七千餘言，則對胡適不無批評，認爲應超越所謂傳統、西化與俄化派別的「門戶之見」來談中國文化。然而胡適對於自己的演講所引發的中西文化論戰，並未做出任何回應，倒是由《文星》提供了戰場，讓這場論戰進行得沸沸揚揚，連續刊登了好幾期相關的討論文章。

在《文星》五十二期（1962年2月）中，有鄭學稼針對李敖的〈播種者胡適〉提出指正，李敖則以〈給談中西文化的人看看病〉一文，將清末民國

〔註17〕見胡適：〈科學發展所需要的社會改革〉，《文星》50期，民國50年12月，頁5～6。
〔註18〕民國50年12月20日，徐復觀首先對胡適的演講提出抗議，以〈中國人的恥辱，東方人的恥辱〉一文刊於《民主評論》十二卷二十四期。在立法院也有立委發表萬言質詢書，指出因胡適在中國傳播了杜威思想，而杜威思想據說是和馬克思主義合流的，因此紅禍起來了，大陸變色了，這是《文星》52期「編輯室報告」中的記述，文中並嘲諷的說「現在只差直指胡適是共產黨了。」可見「批判傳統文化」在當時飽受朝野衛道之士攻擊的情形。
〔註19〕見李敖：〈播種者胡適〉，《文星》51期，民國51年元月，頁6、頁7。

以來談文化的四十多位思想家（多具保守主義傾向）歸納成十一種類型，並給予無情的批評，例如胡秋原的「超越前進論」就被他視爲與中體西用派一般的空洞虛枉，同時他又指出傳統文化的不合時宜，並以絕然的態度和聳動的譬喻，再三鼓吹全盤西化論。李敖說：

> 不客氣地說，他們對西洋文化，通通打著一個「買櫝還珠」的算盤，他們不知道這種好夢是根本做不成的。在文化移植上，要櫝就得要珠，不願要珠也休想要櫝，櫝中沒珠也不成其爲櫝，要就得全要，不要也得全要，……也許西化的結果會帶來不可避免的「流弊」，可是我們總該認清我們的「大目標」是什麼，爲了怕肚痛，難道就不養孩子嗎？爲了怕噎著，難道就不吃飯嗎？我們的「大目標」是建設現代化的強國，在這個「大目標」下，我們該有「衣沾不足惜，但使願無違」的決絕與胸襟。「大目標」是安慰我們補償我們最好的代價。在這個百年大計中如果真有「損失」，也是值得一幹的。〔註20〕

這種偏激的全盤西化言論，自然又引起不少人的反駁，從而將中西文化論戰推到最高潮。在任卓宣（曾任國民黨中央宣傳部副部長）發行的《政治評論》裡，就有周若木、莫辛、鄭學稼、任卓宣等人的反駁文章，〔註21〕對於李敖的西化論調或譏爲鸚鵡學舌，或指爲唯物論者和喪失民族自信心的文化買辦。

《文星》本欲在五十三期（1962 年 3 月）乘勢推出「中西文化問題專號」，適逢胡適去世，便增刊了許多悼念胡適的文字，同時將刊物擴充爲八十頁的特大號，刊出胡秋原六萬多字的文章〈由精神獨立到新文化之創造〉和徐道鄰的來函，都是針對李敖偏激的西化言論而發。另有徐復觀〈過分廉價的中西文化問題〉與黃富三論中西文化，李敖自己則又寫〈爲「播種者胡適」翻舊賬〉，反駁任卓宣和鄭學稼的批評。五十四期（1962 年 4 月）則更熱鬧，有居浩然、李敖、許登源、洪成完對胡秋原長文的辯難，以及黃富三、鄭學稼分別對徐復觀和李敖文章的答辯。五十五期（1962 年 5 月）起，《文星》正式擴充篇幅，將頁數增加一倍，並推出「中西文化問題與胡適」的專門論題。

〔註20〕 見李敖：〈給談中西文化的人看看病〉，《文星》52 期，民國 51 年 2 月，頁 15 ～16。

〔註21〕 這些反駁文章的題目、論點與發表期數，可參見李敖《文化論戰的一些史料與笑料》（此書原名《文化論戰丹火錄》，是民國 53 年出版之文星叢刊，後爲李敖收入他自己的作品集並更名），（台北：遠流出版社，民國 75 年 11 月）。

接下來一連三期直到五十八期（1962 年 8 月），都闢有「中西文化問題研究」
的專題討論。〔註 22〕其實這一系列的論戰內容大約可分為兩個圈圈，一是關
於「中西文化問題」的論戰，主要是李敖與徐道鄰、胡秋原的對陣；一是關
於「播種者胡適」的論戰，以李敖與任卓宣、鄭學稼的辯難為主，「大家打做
一團，十分熱鬧。」〔註 23〕

　　《文星》這一系列熱鬧的論戰，尤其是中西文化論戰，成功的引起了海
內外各界的注目，也使得《文星》的銷量和知名度大增，認同者甚至指出這
場論戰「使台灣沉寂的思想界忽然活躍起來，潑辣尖銳，生猛異常。較諸過
去的科學論戰，及社會史論戰，顯然進了一步（或正向此發展）」、「其對於自
由中國及大陸知識份子的影響，對於推動中國思想發展的作用，可能比反攻
大陸的軍事問題本身，還要重要。」〔註 24〕而《文星》在論戰中的態度，正
是以胡適「容忍比自由更重要」的原則自許，力求做到公平：「我們暫時不想
指出誰對誰錯，對與錯的問題，應該訴諸全民族的理性良知。我們也不準備
提供什麼見解，這是需要大多數人來共同討論的。我們所能做的，是把『文
星』這一座小小的『講台』貢獻出來，讓大家登台演講，各抒高論。」〔註 25〕

二、中西文化論戰的意義與作用

　　雖然《文星》選登的文章是正反俱陳，不過仍可看出它是偏向西化一方
的，因為它支持胡適的西化言論，認為傳統文化經此激盪才會產生新文化：

> 胡適這篇演講，居然把很多人從睡夢中吵醒，就憑這一點衝刺性，
> 已經夠瞧的了。文化沙漠中颳起一陣狂風，如果在飛沙走石之後，
> 出現了一片新的綠洲，那也是值得喝采的。〔註 26〕

〔註 22〕《文星》是中西文化論戰進行的主戰場，而且是西化派的大本營，與西化派
　　　　敵對的傳統派陣營，則以《世界評論》、《民主政論》和《政治評論》為主。
　　　　身為論戰主角之一的胡秋原，亦獨資創辦了《中華雜誌》來陳述未盡之言。
　　　　對於此次中西文化論戰有回應的媒體頗多，可參考李敖《文化論戰的一些史
　　　　料與笑料》所列舉。
〔註 23〕見李敖《李敖回憶錄》，頁 188。
〔註 24〕見燕然：〈論台灣的文化論戰：這是政治反攻必經的階段〉，原刊於民國 51 年
　　　　4 月 16 日香港《天文臺》二〇五六號，此處引自李敖《文化論戰的一些史料
　　　　與笑料》，頁 52。
〔註 25〕見《文星》52 期「編輯室報告」，民國 51 年 2 月，頁 2。
〔註 26〕同前註。

　　《文星》既以扮演思想啟蒙的角色自居，企圖以全盤西化和反傳統的激烈言論來促進思想界的革新，自是與提倡現代文藝的用心如出一轍。余光中在〈迎中國的文藝復興〉一文就說：

> 中西文化的問題雖然未獲解決，但其重要性顯然已激起全國文化界的注意，而年輕的一代，除了看電影、進洋行、考留學之外，居然也大膽地說了幾句切題的話，總算是不小的收穫了。……文化之進展往往需要相反的因素相激相盪，以至於相輔相成。「反派人物」之出現，即使再不濟事，也可以發生狗身寄蝨的作用，使那隻文化老狗振作一下，至少也得搔一陣子癢。……在自由中國，現代文藝運動早在五六年前即已展開。文藝本是文化的一大部門，……第一隻使文化老狗癢且吠ㄣ的蝨子是現代詩。第二隻是抽象畫。第三隻是現代音樂。……當新詩即詩、西畫即畫、西樂即樂，一切藝術不分中西，盡皆納入我國的傳統，一直要到這樣的一天，中國的現代文藝才算取得嫡系的正統地位，而中國的文藝復興才算正式開始，到那時，傳統的會變成活的，活的也自然而然地匯入傳統。現代文藝的作家們對於中西文化論戰的看法，大致上可能就是這種不甚豪爽但很慎重的有所取捨的折衷。〔註27〕

　　余光中是提倡現代文藝不遺餘力的現代詩人，他認為從最早的現代詩論戰開始，到後來的抽象畫和現代音樂的引介，現代文藝就已經在為新文化的催生打前鋒，因此他肯定中西文化論戰對傳統文化正面的刺激作用，並期盼兩相交融而創造出新的文化傳統。這個看法應可代表現代文藝作家們的共同認知，他是《文星》選擇西化立場的原因和目的。夏菁在評論中西文化問題時也認為，胡適和李敖在國內主張全盤西化，是一種憂慮國人安於現狀、不求進步而採取的「提壺灌頂」手法，並非真的是對中國文化失去信心。他希望可以先從國人自欺欺人、自以為是和光說不練三項缺點著手進行改革，然後才能夠促進國家和文化的進步。〔註28〕

　　綜觀此次論戰中激烈的全盤西化和反傳統言論，基本上仍是五四以後傳統與西化問題的延續，那為何會在六〇年代初的台灣重演呢？或許可將之視

〔註27〕余光中：〈迎中國的文藝復興〉，《文星》58 期，民國 51 年 8 月。頁 3～5。

〔註28〕見夏菁：〈今日三大病──從中西文化問題談起〉，《文星》60 期，民國 51 年10 月。

爲台灣社會追求現代化過程中所引爆的文化焦慮現象，但若從時代背景和知識份子的深層心理來看，在戒嚴體制的政治壓力下，以西方自由民主理念爲追求目標的自由主義知識份子，既經歷了《自由中國》組黨運動的失敗，不能在政治方面有所改革，只好表現爲《文星》以李敖爲首的「文化批判」，將意識型態的鬥爭由政治領域轉移到文化領域，以強烈攻擊傳統文化來顯示他們對現存體制的不滿。〔註29〕因爲國民黨政府所維護的傳統文化，在某一個層面上具有穩定人心與鞏固統治的作用，但也形成了較爲保守的政治作風與相應的文化觀念，《文星》對傳統文化的攻擊，便具有挑戰封閉的政治框限的象徵意義，並以西化的倡導來作爲促進國家進步的憑藉手段。

　　不過可惜的是，文化論戰進行到最後竟模糊了焦點，變質爲胡秋原狀告《文星》的訴訟官司而鬧上法院，論戰的文字品質也流於叫囂浮淺，失去了當初討論文化議題的嚴肅意義，〔註30〕使這場熱鬧的文化論戰在境界和理論上皆難超越五四的水平。就客觀的學術角度而言，「全盤西化」和「反傳統」的主張確實偏激不當，但是與其將《文星》的中西文化論戰視爲學術討論，不如說是知識份子企圖以激烈的西化言論來衝決台灣封閉的思想文化界，想要在當時保守的環境中尋找一條自由與開放的出路，以達成加速現代化的社會心理需求。只有從這個角度來看，才能突顯中西文化論戰的正面意義及《文星》所發揮的啓蒙功用。

　　《文星》是五〇年代自由主義知識份子繼《自由中國》和《文學雜誌》之後所創辦的最後一份刊物，有別於《自由中國》在政論方面的影響和《文學雜誌》對純文學價值的重視，《文星》以綜合性的文化、思想和藝術的啓蒙者自居，所涵蓋的內容更爲廣泛，不但大力提倡現代文藝，將現代文藝視爲

〔註29〕這是呂正惠的看法，他認爲「雷震組黨的失敗，宣告了台灣自由主義知識份子在政治上的暫時絕望。在這之後，他們所能進行的，就剩下『知識的批判』了。這就是六十年代中期所形成的『文星集團』的任務。」見呂正惠：〈戰後台灣知識份子與台灣文學〉，《文學經典與文化認同》，（台北：九歌出版社，民國84年4月），頁21。

〔註30〕胡秋原於民國51年（1962）9月控告《文星》與蕭孟能等人，有關這場訴訟案的經過，可以參考蕭孟能〈《文星》與胡秋原先生〉一文，刊於《文星》64期，後收於李敖所編《闡變研究與文星訟案》，李敖出版，民國54年9月。這本書搜羅了《文星》人士對此案的看法，可能較屬局內人的意見。而外界對此案也有不少評論，較爲客觀的文章可以參考劉述先：〈文化論爭的回顧與批評〉，香港《大學生活》143期，民國52年4月20日。

思想啓蒙的一環，更掀起中西文化論戰，以五四時期的西化和反傳統主張來加速社會的現代化，並以之作爲在文化領域與政治權力相抗衡的力量。雖然《文星》對傳統文化的批評是片面失當的，也造成浮誇不良的批評風氣，但是它全力引介西方新思潮，標榜自由、民主與法制的精神，對青年的知識啓蒙所貢獻的心力，以及對活絡台灣思想文化界僵硬的血脈而言，都具有不容抹煞的意義。

附錄：《文星》中西文化論戰表

文章資料 作 者	論文題目	刊物期數	出刊日期
李敖	〈播種者胡適〉	《文星》51 期	1962.1
居浩然	〈恭賀新禧〉		
胡秋原	〈超越傳統派西化派俄化派前進〉		
徐高阮	〈胡適之與「全盤西化」〉	《文星》52 期	1962.2
李敖	〈給談中西文化的人看看病〉		
鄭學稼	〈小心求證「播種者胡適」的大膽假設〉		
黃富三	〈與徐復觀先生論中西文化〉		
胡秋原	〈由精神獨立到新文化之創造〉	《文星》53 期	1963.3
徐復觀	〈過分廉價的中西文化問題〉		
李敖	〈爲「播種者胡適」翻舊帳〉		
居浩然	〈西化與復古〉	《文星》54 期	1962.4
李敖	〈我要繼續給人看看病〉		
許登源	〈從超越前進到狂妄〉		
洪成完	〈玄學英雄的狂想曲〉		
李彭齡	〈從「一無所知」「有無靈性」爲胡適先生辯誣〉		

作 者＼文章資料	論文題目	刊物期數	出刊日期
黃富三	〈「妙論」與「謬論」〉		
東方望	〈也算「微詞」〉		
孟戈	〈接過棒子來跑吧！〉		
鄭學稼	〈論白話文和白話文學的運動〉		
梁容若	〈如何奠定現代化基礎〉	《文星》55 期	1962.5
魏廷朝	〈從巴扎洛夫談起（給可敬的青年們）〉		
葉一鳳	〈漫罵不能推行西化〉		
沈國鈞	〈「文化問題」底討論與問題〉		
黃寶實	〈弭兵停戰議〉		
梁實秋	〈我對討論中西文化問題的建議〉	《文星》56 期	1962.6
	〈自信力與誇大狂〉		
包奕明	〈中國文化問題的關鍵〉		
謝劍	〈文化的基本認知與中國文化的出路〉	《文星》57 期	1962.7
楊國樞	〈中國國民性與中國科學化〉		
居浩然	〈從門德雷夫的週期表說起〉		
東方望	〈罵街式的「微詞」幫腔式的「平議」〉		
孟戈	〈鄭學稼腦袋裡的東西〉		
管東貴	〈回到文化問題的本題去！〉		
余光中	〈迎中國的文藝復興〉	《文星》58 期	1962.8
李敖	〈「文化太保」談梅毒〉		
夏菁	〈今日三大病〉	《文星》60 期	1962.10

第六章 《現代文學》與六〇年代台灣現代主義的推展

　　受到《文學雜誌》啓發而創刊的《現代文學》，是由白先勇、王文興、陳若曦、歐陽子等台大外文系的學生所籌畫的，這份刊物對六〇年代台灣現代主義文學的推展（特別是在小說方面）有著十分重要的貢獻。六〇年代的台灣有三大文學雜誌，即《現代文學》、《文學季刊》和《純文學月刊》，都是以刊登文學創作和西方文藝譯介爲主，三份刊物的作者群亦互有重疊，〔註1〕其中以《現代文學》創刊最早，維持的時間最長，在現代主義文學的推展上最旗幟鮮明，也最具有代表性。

　　《現代文學》從一九六〇年三月創刊，到一九七三年六月停刊，總共出版了五十一期，爲時將近十三年。發行之初是雙月刊的形式，十六期起變爲季刊，三十六期起又改回雙月刊，到四十六期再變爲季刊。《現代文學》跨越了整個六〇年代，它的編輯也曾數次易手，前十五期由白先勇等人負責編輯，自十六期開始則交由余光中、何欣、姚一葦，二十七期起編務交還給學成歸

〔註 1〕　《文學季刊》由尉天驄主編，創刊於 1966 年 10 月，1970 年 2 月停刊，共出版了十期，後來改名爲《文學雙月刊》出了兩期。1973 年 8 月尉天驄等人又創辦《文季季刊》，開始批判現代主義過於西化的弊端，至 1974 年 5 月停刊。1983 年 4 月再創辦《文季文學雙月刊》，1985 年 6 月停刊，文季系列的刊物壽命都未超過五年。姚一葦、陳映眞、王禎和、七等生、施叔青等人曾爲《文學季刊》撰稿人。《純文學月刊》由林海音主編，創刊於 1967 年 1 月，至 1971 年 6 月停刊，共出版五十四期，後來由學生書局接手，劉守宜任主編，到 1972 年 2 月辦了八期後停刊，總共出版六十二期，爲時五年兩個月。余光中、於梨華、陳之藩、梁實秋、張曉風、琦君、張秀亞、童眞等人的作品常見諸該刊，《文學季刊》和《純文學月刊》的作者都與《現代文學》有交集。

來的王文興,三十七期之後又由余光中、何欣、柯慶明擔任編輯至五十一期停刊。一九七七年七月,《現代文學》在遠景出版社的支持下復刊,到一九八四年五月停刊爲止,又出了二十二期。綜觀前五十一期的內容,可以了解《現代文學》在六〇年代對現代主義的引介與推展上,有哪些具體的成績。本章探討《現代文學》的創刊目的、如何引介西方現代文學並兼顧傳統的調和,以及如何在文學批評和小說、新詩、散文、戲劇創作上展開現代主義的實踐,將六〇年代的台灣現代主義文學推向了高峰。

第一節 創刊目的與西方現代文學的介紹

白先勇的回憶指出,《現代文學》創刊以及六〇年代現代主義在台灣文藝思潮中崛起,並非一個偶然現象,亦非一時標新立異的風尚,而是戰後成長起來的、處於台灣歷史轉折期的青年,受到各種社會和文化因素的刺激,認爲台灣文學需要一個新的開始,因此有志投入並推動的一場新文學運動。加上當時台灣報章雜誌作風較保守,不甚成熟而又刻意創新的作品較難被接受,白先勇等人便創辦《現代文學》來刊登志同道合的作品,要爲台灣文學創立一種新的風格。〔註2〕從《現代文學》的發刊詞中,可以看出這群年輕學子想在文學上另闢新徑的企圖:

> 我們不想在「想當年」的癱瘓心理下過日子。我們得承認落後,在新文學的界道上,我們雖不至一片空白,但至少是荒涼的。祖宗豐厚的遺產如不能善用即成進步的阻礙。我們不願意被目爲不肖子孫,我們不願意爲呼號曹雪芹之名來增加中國小說的身價,總之,我們得靠自己的努力。我們感於舊有的藝術形式和風格不足以表現我們作爲現代人的藝術情感。所以,我們決定試驗、摸索和創造新的藝術形式和風格。〔註3〕

發刊詞中還特別表明了《現代文學》對待傳統的態度是「尊重傳統,但我們不必模仿傳統或激烈的廢除傳統。不過爲了需要,我們可能做一些『破壞的建設工作』。」並且將依靠「冷靜、睿智、開明和虛心」來作爲處事的方針,這和夏濟安的《文學雜誌》對待傳統的態度及自由主義的立場可說是一

〔註2〕 見白先勇:〈「現代文學」創立的時代背景及其精神風貌〉,收入《現文因緣》,
　　　　(台北:現代文學社,民國80年12月)。
〔註3〕 《現代文學》發刊詞,《現代文學》第一期,民國49年3月,頁2。

貫相承的。同時發刊詞中也明示了刊物的工作方針，即認知到文學批評的重要性，因此決定要建立新文學的批評系統，具體做法是「我們打算分期有系統地翻譯介紹西方近代藝術學派和潮流、批評和思想，並盡可能選擇其代表作品。……對自己作家的優秀作品，我們將視環境需要而特約學者專家時撰專文討論、批評和介紹。」〔註4〕可知有計劃地翻譯引介西方文藝理論和作品，是《現代文學》的既定宗旨。

一、西方文學研究專號的製作

《現代文學》對西方作家與作品的譯介可說是不遺餘力，第一期就有高誠翻譯的〈論卡夫卡及其短篇小說〉、江森翻譯的〈卡夫卡和湯姆斯曼的運動神話〉，並由張先緒、歐陽子、石明分別譯出卡夫卡的〈判決〉、〈鄉村醫生〉和〈絕食的藝術家〉三篇小說。從第二期開始，對於西方作家作品的介紹，多以專號、專輯的形式出現，更加具有主題鮮明的特性；一直持續到第十五期，《現代文學》介紹了許多作家，總共有：

　　湯瑪斯・吳爾芙（第二期，1960 年 5 月）

　　湯姆斯曼（第三期，1960 年 7 月）

　　詹姆斯・喬艾斯（第四期，1960 年 9 月）

　　勞倫斯（第五期，1960 年 11 月）

　　維吉妮亞・吳爾芙（第六期，1961 年 1 月）

　　凱瑟琳・安・波特（第七期，1961 年 3 月）

　　費滋哲羅（第八期，1961 年 5 月）

　　沙特（第九期，1961 年 7 月）

　　尤金・奧尼爾（第十期，1961 年 9 月）

　　佛克納（第十一期，1961 年 11 月）

　　約翰・史坦貝克（第十二期，1962 年 1 月）

　　葉慈（第十三期，1962 年 4 月）

　　橫光利一（第十四期，1962 年 6 月）

　　斯特林堡（第十五期，1962 年 12 月）

《現代文學》後來得到台大外文系之助，在二十九期（1966 年 8 月）製作了「美國文學專題研究」，介紹了霍桑、亨利詹姆斯、海明威等作家作品，

〔註 4〕 《現代文學》發刊詞，頁 2。

三十期（1966 年 12 月）則是「現代西班牙文學」及「卡繆研究」，三十一期（1967 年 4 月）是「都柏林人研究」和「卡夫卡研究」。後期更有「紀德研究專號」（40 期，1970 年 3 月）、「貝克特研究專號」（41 期，1970 年 10 月）、「亨利詹姆斯專號」（42 期，1970 年 12 月）、「心理分析與文學藝術專號」（47、48 期，1972 年 6 月、11 月）等專號推出。《現代文學》這些專號研究中的作家，除了十四期的橫光利一是日本人外，其餘皆為歐美作家，且大部分都是知名的現代主義作家，也可以看到《現代文學》努力向西方文學借鑑的趨勢，而現代主義就是在這樣有系統的介紹下登陸了台灣文壇。

那麼讀者的反應如何？在第二期的〈編後〉，就說明了第一期介紹卡夫卡，已經「給自由中國的小說界帶來一陣騷動」，還指出有些讀者不懂卡夫卡，是因為較少接觸西洋現代文學，因此「我們以後將要不竭地推出作風嶄新的小說，吃驚也罷，咒罵也罷，我們非要震醒台灣文壇不可。」〔註5〕再次彰顯《現代文學》欲藉西方現代文學來刺激文壇創新的意圖。白先勇說，這些對西洋文學粗淺的入門介紹工作，對於當時的台灣文壇非常重要，有啟發作用。因為那時西洋現代文學在台灣相當陌生，像卡夫卡、喬埃思、湯瑪斯曼、福克納等西方文豪譯作都絕無僅有，喬埃思的短篇小說經典之作《都柏林人》就是由《現代文學》首先譯出。後來各出版社及報章雜誌都翻譯了這些鉅匠的作品，但開始啟發讀者對西洋現代文學興趣的，《現代文學》實是創始者之一。詩、短篇小說、戲劇、論文的譯文都有不少佳作，名譯家有何欣、朱立民、朱乃長等，台大外文系的助教學生亦功不可沒。〔註6〕

二、文學創新的使命與傳統的兼顧

在《現代文學》出刊一年後的〈現代文學一年〉文中，曾提到當時許多從事創新的青年（例如《現代文學》的作者）的共同點是：「不滿目下藝術界的衰萎」、「盡力接受歐美的現代主義，同時重新估量中國的古代藝術」、「年齡都在廿歲到卅之間」，並預言這些人「將成為中國文藝復興運動的先驅」，〔註7〕充分表露了《現代文學》對文學的抱負與使命感。〔註8〕文中並接著澄清了

〔註5〕 〈編後〉，《現代文學》第二期，民國 49 年 5 月，頁 124。
〔註6〕 見白先勇：〈「現代文學」的回顧與前瞻〉，《現文因緣》，（現文出版社編輯部，民國 80 年 12 月），頁 201。
〔註7〕 〈現代文學一年〉，《現代文學》第七期，民國 50 年 3 月，頁 4。
〔註8〕 在《現代文學》停刊前一期的〈本刊成立十三週年出刊五十期紀念〉文章中，

一般人常批評的「中國在形式上嘗試現代主義，是一種崇洋心理」的說法，提出了形式須與內容合為一體的原則，認為倘若作家能以寫實規律來描述今天的社會，也算現代主義者。但文中同時也強調形式創新的重要，《現代文學》每期空出一半篇幅介紹現代作家，正是有心讓讀者看看西洋現代文學的種類之雜與範圍之闊，開啟讀者的眼界，因此他們否認崇洋的說法。〔註9〕

其實《現代文學》雖然偏重西方現代文學的介紹與學習，但是對於中國古典文學的研究亦未忽視，例如三十三期就在台大中文系的支持下，製作了「中國古典文學研究專號」，該期前言表示：「我們不辭改變一貫著重西洋文學的路線，掉首宣介中國古典文學，其意自闡，正說明了我們對中國古典文學傳統的重視。我們竭誠希望這一期的推介能夠使中國古典文學不再僅是學院中稽首研究的『古物』，而轉成為大眾（尤其醉心現代文學的份子）品讀的蒐典。」〔註10〕四十四和四十五期則推出「中國古典小說專號」，這和柯慶明等中文系人才加入《現代文學》的編輯有關。此專號對中國古典小說從先秦到明清的發展作了全盤研究，首開台灣學界對中國古典小說的重視。〔註11〕當然和西方文學研究的專號比較起來，傳統文學研究所佔的比例不能算高，但也在某種程度上調和了《現代文學》濃厚的西方文學色彩，不致採取否定和排斥傳統文學的態度。

第二節 文學創作的成績與文學批評的建立

除了對西方現代文學的介紹外，《現代文學》最引人注目的成績是創作的豐碩。尤其是在小說創作方面，當時投稿《現代文學》的小說作者，多數都成為六、七○年代台灣知名的小說家。其次是詩的創作，另外還有散文和戲劇的創作，而戲劇在文學領域中向來是較受忽視的，《現代文學》卻在戲劇創作的部分也有所表現。再者，《現代文學》承續了《文學雜誌》對文學批評的重視，希望建立起新文學的批評系統，因此對於小說和詩等作品的評論文章

亦表明《現代文學》是為著少數「真正」喜歡現代文學以及「真正」具備欣賞水準的讀者而出刊的，並且執著於創刊初時的願望——把五四以來中國現代文學的傳統發揚光大，所以不計經費困難的支撐下來。見《現代文學》50期，民國62年5月。

〔註9〕〈現代文學一年〉，《現代文學》第七期，頁5～6。
〔註10〕見《現代文學》三十三期前言，民國56年12月。
〔註11〕見白先勇：〈「現代文學」的回顧與前瞻〉，頁203。

也不少，批評與創作互相拉抬，把現代主義的文學實踐推到了高峰。

一、小說的優異成績

夏志清曾經指出，《現代文學》培養了台灣年輕一代最優秀的作家。身為《現代文學》靈魂人物的白先勇也認為，《現代文學》最大的貢獻，在於發崛培養台灣年輕一代的小說家。他回顧《現代文學》的小說創作成績時說：

> 小說一共登了兩百零六篇，作家七十人。在六○年代崛起的台灣名小說家，跟《現代文學》或深或淺，都有關係。除掉《現文》的基本作者如王文興、歐陽子、陳若曦、及我本人外，還有叢甦、王禎和、施叔青、陳映真、七等生、水晶、於梨華、李昂、林懷民、黃春明、潛石、林東華、汶津、王拓、蔡文甫、王敬義、子于、李永平等，早已成名的有朱西寧、司馬中原、段彩華。這些作家，或發軔於《現文》，或在《現文》上登過佳作。更有一些，雖然沒有文名，而且在《現文》上只投過一兩篇，但他們的作品，有些絕不輸於成名作家，只可惜這些作家沒有繼續創作，它們的潛力，已經顯著，要不然，台灣文壇上，又會添許多生力軍。我隨便想到的有：奚淞、東方白、姚樹華、張毅、黎陽、馬健君等。〔註12〕

日後為文壇公認的台灣現代主義小說名家，都在《現代文學》上發表了不少具代表性的作品，例如：

（一）白先勇《台北人》系列

〈永遠的尹雪艷〉（24 期，1965 年 4 月）、〈一把青〉（29 期，1966 年 8 月）、〈遊園驚夢〉（30 期，1966 年 12 月）、〈歲除〉（32 期，1967 年 8 月）、〈梁父吟〉（33 期，1967 年 12 月）、〈金大班的最後一夜〉（34 期，1968 年 5 月）、〈那片血一般的杜鵑花〉（36 期，1969 年 1 月）、〈思舊賦〉（37 期，1969 年 3 月）、〈滿天裡亮晶晶的星星〉（38 期，1969 年 7 月）、〈孤戀花〉（40 期，1970 年 3 月）、〈冬夜〉（41 期，1970 年 10 月）、〈花橋榮記〉（42 期，1970 年 12 月）、〈國葬〉（43 期，1971 年 5 月）

（二）王文興

〈玩具手槍〉（1 期，1960 年 3 月）、〈母親〉（2 期，1960 年 5 月）、〈日

〔註12〕見白先勇：〈「現代文學」的回顧與前瞻〉，頁 201～202。

曆〉（4 期，1960 年 9 月）、〈最快樂的事〉（5 期，1950 年 11 月）、〈大地之歌〉
（6 期，1961 年 1 月）、〈草原底盛夏〉（8 期，1961 年 5 月）、〈兩婦人〉（10
期，1961 年 9 月）、〈大風〉（11 期，1961 年 11 月）、〈海濱聖母節〉（16 期，
1963 年 3 月）、〈命運的跡線〉、〈寒流〉（17 期，1963 年 6 月）、〈欠缺〉（19
期，1964 年 1 月）、〈黑衣〉（20 期，1964 年 3 月）、〈龍天樓〉（27 期，1966
年 2 月）

（三）七等生

〈隱遁的小角色〉（19 期，1964 年 1 月）、〈讚賞〉（20 期，1964 年 3 月）、
〈綢絲綠巾〉（22 期，1964 年 10 月）、〈獵槍〉（23 期，1965 年 2 月）、〈初見
曙光〉（25 期，1965 年 7 月）、〈來到小鎮的亞茲別〉（26 期，1965 年 11 月）、
〈牌戲〉（27 期，1966 年 2 月）、〈女人〉（28 期，1966 年 5 月）、〈夜聲〉（28
期，1966 年 5 月）、〈六個短篇〉（41 期，1970 年 10 月）、〈絲瓜布〉（43 期，
1971 年 5 月）、〈無葉之樹〉（51 期，1973 年 9 月）

（四）歐陽子

〈半個微笑〉（2 期，1960 年 5 月）、〈牆〉（4 期，1960 年 9 月）、〈網〉（6
期，1961 年 1 月）、〈木美人〉（10 期，1961 年 9 月）、〈蛻變〉（12 期，1962
年 1 月）、〈浪子〉（20 期，1964 年 3 月）、〈約會〉（21 期，1964 年 6 月）、〈近
黃昏時〉（26 期，1965 年 11 月）、〈美蓉〉（29 期，1966 年 8 月）、〈最後一節
課〉（31 期，1967 年 4 月）、〈魔女〉（33 期，1967 年 12 月）、〈素珍表姐〉（36
期，1969 年 1 月）、〈秋葉〉（38 期，1969 年 7 月）

（五）陳若曦

〈巴里的旅程〉（2 期，1960 年 5 月）、〈收魂〉（3 期，1960 年 7 月）、〈辛
莊〉（5 期，1960 年 11 月）、〈喬琪〉（7 期，1961 年 3 月）、〈最後夜戲〉（10
期，1961 年 9 月）、〈婦人桃花〉（14 期，1962 年 6 月）

（六）叢甦

〈盲獵〉（1 期，1960 年 3 月）、〈二十世紀〉（7 期，1961 年 3 月）、〈攸
里賽斯在新大陸〉（8 期，1961 年 5 月）、〈白色的網〉（10 期，1961 年 9 月）、
〈瓷馬〉（36 期，1969 年 1 月）、〈蝶的悲喜劇〉（37 期，1969 年 3 月）

可以看到白先勇、王文興、七等生、歐陽子是小說發表數量較多的幾位；
另外還有王敬羲、於梨華、施叔青、李昂（鹿城故事系列）、東方白等人的小

說，也常見於《現代文學》。而鄉土作家的早期創作如王禎和的〈鬼‧北風‧人〉、〈永遠不再〉、〈快樂的人〉，陳映真的〈將軍族〉、〈淒慘無言的嘴〉、〈一綠色之候鳥〉、〈獵人之死〉、〈兀自照耀著的太陽〉，黃春明〈甘庚伯的黃昏〉、王拓〈祭壇〉也都發表於《現代文學》，因此《現文》的確如白先勇所說，是培養台灣新一代作家的園地。

　　一九七四年《現代文學》停刊以後，歐陽子特別從五十一期的《現文》中，挑選出三十三篇小說佳作，編輯成《現代文學小說選集》，可以代表六〇年代台灣短篇小說的優秀典例。其中有早已成名的作家最好的作品，如朱西寧的〈鐵漿〉；有受存在主義影響而產生的第一篇探討人類生存困境的小說，如叢甦的〈盲獵〉；有陳映真的人道主義作品〈將軍族〉；鄉土寫實的作品如王禎和〈鬼‧北風‧人〉、黃春明〈甘庚伯的黃昏〉；還有許多文名不盛的作家的精品，如奚淞〈封神榜裡的哪吒〉、黎陽〈譚教授的一天〉、東方白〈□□〉、姚樹華〈天女散花〉。這三十三篇作品的主題豐富而技巧各異，白先勇有相當精闢的評論。他說：

> 綜觀選集中三十三篇作品，主題內容豐富而多變化，有研究中國文化傳統之式微者，如〈鐵漿〉、〈遊園驚夢〉；有描寫台灣鄉土人情者，如〈鬼‧北風‧人〉、陳若曦的〈辛莊〉、林懷民的〈辭鄉〉、嚴的〈塵埃〉；有刻劃人類內心痛苦寂寞者，如水晶的〈愛的凌遲〉、歐陽子的〈最後一節課〉；有研究人類存在基本困境者，如〈盲獵〉、〈封神榜裡的哪吒〉、施叔青的〈倒放的天梯〉。有人生啟發故事（initiation stories），如王文興的〈欠缺〉；有讚頌人性尊嚴者，如〈將軍族〉、〈甘庚伯的黃昏〉。還有描述海外中國人的故事，如於梨華的〈會場現形記〉、吉錚的〈偏春〉。三十三位作家的文字技巧，也各有特殊風格，有的運用寓言象徵，有的運用意識流心理分析，有的簡樸寫實，有的富麗堂皇，將傳統溶於現代，借西洋採入中國，其結果是古今中外集成一體的一種文學。這就是中國台灣六〇年代的現實，縱的既繼承了中國五千年沉厚的文化遺產，橫的又受到歐風美雨猛烈的衝擊。我們現在所處的，正是中國幾千年來文化傳統空前劇變的狂飆時代，而這批在台灣成長的作家亦正是這個狂飆時代的見證人。目擊如此新舊交替多變之秋，這批作家們，內心是沉重的、焦慮的。求諸內，他們要探討人生基本的存在意義，我們的傳統價值，已無

法作爲他們對人生信仰不二法門的參考，他們得在傳統的廢墟上，
每一個人，孤獨的重新建立自己的文化價值堡壘。因此，這批作家
一般的文風，是內省的、探索的、分析的；然而行諸外，他們的態
度則是嚴肅的、關切的，他們對於社會及社會中的個人有一種嚴肅
的關切，這種關切，不一定是五四時代作家那種社會改革的狂熱，
而是對人一種民胞物與的同情與憐憫——這，我想是這個選集中那
些作品最可貴的特質，也是所有偉大文學不可或缺的要素。〔註13〕

　　這個小說選集代表了《現代文學》小說創作成績的精華，這些作品融合
了傳統與現代，以嚴肅的內省方式探究人生存在的意義，試圖建立與舊時代
不同的新價值觀，是戰後台灣文學在小說上第一次實驗的豐收。

　　另外在《現代文學》中，還刊登了不少對這些短篇小說的批評文章，例如
夏志清就寫了〈白先勇論（上）〉，分析白先勇早期小說的主題類型和作者的同
性戀傾向。〔註14〕顏元叔則寫〈白先勇的語言〉，評論台北人系列的八個短篇
小說的語言運用，肯定他全知觀點敘事下深刻的嘲諷語言，以及化文言爲白話
與揉合文白的語言創新貢獻。〔註15〕於梨華也寫了〈白先勇筆下的女人〉，論
析玉卿嫂、尹雪艷、李彤、金兆麗等白先勇所塑造的生動女性形象。〔註16〕顏
元叔接著又寫〈筆觸・結構・主題——細讀於梨華〉，批評於梨華四個短篇小
說在筆觸描寫上的粗糙，以及作者操弄結構的刻意。〔註17〕林以亮寫〈於梨華
的「友誼」〉，則認爲這個中篇小說的結構謹嚴，譬喻成功，且富於冷嘲和不可
逃避的宿命論。〔註18〕葉維廉寫〈聶華苓的失去的金鈴子〉（17 期，1963 年 6
月）、〈現代中國小說的結構〉（33 期，1967 年 12 月）、〈水綠的年齡之冥想—
—論王文興「龍天樓」以前的作品〉（34 期，1968 年 5 月）、〈弦裡弦外——兼
論王敬羲小說裡的雕塑意味〉（35 期，1968 年 11 月），除各別專論聶華苓、王
文興和王敬羲的小說外，在〈現代中國小說的結構〉裡，他特別把小說的結構
分成「主題的結構」和「語言的結構」，認爲好的小說必須兩種結構互相依存

〔註13〕見白先勇：〈「現代文學」的回顧與前瞻〉，頁 206～207。
〔註14〕夏志清：〈白先勇論（上）〉，《現代文學》39 期，民國 58 年 12 月，頁 1～15。
〔註15〕顏元叔：〈白先勇的語言〉，《現代文學》37 期，民國 58 年 3 月，頁 137～145。
〔註16〕於梨華：〈白先勇的語言〉，《現代文學》37 期，頁 146～152。
〔註17〕顏元叔：〈筆觸・結構・主題——細讀於梨華〉，《現代文學》38 期，民國 58
　　　　年 7 月，頁 135～147。
〔註18〕林以亮：〈於梨華的「友誼」〉，《現代文學》38 期，頁 122～134。

平衡，始能達到藝術的完整性，並舉了陳映眞、張愛玲、白先勇、王文興、王敬羲、司馬中原、於梨華等多位作家的小說來當例子。〔註19〕還有葉珊寫〈探索王文興小說裡的悲劇情調〉（32 期，1967 年 8 月），姚一葦寫〈論黃春明的「兒子的大玩偶」〉，雷驤寫〈「僵局」之凝聚及其解脫〉，高全之寫〈由幾個形構學觀點論歐陽子〉（俱見 48 期，1972 年 11 月），都是以當代台灣作家的小說作品來進行實際的批評分析，比起外國作品評論的譯文來得更有親近感，甚至同一篇作品有不同評論者兩極化的評價出現，除了可讓讀者了解現代小說的閱讀方式，亦可藉由各種評價來開啟更多的思考空間。

二、詩、散文和戲劇的成績

《現代文學》雖然以短篇小說的創作成績最爲突出與可觀，但是在詩、散文和戲劇創作的部分也同樣有所表現。新詩創作與評論的成績不下於小說，散文創作則不及小說和詩般富於技巧變化，因此較爲平實。值得注意的是劇本創作的成績，雖然數量有限，但也代表《現代文學》對現代戲劇的重視與提倡。

（一）新詩的創作與評論

在文學的領域中，新詩一直是最具有特殊性和前衛性的文類，因其格外講求語言和形式的錘鍊，故最易接受來自西方的文藝觀念和技巧的洗禮，成爲文學革命的先鋒，戰後台灣的現代主義文學運動，就是由詩壇率先發起的。而詩人也較爲熱衷結社及創辦詩刊的行爲，例如「現代詩」、「藍星」和「創世紀」，就是五〇年代前期組成的三大詩社，各有詩刊發行。在專業性的詩刊之外，詩人也常投稿其他報刊，《現代文學》亦是這些詩人發表作品的園地。白先勇說：「《現代文學》的現代詩，成就亦甚可觀，有兩百多首，舉凡台灣名詩人，一網打盡。藍星、創世紀、笠、星座等等各大詩社的健將全部在《現文》登過場，還有許多無黨無派的後起之秀。」〔註20〕

從《現代文學》發表的詩作來看，曝光率最高的是藍星詩人，有余光中、方莘、周夢蝶、張健、敻虹、王憲陽、夏菁、羅門、蓉子、溫健騮、向明、商略（唐劍霞）、阮囊；創世紀詩人有葉維廉、辛鬱、洛夫、張默、梅新、管

〔註19〕葉維廉：〈現代中國小說的結構〉，《現代文學》33 期，民國 56 年 12 月，頁189～203。
〔註20〕見白先勇：〈「現代文學」的回顧與前瞻〉，頁 202。

管、商禽；現代詩社有鄭愁予、錦連；六〇年代興起之笠詩社有杜國清、桓夫、施善繼和原為現代詩社的白萩；星座詩社有淡瑩、王潤華、翱翱；另外還有葉珊、林湖（林耀福）、戴天、潛石（鄭恆雄）、邱剛健、蘇紹連、羅青、非馬等人，都在《現代文學》發表過詩作，幾乎將當時各詩社的主要詩人都一網打盡，作品內容和風格亦多采多姿。

其中發表數量最多的當數余光中，《現代文學》第一期就刊出余光中的詩作〈坐看雲起時〉，這是雜誌創辦之初，王文興登門請余光中支援的稿件。此後一直到《現代文學》停刊，余光中都是該刊常見的詩人，不但主持過《現代文學》的編務，在最後一期（五十一期）上亦發表了〈樓頭〉等四首作品，堪稱有始有終。〔註21〕而余光中的長篇力作〈天狼星〉，長逾六百行，刊於《現代文學》第八期（1961 年 5 月），就獨佔了三十六頁，約為該期三分之一的篇幅。這首長詩還引出了洛夫於《現代文學》第九期寫的〈天狼星論〉（1961 年 7 月），批評該詩不符現代主義的創作原則，余光中因而與洛夫論戰，也告別了他個人在詩創作上的現代主義時期。除余光中之外，葉珊、潛石、杜國清、葉維廉等人，都是在《現代文學》發表詩作數量較多的詩人。

至於新詩的評論方面，洛夫的〈天狼星論〉引發了與余光中的論戰而成為重要的詩論；其他的詩論還有張健評蓉子的〈評「七月的南方」〉（12 期，1962 年 1 月）以及〈評羅門的「第九日的底流」〉（20 期，1964 年 3 月）；杜國清評桓夫的〈寫在密林詩抄之後〉（16 期，1963 年 3 月）；鍾燕玲的〈余光中的「火浴」〉（32 期，1967 年 8 月）；吳達芸的〈評析周夢蝶的「孤獨國」〉（39 期，1969 年 12 月）；蘇其康的〈評瘂弦的「深淵」〉（40 期，1970 年 3 月）。

值得注意的是楊牧（葉珊）於四十六期策劃的「現代詩回顧專號」（1972 年 3 月），對台灣過去二十年現代詩的發展成長，作了一個大規模的回顧展。專號中集合了商禽、阮囊、辛鬱、鄭愁予、梅新、溫健騮、白萩、葉維廉、蓉子、余光中、管管、羅青、蘇紹連、洛夫、羅門、楊牧、張默的詩作，陣容甚為浩大；在三大詩社的歷史回顧方面，有余光中為藍星詩社寫的〈第十七個誕辰〉、楊牧的〈關於紀弦的現代詩社和現代派〉、張默的〈「創世紀」的發展路線及其檢討〉。另有顏元叔的〈對於中國現代詩的幾點淺見〉，指出現代詩在形式、結構、意象語的經營尚有努力空間，並希望現代詩徹底擺脫文言文痕跡，且不必拘執於某種題材（如死亡）的創作。最後還有兩篇資料性

〔註21〕見余光中：〈一時多少豪傑──淺述我與現文之緣〉，《現文因緣》，頁 29～30。

的文章〈自由中國詩集目錄彙集〉和〈中國現代詩作者資料彙編〉，對於戰後以來出版的詩集和詩人背景作了蒐錄和簡介。白先勇說：「這種兼容並蓄的現代詩回顧展，在台灣當時，好像還是首創。」〔註22〕而且有助於讀者對現代詩發展歷史的全面了解，以及相關詩人和詩集資料的查證。

（二）散文和戲劇的表現

　　與現代小說和現代詩比較起來，散文的題材較繁雜瑣碎，也不特別講求形式和表現技巧，因此無明顯受到現代主義的影響，《現代文學》的散文創作也不如小說和詩的數量多，亦未形成明確的體系。在《現代文學》發表的散文，有劉大任的〈散文三章〉（18 期，1963 年 9 月）、〈無門關外〉（23 期，1965 年 2 月）、〈面北的窗〉（24 期，1965 年 4 月）；張曉風的〈初綻的詩篇〉（36 期，1969 年 1 月）、〈不是遊記〉（39 期，1969 年 12 月）；黑野的〈新兵手記〉（34 期，1968 年 5 月）、〈風聲與燭焰〉（37 期，1969 年 3 月）、〈噢！暮春〉（39 期，1969 年 12 月）、〈還鄉〉（42 期，1970 年 12 月）、〈詩人與葵花〉（51 期，1973 年 9 月）；李渝的〈四個連續的夢〉（21 期，1964 年 6 月）、〈彩鳥〉（26 期，1965 年 11 月）；也斯的〈散文六則〉（43 期，1971 年 5 月）；郭楓〈灘〉（44 期，1971 年 9 月）等等作品，內容多屬哲思與生活雜感之範疇。詩人和小說家也偶有散文之作，如葉維廉〈渴睡〉（15 期，1962 年 12 月）；杜國清〈復活〉（18 期，1963 年 9 月）；葉珊〈綠湖的風暴〉（20 期，1964 年 3 月）；余光中〈下游的一日〉（36 期，1969 年 1 月）；聶華苓〈女作家〉（16 期，1963 年 3 月）、〈蜻蜓及停屍間〉（17 期，1963 年 6 月）；東方白〈老樹，麻雀與愛〉（19 期，1964 年 1 月）等等。

　　最後要提到《現代文學》在現代戲劇方面的表現成績。戲劇的文學形式是以劇本創作的姿態出現，通篇以人物對話為主，必須透過實際演出才能獲得生動的效果，因此在純粹的閱讀趣味上不如詩、散文和小說來得高，一般文學刊物亦較少刊登劇本。《現代文學》最重要的劇本作者當推姚一葦，他擔任《現代文學》的編輯之後，也特別注意戲劇的介紹並加以提倡。他在《現代文學》發表的劇本有〈來自鳳凰鎮的人〉（16 期，1963 年 3 月）、〈孫飛虎搶親〉（26 期，1965 年 11 月）、〈一口箱子〉（49 期，1973 年 2 月），在復刊號上亦持續有劇作發表。〔註23〕

〔註22〕見白先勇：〈「現代文學」的回顧與前瞻〉，頁 202。
〔註23〕如〈傅青主〉發表於《現代文學》復刊號第三期，民國 67 年（1978 年）3 月：

　　姚一葦早期的作品並沒有超出三、四○年代話劇的模式，〔註24〕到了〈一口箱子〉才寫出了跟前人作品極不類同的現代意味。馬森就指出〈一口箱子〉的意涵和人物含有荒謬劇的影子，特別容易使人聯想到貝克特的〈等待果陀〉，他並引用黃美序的話說：「事實上〈一口箱子〉第一場的景，就很像〈等待果陀〉的景：一條鄉間的小路、斜坡和一棵樹。不過姚沒有指出這棵樹的樣子。老大和阿三有點像哥哥、弟弟。但是，當戲開始進行後，在人物的外型及處境上，更像史坦白克的〈鼠與人〉……但是這些類似點都只是表面的，就如俞先生所指出的，姚一葦有他自己的思想，〈一口箱子〉有多層面的諷刺。」〔註25〕〈一口箱子〉是姚一葦訪美歸來後的作品，應是受了美國當代劇場的衝擊。姚氏本人除劇作之外，對美學與文學批評也相當在行，熟知西方現代思想與文藝潮流，在《現代文學》發表過許多談論現代藝術的文章。〔註26〕

　　在西方劇作家和劇本的譯介方面，《現代文學》曾翻譯過尤金・伊歐尼斯柯著名的劇本〈禿頭女高音〉（19期，1964年1月），也製作過「貝克特研究專號」（41期，1970年10月），翻譯了〈等待果陀〉劇本，介紹了該劇簡化人物與動作、打破傳統格局的主題和意義所創造的新劇形式，並以等待永不來臨的果陀象徵人類存在處境的荒謬。尤金・伊歐尼斯柯和貝克特都是五、六○年代盛行於西方的「荒謬劇場」代表作家，他們受到存在主義哲學的影響，把人生視爲荒謬無意義的，認爲語言是無力的，溝通是不可能的，因而放棄傳統的戲劇形式，以符號式的人物及錯亂不合邏輯的對話，來顯示人的不具個性及人與人間的無能溝通，〔註27〕這是現代戲劇對十九世紀以來寫實主義戲劇的反動。從十九世紀末到二十世紀中，反寫實的戲劇運動從象徵主義戲劇、表現主義戲劇、史詩劇場到荒謬劇的出現，已經成爲現代人生視境

　　　　　〈我們一同走走看〉發表於復刊號第七期，民國68年（1979年）3月；〈左伯桃〉發表於復刊號第十期，民國69年（1980年）3月。
〔註24〕中國戲劇自五四運動以來，開始全力向西方學習，從傳統京劇的改良到引進當時西方盛行的寫實劇場，寫實主義便成爲中國現代劇模仿和學習的對象，在演出的形式上（舞台設計、服裝、化妝、表演方法等）力求寫實，並產生了以貌似寫眞爲主流的中國話劇運動。見馬森：《西潮下的中國現代戲劇》，（台北：書林出版社，民國83年10月），頁11。
〔註25〕見馬森：《西潮下的中國現代戲劇》，頁263～264。
〔註26〕姚一葦從《現代文學》十七期到二十六期止，發表了十來篇的現代藝術論文如：〈論嚴肅〉、〈論意念〉、〈論模擬〉、〈論象徵〉、〈論對比〉、〈論和諧〉、〈論完整〉、〈論風格〉。
〔註27〕見馬森：《西潮下的中國現代戲劇》，頁236。

的獨特反映形式。六○年代的台灣正全力向歐美的社會文化學習，因此在戲劇創作上也受到西方現代戲劇的影響，進入了自五四以來的二度西潮，開始走出三、四○年代的傳統話劇模式，姚一葦、張曉風、黃美序、馬森就是六○至七○年代受西方劇場影響而從事新戲創作的代表，他們也為八○年代的小劇場作了開路的工作。〔註28〕一九八二年，白先勇的小說〈遊園驚夢〉亦被改編成舞台劇演出，並脫離了傳統話劇的形式，在當時引起很大的轟動。

　　《現代文學》是台灣六○年代引介和創作現代主義文學最重要也是最有代表性的文學刊物。它直接受到夏濟安《文學雜誌》的啟發，在現代小說的創作上展現了令人矚目的成績；在現代詩的創作上則由藍星、創世紀、現代詩社、笠、星座詩社的人們盡情發揮；在散文與戲劇的創作上雖然數量不多，但是也具有一定的水準，尤其是對現代戲劇的重視，使得《現代文學》也成為台灣現代戲劇的推廣園地之一。〔註29〕而《現代文學》在西方文學家和作品的翻譯介紹上所製作的大量專號，以及評論家們以實際的批評文章論述現代文學作品的方式，都對六○年代台灣現代主義的推展起了很大的作用，形成理論介紹和創作互相輝映的局面，從而開展了戰後台灣文學史上現代主義文學的顛峰期。

〔註28〕　小劇場在李曼瑰、姚一葦等人的提倡下，到 1980 年「蘭陵劇坊」成立，演出實驗劇作「荷珠新配」才蔚為風潮，此後台灣出現了眾多的當代小劇場，例如「屏風表演班」、「果陀劇場」、「表演工作坊」、「方圓劇團」、「當代傳奇劇場」等等。這些小劇場多半都是在資料暢達後歐美當代劇場的風潮影響下，或是在近年留學歐美的戲劇學者直接指導下，重新探索中國舞台劇的可能，與過去前期的話劇形貌已大異其趣了。見馬森：《西潮下的中國現代戲劇》，頁 14～15。

〔註29〕　除《現代文學》之外，1965 年，一批台灣留法的同學創辦了《歐洲雜誌》，另一批熱中戲劇與電影的台灣青年創辦了《劇場》，這三份雜誌對西方的現代主義和存在主義的介紹都不遺餘力，歐美戰後的戲劇新潮流如存在主義戲劇、荒謬劇場、史詩劇場、殘酷劇場、生活劇場等從此漸漸傳入台灣，擴大了年輕一代劇作家的視野，馬森稱這種現象是中國現代戲劇的二度西潮。見其所著《西潮下的中國現代戲劇》；《二十世紀中國新文學史》第二十四章「反共戲劇與新戲劇的興起」，（台北：駱駝出版社，民國 86 年），頁 342。

第七章　台灣現代詩運動的興起與發揚

　　紀弦於五〇年代中期在台灣發起的現代詩運動，是戰後台灣文壇第一個引燃的現代主義火種。這個運動得到以「藍星」詩人為主力的現代詩論戰的助威，還有提倡超現實主義的「創世紀」詩人在後期的加盟，成為由三大詩社共同推動的台灣新詩現代主義化運動。這個運動號稱是「新詩的再革命」，主要是延續著大陸五四時期新詩的發展而來。胡適在五四時期提倡白話詩和自由詩，打破了詩在語言和形式上的束縛，是新詩的一次重大革命。但是白話詩在語言和形式上因太過自由，又衍生出不少缺點，於是有許多改良的方法出現，在二、三〇年代風起雲湧的詩派中，詩人們借助了西洋文學技巧來提昇新詩的素質。例如新月派以徐志摩、聞一多為代表的格律詩、還有從李金髮到以戴望舒為代表的現代詩派之象徵詩，都可視為五四時期新詩革命以來不可或缺的實驗。

　　國民黨政府遷台之後，紀弦於一九五六年成立「現代派」，上承三〇年代大陸的現代詩派，並且以「新詩的再革命」為己任，對五四以來的新詩作再革命的工作。紀弦感到反共戰鬥詩在題材上的侷限，對詩與歌不分和傳統抒情式的創作手法也不滿意，更認為當時詩壇流行的格律詩是落伍的，因此他提倡自由詩，反對格律詩，認為格律詩只是模仿舊的西洋詩形，算不上新，乃是白話詩的反動。紀弦並進而追求「新詩的現代化」，即「新詩的現代主義化」，〔註 1〕希望對新詩的題材、形式和創作手法上有所革新。紀弦提倡的現

〔註 1〕關於紀弦的「新詩再革命」，可參考《現代詩》13 期的社論：〈戰鬥的第四年，新詩的再革命〉，民國 45 年 2 月。另外紀弦在許多回顧文章中也曾一再說明他的「新詩再革命」的內容與主張，例如〈現代詩在台灣〉、〈何謂現代詩〉、〈新詩之所以新〉、〈關於台灣的現代詩〉，見《千金之旅：紀弦半島文存》，（台北：文史哲出版社，民國 85 年 12 月）。

代詩運動，得到了台灣本土詩人林亨泰在日治時期所吸收的現代詩論的幫助，台灣本土與大陸現代詩的傳承自此合流。

其實格律詩作爲新詩發展的初步成果，在新形式的建立方面是有貢獻的。提倡格律詩的《新月》，因具有自由主義色彩，重視民主和人權，主張文學的自由，後來和同樣主張創作自由的大陸現代派一樣，都遭受到左翼作家的圍攻。不過在新詩的創作上，大陸現代派是反對新月派的格律主張的。來到台灣以後，在新詩革命中完成了形式建立的新月派格律詩，在紀弦號召的新詩再革命的口號下，再度成爲被「革命」和「超越」的對象。而這場由紀弦「現代派」發其端的現代詩運動，隨後遭到了「藍星」詩人的質疑，引爆了五〇年代一場現代詩論戰，「藍星」在論戰中接受了現代詩的洗禮，成爲另外兩場現代詩論戰中捍衛現代詩的主力。「創世紀」也由原本反對現代詩的立場，轉而投入現代詩陣營並大力提倡超現實主義，形成六〇年代台灣現代主義詩潮的高峰。本章探討從五四時期胡適的新詩革命發展到紀弦在台灣提倡新詩現代化的歷程，並分析三大詩社在台灣現代詩運動推行中所起的作用及影響，以明現代詩人對五〇到六〇年代台灣新詩在藝術改造上的貢獻。

第一節 「現代派」與新詩的再革命

一、五四時期新詩革命的展開

（一）白話詩和自由詩的產生與發展

新詩的名稱，是相對於中國舊詩而言的。自五四新文化運動全面提倡白話文學以來，胡適便鼓吹以白話文寫新詩，作爲白話文學實驗之可能。早在同光年間黃遵憲、譚嗣同、梁啓超等人已有「詩界革命」的志願，雖未成功，卻在口語入詩的觀念上帶給民初新詩很大的影響，但是尚未對舊詩的格律有所異議。到了胡適，在提倡以白話寫詩之餘，還認爲須打破舊詩的格律與形式，才能表達新的內容和精神，因此主張「詩體的大解放」，〔註2〕廢除五言七言的格式、平仄與押韻，以語氣自然和用字和諧來表現詩的音節。詩之所

〔註2〕見胡適：〈談新詩〉，原載1919年11月《新潮》二卷二號，後收於胡適編選《中國新文學大系‧建設理論集》，（台北：業強出版社，民國79年3月），頁295。

以作爲一種獨特的文學類型，正是在於它的規律形式，將之打破而成爲一種
完全自由的狀態，不能不說是一項全新的嘗試。這是中國新詩的第一次革命，
在語言上，由文言文變成白話詩，在形式上，由格律變成了自由詩，所以白
話詩和自由詩是新詩最先出現的類型。一九一七年二月的《新青年》上，胡
適發表了白話詩八首，一九一八年一月，又刊登了胡適、沈尹默、劉半農的
白話詩九首，一九二〇年三月胡適出版第一本白話詩集《嘗試集》，代表了新
詩實驗的成績。

　　受到西方自由詩的影響，這個時期的新詩除了形式自由外，胡適並提倡
樂觀主義和說理的風氣，強調應以現實經驗爲主題，同時因爲人道主義文學
的盛行，對於社會被壓迫者的關懷與描寫，使新詩的內容與精神有所擴張和
提昇。〔註3〕另外還有創造社受到德、英、法詩人影響所偏向的浪漫主義作風，
以自我表現和主觀情緒的抒發爲主要創作原則，用自我人格的眞實流露，表
現人格獨立與個性的自由，例如郭沫若的詩集《女神》，充滿熱烈的呼喊與奔
放的感情，頗能充分體現詩體解放後的形式自由和情感宣洩。但是新詩的缺
點也隨之顯現，例如一開始作品仍然無法完全擺脫舊詩詞的痕跡，胡適的詩
就有「小腳的放大」之譏，而且新詩口語化的結果，變得文字淺白、缺乏意
境，加上創造社的詩，後來因過分宣洩感情而流於感傷主義，造成新詩在感
情表達上的漫無節制與氾濫。又因形式不拘，不重音節與押韻，使得新詩便
趨散文化，模糊了詩與散文的界線，成爲「散文的分行」，散漫而無組織，「詩
質」淡薄，缺少藝術的美感。因此針對白話詩在語言和意境方面的不足，而
有象徵詩的出現。至於形式的過於自由，以致文句散漫、缺少音韻，則有新
月派的格律詩之提出。

（二）格律詩與「新月派」的貢獻

　　對於新詩格律的要求，可以說是隨著自由詩自然發展所產生的缺陷而起
的。自由詩廢除韻腳，連帶使詩喪失音樂性和節奏感，與散文無異；又由於
毫無限制，下筆容易草率散漫，也助長了感傷主義的濫感。早期劉半農已有
「重造新韻」的主張，稱得上是格律詩的先驅，陸志韋提倡「有節奏的自由
詩」和「無韻體」，是第一個有意實驗種種體製、想創新格律之人。〔註4〕到

〔註3〕參考朱自清在《中國新文學大系・詩集》的導言，朱自清編選，（香港：香港
　　　　文學研究社，民國57年）。
〔註4〕朱自清《中國新文學大系・詩集》導言，頁6。

了徐志摩主編北京《晨報・詩鐫》副刊,格律詩的理論和體製才算完成,從一九二五年四月創刊起,《詩鐫》便以新格式的製造爲努力目標,聞一多、饒孟侃、朱湘、孫大雨等人紛紛發表有關格律詩的理論和創作,爲新月派格律詩正式奠基,新月派也眞正成爲一個詩派。在此之前,新月派的前身「新月社」,只是一九二三年由徐志摩、胡適、梁實秋在北京成立的具有俱樂部性質和編演戲劇的團體。

《詩鐫》最重要的格律理論,是聞一多〈詩的格律〉,也是新月派詩歌理論的代表。他指出詩和口語的不同在於詩的節奏,也就是格律,並認爲:

> 恐怕越有魄力的作家,越是要戴著腳鐐跳舞才跳得痛快,跳得好。
> 只有不會跳舞的才怪腳鐐礙事,只有不會做詩的才感覺得格律的束
> 縛。對於不會做詩的,格律是表現的障礙物;對於一個作家,格律
> 便成了表現的利器。〔註5〕

既然重新肯定格律的重要,他主張用音尺產生調和的音節與字句,來形成所謂詩的節奏,又提出詩的「三美」說——即應符合音樂美(音節)、繪畫美(詞藻)和建築美(節的勻稱和句的均齊)。他一再聲明新詩的格律不同於律詩,因爲可依不同內容創造適合的格式,不是固定的而是變化無窮的,他的〈死水〉便是格律詩的典型。而且有了形式的約束,感傷主義式的濫情亦可獲得節制。仿自西洋詩體的格律詩,在提出之初是被視爲進步的,使新詩從漫無章法發展出一套具體可行的規範,在新形式的建立上有了初步成績。

新月派詩人如徐志摩、聞一多等人的格律詩實驗,賦予新詩格式和韻律之美、使其容易入樂而歌,形式的多樣變化也利於情感的表達,產生了不少優美的抒情詩,皆爲其主要特色。〔註6〕但是在音韻、節奏和格律上模仿西洋詩體,過於勻稱整齊的詩形,則又招致「方塊詩」與「豆腐乾體」之譏,被指爲形式主義的復活,成爲後來現代派所討伐的對象。其實從白話詩和自由詩發展到格律詩,是新詩在形式實驗方面從破壞到建設的必要過程,有了形式的規範,才有後來的揚棄與超越形式的可能。侯健說新月派「上承自由詩、下開現代詩,訓練和影響了不少詩人,眞正擔任了承先啓後的工作。」〔註7〕

〔註5〕 〈詩的格律〉原發表於民國 15 年 5 月 13 日《詩鐫》,收入朱自清等編《聞一多全集》第三集,(台北:里仁書局,民國 89 年 1 月),頁 247。

〔註6〕 邱燮友:〈新詩的面貌及其類型〉,《中國現代文學理論季刊》第二期,民國 85 年 6 月,頁 237。

〔註7〕 侯健:〈梁實秋與新月及其思想與主張〉,頁 92。

應是中肯之論。

新月派最具體的成績是一九二八年創辦於上海的《新月》雜誌，除了繼續《詩鐫》的格律理論，大量進行格律詩的試驗改良之外，胡適、羅隆基的自由主義政論和梁實秋的新人文主義文學評論也相當具有代表性。新月的成員多是留學英美的自由主義知識份子，「各有各的思想路數，各有各的研究範圍，各有各的研究方式，各有各的職業技能。彼此不需標榜，更沒有依賴」，〔註8〕講求的是個人自主性的表現。在《新月》二卷六、七期合刊的敬告讀者中，指出了新月同仁思想雖各異，但根本精神和態度有幾點相同，即都信仰思想自由和言論出版自由、保持容忍的態度，並且喜歡穩健的合乎理性的學說。〔註9〕這種自由主義的精神，表現在胡適、羅隆基等人的政論上，就是批評國民黨的訓政體制、鼓吹民主憲政並提倡人權。而梁實秋在政治上傾向自由主義，在文學評論上則傾向新人文主義的文藝觀，主張文學的內容應是基本普遍的人性，重視理性原則，反對假的人道主義和感傷的浪漫主義，所以他批評創造社作家的頹廢濫感，〔註10〕也不認同左翼作家的階級觀與革命文學，而與左翼作家彭康、馮乃超、魯迅等人展開了論戰。《新月》受到左翼作家的圍攻，正是起自徐志摩在《新月》發刊詞〈新月的態度〉中，反對種種頹廢傷感與狂熱偏激，希望建立「健康」、「尊嚴」的文學，還有梁實秋於《新月》發表〈文學的紀律〉、〈文學與革命〉、〈文學是有階級性的嗎〉、〈所謂文藝政策者〉、〈文學與大眾〉等一系列的文章。〔註11〕

〔註8〕 梁實秋：〈憶「新月」〉，《梁實秋自選集》，（台北：黎明文化出版社，民國64年5月），頁317。

〔註9〕 轉引自〈梁實秋與新月及其思想與主張〉，頁94。

〔註10〕 見梁實秋：〈現代中國文學之浪漫的趨勢〉，原刊於1926年2月15日北京《晨報·詩鐫》副刊，後收入其文學評論集《浪漫的與古典的》，於1927年新月書店出版，本論文所據之版本為台北水牛出版社於1986年（民國75年）10月之重印版。梁實秋此文肯定白話文運動和文學革命的理念，但對其後形成的浪漫主義趨勢所引發的種種弊端，如過於自由散漫、非議傳統、追求新奇、膨脹感情等「浪漫的混亂」狀態，則持批判的態度，希望能予以理性的節制，儼然對胡適、陳獨秀等文學革命理論的修正，頗能顯出自由主義知識份子各持己論的自由批評風氣。

〔註11〕 最初徐志摩、梁實秋都信奉浪漫主義，梁實秋在1924年赴美留學前，經常投稿創造社並與其交好，赴美後受新人文主義大師白璧德影響，開始傾向新人文主義並檢討國內浪漫主義的流弊。新人文主義乃是對近代西方功利主義和浪漫主義所帶來的道德淪喪與人性失落所做的理智反思，主張向傳統尋求規範，並強調以節制自律來達到個體的完善。反映在對文學的態度上，就是以

　　在二〇年代末與三〇年代初的左翼革命文學大熾之際，文學逐漸喪失自主性而淪爲政治的附庸，《新月》堅持文學的獨立並以嚴肅的態度創作，保持了文學的自由與藝術性，是具有正面意義的，這樣的態度和戴望舒的「現代派」相同，並且也在五〇年代台灣具自由主義色彩的《文學雜誌》上體現，再度發揮了類似的作用。因此新月派除了格律詩的成績外，它的自由主義精神也產生了重要的影響。尤其是新月派大將胡適、梁實秋都在一九四九年以後的台灣學術與文化界佔有重要席位，胡適的自由主義精神直接影響《自由中國》、《文學雜誌》與《文星》，「藍星」詩人余光中、夏菁則受教於梁實秋，余光中更因梁實秋的影響而改變浪漫主義的信仰，〔註12〕並擔任同樣尊崇理性原則的《文學雜誌》之詩欄編輯。《文學雜誌》的發刊詞也隱然與《新月》「健康與尊嚴」的文學態度有暗合之處，兩者皆反對濫感式的浪漫主義而主張理性節制，並堅持文學的獨立價值，說明了《文學雜誌》對新月派的自由主義精神和文學批評路線的繼承。

（三）從象徵詩派到現代詩派

　　面對新詩革命以來，詩以白話文爲工具而導致與散文無法區別的特色不明、過於口語淺白的弊病，象徵詩的出現，爲新詩在語言特色和意境層次的開拓上提供了進步的實驗。第一個引進象徵主義的表現技巧之人爲李金髮，一九二〇年即開始寫詩，他曾留學法國，受法國早期象徵派詩人波特來爾和魏崙的影響，注重象徵和暗示的運用，造成意象的多義性和不確定性，產生一種朦朧之美，把新詩帶入曲折難解的情境之中。他的代表作〈棄婦〉，就是

人性的表現來衡量作品的價值，重視古典著作中的紀律。因此梁實秋反對散漫無章和頹廢濫感的文學傾向，並堅持以人性的文學與左翼作家論戰。徐志摩後來也體會到理性節制對文學創作的重要，於是和梁實秋一樣，主張《新月》走理性穩健的路線。而創造社後期（1926）則從浪漫主義轉向革命文學，因此與新月派更處於敵對的關係。關於白璧德新人文主義對梁實秋等人的影響，可參考王錦厚《五四新文學與外國文學》，（成都：四川大學出版社，1996年6月）。

〔註12〕余光中就讀台大外文系三年級時，得梁實秋來信建議不妨拓寬視野，多讀浪漫主義以外的現代詩人作品，余氏回憶：「梁先生的摯友徐志摩雖然是浪漫詩人，他自己的文學思想卻深受哈佛老師白璧德之教，主張古典的清明理性。他在信中所說的『現代』自然還未及現代主義，卻也指點了我用功的方向，否則我在雪萊的西風裡還會漂泊得更久。」見余光中：〈文章與前額並高〉，收入《秋之頌：梁實秋先生紀念文集》，頁209。同書另有夏菁〈梁門雅趣〉記述其與梁實秋的交往因緣。

一首語言色彩鮮明、意象豐富多義而帶有神秘晦澀情調的象徵詩。

李金髮的詩因構思奇特，詩句文白間雜而有「詩怪」之稱，朱自清曾評論說：「他的詩沒有尋常的章法，一部分一部分可以懂，合起來卻沒有意思。他要表現的不是意思而是感覺或情感；彷彿大大小小紅紅綠綠一串珠子，他卻藏起那串兒，你得自己穿著瞧。……他的詩不缺乏想像力，但不知是創造新語言的心太切，還是母舌太生疏，句法過分歐化，教人像讀著翻譯；又夾雜著些文言裡的嘆詞語助詞，更加不像——雖然也可說是自由詩體製。」〔註13〕由此可知，李金髮的象徵詩是以意象喚起某種情感而非意義的表達，並藉此矯正白話詩的淺白直陳之弊，但是它的缺點在於文句生硬，不夠簡潔流暢，而且意義晦澀之處確實使人難懂。

後來的繼起者為戴望舒。他早期仍受格律詩的影響，講究詩的押韻和音樂性，一九三二年赴法留學，欣賞法國後期象徵主義議人果爾蒙和耶麥。他加入施蟄存在上海辦的《現代》雜誌，後來又主編《新詩》月刊，與施蟄存、杜衡等人被稱為「現代派」作家，並成為「現代派」的主要詩人。戴望舒的詩避免了李金髮的缺點，較為平易能懂，且充滿音樂與色彩之美，因此影響較李金髮為大。周伯乃說：「現代派的詩受歐洲的自由詩和象徵派的影響，他們揚棄了象徵派的晦澀、幽秘、矯飾之弊，而採納了自由詩和象徵主義的優點，如音色之優美、內容的含蓄、形象之鮮活等等。換句話說，它具有象徵派的含蓄，但沒有象徵派的神秘和幽玄。」〔註14〕指的正是現代派詩對象徵詩特點的選擇性繼承，因此可視現代派詩為李金髮象徵詩的進一步修正與發揚。

對於新月派的格律主張，現代派是站在否定的立場，施蟄存、戴望舒都認為整齊的用韻和詩節會成為創作的束縛，〔註15〕所以現代派詩人採取的是

〔註13〕見朱自清在《中國新文學大系·詩集》的導言，頁7至8。關於李金髮的生平與更深入的詩作評論，可參考楊允達《李金髮評傳》，（台北：幼獅文化，民國75年4月）。

〔註14〕周伯乃：〈中國新詩的興起與發展〉，《現代詩的欣賞》（二）附錄，（台北：三民書局，民國59年4月），頁345。

〔註15〕戴望舒曾有詩論十七條，主張新詩應去除音樂成份，也不能借重繪畫的長處，詩的韻律應表現在詩的情緒（詩情）而非詩的字句上，韻和整齊的字句會妨礙詩情，使之成為畸形，很明顯是針對新月派的格律詩而發。見其詩集《望舒草》附錄〈詩論零札〉，原為民國23年上海現代書局出版，今有台北花田文化公司新版，民國89年10月。施蟄存則在〈又關於本刊中的詩〉指出：「胡適之先生的新詩運動，幫助我們打破了對於中國舊體詩的傳統，但從胡適之先生一直到現在為止的新詩研究者卻不自覺地墜入於西洋舊體詩的傳統中。

自由詩的形式。當現代派把新詩從直陳的、格律的、即興的意境帶到曲折的、感覺的、費解的意境後,便在新月派形式實驗的成績之外,開出了另一條語言和意境上的藝術實驗道路,可惜很快便因對日抗戰而中斷。抗戰時期的新詩,以鼓舞愛國和戰鬥士氣為主題,用流利的音節和通俗的語句在群眾之間朗誦,造成了朗誦詩的風行,〔註16〕雖然常常流於政治的口號化和概念化,但不失為對日抗戰的利器,國難當前,文學的藝術性只好服從於其宣傳性與社會性之下。直到五〇年代,紀弦在台灣發起現代派,提倡新詩的現代主義化,一場新詩的再革命才又在台灣堂堂地展開。

二、「現代派」與台灣現代詩的提倡

(一)現代詩的兩個球根

現代主義在五〇年代台灣詩壇的興起,是來自於紀弦提倡的「現代詩」。紀弦(另有筆名路易士、青空律)的本名叫路逾,是中國大陸三〇年代的重要詩人。一九五三年,紀弦在台創辦《現代詩》季刊,一九五六年又成立「現代派」,正式提倡現代詩運動,並主要以法國象徵主義為主,延續了大陸現代派詩的火種。但是事實上,台灣在日治時期已有現代詩發展的基礎,誠如陳千武(桓夫)在〈台灣現代詩的演變〉一文所指出:

> 事實台灣的現代詩,除了紀弦從大陸帶來的新詩的球根之外,台灣在東自於日據時期留下來的新詩的球根,在紀弦發動現代主義革命,成立「現代派」當時,便由林亨泰帶入其核心組織,且以紀弦意想不到的最前衛的現代意識刺激了詩壇成為現代派的主流信條,當時紀弦依靠林亨泰的現代詩論,兩個人合作得十分密切是有目共睹的事實。而這兩個詩的球根可分為兩個源流予以考慮。一般認為

他們以為詩該是有整齊的用韻法的,至少該有整齊的詩節的。於是乎十四行詩、方塊詩,也還有人緊守著規範填做著。這與填詞有什麼分別呢?《現代》中的詩,大多是沒有韻的,句子也很不整齊,但它們都有相當完美的肌理,它們是現代的詩形,是詩!」見《現代》四卷一號,民國22年11月。

〔註16〕1938年,朗誦詩運動首先在武漢展開,努力於這一運動的詩人有高蘭、光未然、臧雲遠等。1940年在戰時首都及文化中心的重慶,由光未然組織朗誦隊,並特別召集詩歌晚會,自此文藝界每有晚會,即有詩歌朗誦的節目,並蔚為一種風氣。見葛賢寧、上官予編著《五十年來的中國詩歌》,(台北:正中書局,民國81年3月初版第四次印行),頁75。

促進直接性開花的根球的源流是紀弦從中國大陸帶來的戴望舒、李
金髮等所提倡的「現代派」，其詩風都是法國象徵主義和美國意象主
義的產物。紀弦係屬於現代派的一員，而在台灣延續其現代的血緣，
主編現代詩刊，成為台灣新詩的契機。另一個源流就是台灣過去在
日本殖民地時代，透過曾受日本影響下的矢野峰人等所實踐的近代
新詩精神，而繼承那些近代新詩精神的少數詩人們——吳瀛濤、林
亨泰、錦連等，跨越了日文中文的兩種語言，與紀弦從大陸背負過
來的「現代派」球根融合，而形成了台灣詩壇現代詩的主流，證實
了上述兩個球根合流的意義。〔註17〕

　　由此可知，台灣在日治時期已經透過日本的影響而建立起「近代新詩精
神」；在日治時期也有現代主義詩社的出現，一九三五年於台南成立的「風車
詩社」，就是一個現代主義的詩社，它的主要成員有楊熾昌（水蔭萍）、林永
修、李張瑞、張良典，並創辦《風車》詩刊提倡法國的超現實主義。這是曾
經留日的楊熾昌，受到日本當時流行的法國超現實主義的影響，所以就將這
股新穎的創作潮流引介到台灣，〔註18〕可是並未在台灣詩壇形成主潮，當時
的創作主流仍是寫實主義。至於陳千武文中提到的林亨泰，在日治時期也吸
收了日本現代詩潮，〔註19〕因此成為戰後五〇年代紀弦提倡現代詩運動時，
在理論和創作方面能夠鼎力相助的本土重要詩人。林亨泰身為「跨越語言的
一代」，〔註20〕從日治時期到戰後的台灣，歷經語言轉換的考驗，將其所學帶

〔註17〕見台北《自立晚報》副刊，民國 69 年 9 月 2 日。

〔註18〕有關楊熾昌與風車詩社的詳細資料可參考林佩芬：〈永不停息的風車——訪楊
　　　　熾昌先生〉，《文訊》第九期，民國 73 年 3 月。

〔註19〕根據陳明台的看法，他認為「如果沒有林氏透過日本吸取前衛詩學教養，主
　　　　導和激起新的風潮，實驗和實踐摩登的詩作，現代派的運動必然大為失色。」
　　　　「林亨泰所密切關聯的日本現代詩（文學思）潮，依其自述，至少包括了新
　　　　感覺派、未來派、達達主義、立體主義和主知主義等，現代詩人則至少包括
　　　　了神原泰、荻原恭次郎、春山行夫等，他所積極取法的對象，甚至可凝縮於……
　　　　1928 年日本的『詩和詩論』詩集團……乃一集大成的現代主義實驗集團，代
　　　　表了戰前日本引進西方前衛詩和詩潮的範例。」楊熾昌亦受過「詩和詩論」
　　　　集團的影響，可知日本是戰前台灣文學吸收西方現代文學的主要媒介。詳見
　　　　〈論戰後台灣現代詩所受日本前衛詩潮的影響：以跨越語言一代的詩人為中
　　　　心來探討〉，《笠》詩刊第二〇〇期，民國 86 年 8 月。

〔註20〕林亨泰稱呼包括他自己在內的幾位成長於日治時期的詩人（主要是參加過光
　　　　復前夕、西元 1942 年由張彥勳等發起的「銀鈴會」、時年在二十歲上下的詩
　　　　人）為「跨越語言的一代」，指他們從小受過最嚴格的日語訓練，透過日文來

入現代詩運動，成爲戰後台灣現代詩的另一個球根。

而紀弦所繼承的大陸現代派詩的起源，乃是施蟄存於一九三二年五月應上海現代書局之邀，所創辦的《現代》雜誌，它和《新月》同爲純文學性質的雜誌，基本成員有戴望舒、杜衡和劉吶鷗，象徵派詩人李金髮也曾爲《現代》撰稿，紀弦亦曾投稿《現代》，並且成爲現代派的一員。〔註21〕《現代》主要引介的是法國後期象徵主義、美國意象主義和以艾略特爲代表的現代主義詩潮，其成員多有留學法國的背景，〔註22〕是三〇年代推動現代詩潮的主要力量，不過《現代》到一九三五年就停刊了。而紀弦本人也辦了許多詩刊，卻皆因詩刊壽命不長，未能造成什麼影響，〔註23〕直到他來台創辦《現代詩》，才再度爲台灣詩壇種下了現代詩的球根。

（二）現代詩的提倡經過及其內涵

爲什麼紀弦要發起現代詩運動，提倡現代詩呢？因爲五〇年代初期的台灣，盛行以反共戰鬥爲口號的政治詩，以及模仿三〇年代新月派的格律詩，這兩種詩都以抒情爲本質。反共戰鬥詩爲了激勵鼓舞士氣，以達政治宣示目的，採用了抗戰時期那種激情的、適於朗誦或譜曲歌唱的創作模式，因此有時會流於口號和詩、歌不分。格律詩的浪漫主義傾向則充滿感情的發洩，規律的形式又限制詩人的自由想像及揮灑，而顯得陳腐不堪。紀弦便是在這種背景下，認爲詩壇必須在五四以來的新詩基礎上再做突破，所以倡導「新詩的再革命」，藉助西方的現代主義，開始提倡現代詩。

接受教育和吸收知識，在台灣光復後面臨中文的推行，不得不再經歷重新轉換語言的學習困境，否則即有失語之虞。推而廣之，只要曾日日語教育跳回中文教育的前行輩詩人亦可以此概稱，如桓夫、錦連、詹冰、陳秀喜等。見林亨泰：〈跨越語言一代的詩人們──從「銀鈴會」談起〉，收入《見者之言》，（彰化：彰化縣立文化中心編印，民國82年6月）。

〔註21〕紀弦的自述曾指出自己深受戴望舒、李金髮的自由詩和象徵詩影響，從1934年起改變詩風，不再寫新月派的格律詩，並藉由投稿《現代》而成爲現代派的一員，從此奠定詩名。見紀弦：〈三十年代的路易士〉，收於《千金之旅：紀弦半島文存》，（台北：文史哲出版社，民國85年12月），頁358～360。

〔註22〕如《現代》的主要詩人戴望舒和李金髮曾留法，施蟄存、杜衡、劉吶鷗則是戴望舒在上海震旦大學的同學，震旦大學即法國天主教會所辦的學校。

〔註23〕紀弦自己辦的詩刊有：1934年12月創辦的《火山》詩刊，只出兩期就停刊。1936年9月，辦《菜花》詩刊，只出一期，又改名《詩誌》出了三期。1944年3月辦《詩領土》月刊，出了五號；1948年10月，辦《異端》詩刊，出了二號便離開上海到台灣。

　　若從《現代詩》十三期社論〈戰鬥的第四年，新詩的再革命〉來看，可以看到紀弦提倡「新詩的再革命」的原因，最主要有兩點：一是政治詩與戰鬥詩的試驗，顯示了「標語口號絕非詩」，而且必須將「歌詞」與「新詩」作一個區別。一是紀弦認為很多人對新詩的觀念仍然非常混淆，必須加以釐清。他指出時人對新詩的認識，還停留在白話文的、押韻的、可歌的、散文化的概念上：「有的是因襲古人意境的『語體的舊詩詞』，因為他不知道除了一個使用白話一個使用文言之外，『新詩』與『舊詩』之在特質上的區別；有的是死抱住十八世紀的『韻文即詩』觀，專門在『韻腳』上做詩人的『可哼的小調』，因為他不曉得『詩』與『歌』、『文學』與『音樂』的分野；還有的是把寫詩這件事情看得太容易了的『偽自由詩』，因為他搞不清楚『詩』與『散文』的本質究竟有什麼不同。」〔註24〕因此紀弦要提倡以新工具、新手法、新境界和新形式為表現目的之「自由詩」，將詩的新舊之別、詩與歌以及散文的分野作一個嚴格的區分。

　　其實在一九五六年「現代派」宣告成立前，《現代詩》已經開始進行自由詩的提倡。而提倡自由詩是為現代詩作準備，紀弦將「新詩的再革命」分為三個階段，第一階段是自由詩運動，第二階段是現代詩運動，第三階段是現代詩的古典化，這個古典化的意思並非回歸傳統之意，而是希望新詩所取得的藝術成就，可以像舊詩那樣成為永垂不朽的典範。〔註25〕在這三個階段中，紀弦所採取的策略是先以自由詩打倒新月派的格律詩，再進一步提倡現代詩，最後使現代詩成為典範。他在〈戰鬥的第四年，新詩的再革命〉中呼籲「我們決定從這第四個年頭開始，多登譯詩，並對歐美現代詩主要的流派及其代表的詩人作系統之介紹」，〔註26〕宣告要向世界詩壇看齊，正是繼自由詩的提倡後而開始進入第二階段的現代詩運動。

　　紀弦為何反對新月派的格律詩呢？因為他相信新詩的發展是進化的，是從白話詩、格律詩、自由詩演化到現代詩，所以他認為新月派是「既成的西洋詩形成之抄襲、模仿與複製」的形式主義者，一點也不「新」，乃白話詩的

〔註24〕　見紀弦所寫〈戰鬥的第四年，新詩的再革命〉，《現代詩》13期社論，民國45年2月，頁5。
〔註25〕　見紀弦：〈從自由詩的現代化到現代詩的古典化〉，原載《現代詩》第三十五期，收入《紀弦論現代詩》。
〔註26〕　〈戰鬥的第四年，新詩的再革命〉，《現代詩》13期社論，民國45年2月，頁6。

一大反動。〔註 27〕自由詩革命的對象就是「傳統的格律主義，低級的音樂主義，韻文至上主義以及『韻文即詩』之詩觀，這乃是以打倒形式主義為目的的詩形之革命，以散文取代韻文的文字工具之革新。我們……一腳踏熄了『新月派』的死灰之復燃……從此，詩壇上再也沒有人去寫那二四六八逢雙押韻四四方方整整齊齊的『豆腐乾子體』了。」〔註 28〕其實紀弦忽略了格律詩在新詩發展史上的正面意義與優點，因為格律詩和自由詩都是從白話詩發展出來的兩種詩形，格律詩甚至是針對初期自由詩太過散漫的弊病而發，而且優秀的格律詩也非墨守音韻成規與機械外型的「豆腐乾」。受格律詩影響的「藍星」詩人余光中，就曾與紀弦在現代詩論戰中展開辯論（見本論文第八章第一節）。

紀弦的用心是顯而易明的，他以強調格律詩的缺點，來作為提倡自由詩的合理依據，目的就是要徹底消除形式的束縛，嚴格區分韻文和散文工具的運用，並且將詩與歌分離，以便確保詩質的純粹，然後再順理成章進入第二階段現代詩的提倡。紀弦的策略是有其推行程序的，因為在進入詩的表現手法問題之前，必須先解決詩的使用工具和表現形式的問題。因此在紀弦的推動下，格律詩從此便在台灣詩壇消失了，並成功的由相對而言較進步和新潮的現代詩取而代之。那麼，現代詩的內涵到底是什麼呢？它的意義與特色何在？紀弦曾經解釋說：

> 所謂現代詩，就是奉行現代主義的詩。而一個現代詩的作者，則必須是一個現代主義者，無論他自覺或不自覺，承認或不承認。人們往往把「新詩」和「現代詩」混為一談，這不對。……新詩一詞，相對於舊詩，乃是「泛指」五四以來的中國新詩，而相對於傳統詩的現代詩，則係「專指」始於五○年代的台灣的現代詩而言。……而現代詩之一大特色在於「反傳統」……那便是：文字工具之革新，現代詩觀之確立。〔註 29〕

可見「現代詩」是一個專有名詞，其義乃指「現代主義」的詩，現代主義即是西方自十九世紀末、二十世紀初以來新興的文藝思潮之總稱，以此種觀念

〔註 27〕見紀弦：〈五四以來的新詩〉，原載《現代詩》第七期，收入《紀弦論現代詩》，頁 7～8。

〔註 28〕〈從自由詩的現代化到現代詩的古典化〉，《紀弦論現代詩》，頁 28。

〔註 29〕紀弦：〈關於台灣的現代詩〉，《千金之旅：紀弦半島文存》，頁 230。

和技法從事創作的詩，方能稱為「現代詩」。在台灣，它是用來指稱五〇年代「新詩再革命」口號下，接受現代主義的創新觀念而不因襲傳統的新詩創作。因此紀弦特別指出現代詩的一大特色是「反傳統」，乍聽之下很容易讓人誤會現代詩是「反中國文化之傳統」，藍星詩人就曾針對這一點和紀弦展開論戰。其實紀弦所指的反傳統是「傳統的創作觀念之揚棄」，那麼何謂傳統的創作觀念呢？即是根據「事實的說明，觀念的直陳，喜怒哀樂之告白」等傳統原則從事詩的創作，而現代詩卻要求建立「現代詩觀」，即「事實的取消，觀念的排斥，喜怒哀樂之開除」，〔註30〕不以表現特定主題為目的，而在呈現詩本身的幽思冥想，一種「純粹思維」，故其本質在於「詩想」而非「詩情」。〔註31〕

紀弦認為「凡以『詩情』為詩的本質的，都是廣義上的抒情主義，屬於浪漫主義的血統；凡以『詩想』為詩的要素的，都是廣義上的理智主義，以徹底反浪漫主義為其革命的出發點。」〔註32〕因此現代詩是以詩的思維功能為主，不重傳統詩的抒情功能，以「主知」凌駕「抒情」之上，排除了實用目的，帶有理性、抽象、高度的內省與獨創性的自我表現色彩，這樣難免傾向於個人化，致使表現意涵晦澀難懂，而產生脫離現實、脫離大眾的危機。又因為現代詩主張「放逐情緒、排斥情感、否定音樂性」，便降低了傳統詩所具備的抒情、節奏、可朗誦等特性，變得只適於閱讀而不適於朗誦了。〔註33〕現代詩也因此成為難寫難懂、並非人人都可創作和欣賞的專門領域。

另外，現代詩還必須表現出一種自覺的現代精神，要以現代人的自覺，描寫現代生活與文明的感受，但不僅是科技文明的機械反映，而是現代人複雜微妙的心靈生活之體驗。紀弦曾指出，現代詩必須是意識型態的現代化：

> 一個現代詩的作者，首先必須是一個非常之自覺的「現代人」而非「古代人」，「二十世紀人」而非「十九世紀人」，「民主時代人」而非「帝制時代人」，「工業社會人」而非「農業社會人」……如果一個現代詩的作者，在他的作品中，流露出一種農業社會士大夫階級的劣根性來，那他就完蛋了。〔註34〕

〔註30〕〈袖珍詩論拾題〉，頁194。
〔註31〕同前註，頁193。
〔註32〕紀弦：〈詩情與詩想〉，原載《現代詩》第十八期〈社論一：新與舊‧詩情與詩想〉，收入《紀弦論現代詩》，頁23。
〔註33〕〈袖珍詩論拾題〉，頁197。
〔註34〕見紀弦：〈關於台灣的現代詩〉，收於《千金之旅：紀弦半島文存》，（台北：

　　可知現代詩所需的新內容正是現代化的生活意識之表達，亦即所謂「對現代性的追求」，這也是因應台灣社會工業化的需求而來的。本來台灣社會在當時尚未達到西方現代社會的水平，應該產生不了反映和批判現代社會的「現代主義文學」，但是紀弦有意將現代詩的提倡，視為「從農業時代向工業時代大步邁進中的中國社會之一精神上的前導力量」，換言之，提倡現代詩是促使當時台灣社會加速邁向現代社會的動力，也有助於新詩從五四以來的基礎上作進一步的提昇。因此《現代詩》對西方現代主義的流派與作家，是採取有所選擇的引介，以適合當時詩壇革新的技巧和觀念為主，如象徵主義和意象派的詩潮；對於破壞性較強、具有極端虛無特質的流派如達達主義等，則與之劃清界線。紀弦並稱他所倡導的現代主義，是一種革新了的後期現代主義，即「中國的現代主義」或「新現代主義」。〔註35〕而這樣的強調是針對當時出現的若干走火入魔的「偽現代詩」而發，也和眾人質疑現代詩是盲目模仿西方的意見有關，此亦為現代詩論戰的焦點之一（見本論文第八章第一節）。這表示紀弦領導的「現代派」在引進西方現代主義的初期，為了顧及國人的接受程度，必須不斷的作出取捨和調整，才能使新觀念得以闡明和發揚。

　　最後，總結紀弦所提倡的現代詩之內涵特徵，可以了解現代詩的基本特色是「反傳統」，即是不依循傳統創作技法的「文字工具之革新，現代詩觀之確立」，從形式工具到詩法詩觀都力求創新，而非一般人所誤解的「反中國文化之傳統」。紀弦並指明新詩的傳統主要受外國影響，而非上承中國舊詩的傳統，因此現代詩「是橫的移植，非縱的繼承」。現代詩要表現自覺的現代精神，即「意識型態的現代化」，在表現手法上不以抒情為主，而重「主知」，並排除實用目的，追求詩的純粹性。

　　以上這些特徵，幾乎都涵括在紀弦所提出的六條「現代派的信條」中，其中「反傳統」和重「主知」的意見，為「藍星」詩人所反駁，正式引爆了五〇年代台灣的現代詩論戰，現代詩的觀念隨著論戰進行也達到了廣為傳播的效用，原本盛行的反共戰鬥詩、浪漫抒情的新月派格律詩，在現代詩追求純粹性、重視理性和形式自由、反音樂性等主張下，漸漸的成為被淘汰的對象。由紀弦「現代派」發端的新詩再革命，其實就是一場大規模的現代詩運

文史哲出版社，民國 85 年），頁 233。
〔註35〕紀弦：〈袖珍詩論拾題〉，《紀弦論現代詩》，（台中：藍燈出版社，民國 59 年），頁 200、204。

動，隨後藉著論戰模式和「藍星」、「創世紀」的投入，終使之成爲風靡整個詩壇的運動。

第二節　三大詩社與現代詩運動

台灣的現代詩運動，雖由紀弦「現代派」開其端，但總體來說，應該是由「現代派」、「藍星」和「創世紀」三大詩社透過宣言和論戰的方式，〔註36〕互相影響而共同推動的一場運動。在反共文學盛行的五○年代初期，是這群詩人首先在新詩的領域嘗試走出不一樣的路線。

依照林亨泰的說法，現代詩運動可分爲前後兩期，前期是從「現代派」宣告正式成立到《現代詩》出刊二十三期後的欲振乏力爲止，時間是從一九五六年一月到一九五九年三月。後期則由《創世紀》十一期的重新改版到二十九期的暫時停刊，時間是一九五九年四月到一九六九年一月，前後兩期應有十三年左右。前期以「現代派」爲中心來推動，爲期約三年，後期以「現代派」與「創世紀」匯流後所共同推動，爲期約十年。〔註37〕這是以主要的領導詩社來作現代詩運動前後兩期的劃分，但卻無法顯示出現代詩論戰在此運動中產生的激發力量，以及「藍星」詩社的貢獻，因爲現代詩運動是在五○年代後期由「現代派」、「藍星」開始的現代詩論戰導引下，配合六○年代「創世紀」的全力推動而促成了詩壇的現代主義風潮，達到紀弦所謂新詩再革命的目的。

五○年代後期（1957年至1960年）爆發的現代詩論戰一共有三場，第一場是「現代派」與「藍星」的論戰，另外兩場則是「藍星」與來自詩壇外部的論戰。透過這三場論戰對現代詩的反覆質疑與辯難，才使現代主義得以深植詩壇，創造現代詩運動後期由「創世紀」爲主要推動力量的現代主義全盛時期，如此才能完整的看到「現代派」、「藍星」和「創世紀」三大詩社在現

〔註36〕影響五○年代新詩發展最重要的三個詩社與詩刊，就是「現代詩」、「藍星」與「創世紀」及其所發行的詩刊。相形之下，五○年代還有許多詩刊因壽命不長與缺乏影響力，故較少被論及，如《旭日新詩》、《青蘋果》（1954）、《海鷗》（1955）、《南北笛》（1956）、《今日新詩》、《噴泉》、《東海詩頁》（1957）等十餘種，詳細資料可參見舒蘭《中國新詩史話》第三冊十二章第一節「五○年代詩社詩刊」，（台北：渤海堂文化出版，民國87年10月）。

〔註37〕見林亨泰：〈現代主義與台灣現代詩〉，《找尋現代詩的原點》，（彰化：彰化縣立文化中心出版，民國83年），頁227。

代詩運動中所發揮的作用。本節將探討三大詩社的成立宗旨、創作主張與詩刊發行的狀況，還有彼此之間的互動與盛衰消長，以了解三大詩社在現代詩運動推行中所起的作用及重要性。

一、《現代詩》與「現代派」的成立

　　現代主義在台灣詩壇的崛起，乃是以一九五三年二月紀弦創辦《現代詩》季刊爲標誌，並於一九五六年一月十五日在台北正式成立「現代派」，指定《現代詩》季刊作爲「現代派詩人群共同雜誌」，〔註38〕在一九五六年二月出版的第十三期《現代詩》上，刊登了〈現代派消息公報第一號〉、〈現代派的信條〉、〈現代派信條釋義〉及社論〈戰鬥的第四年，新詩的再革命〉。由葉泥、鄭愁予、羅行、楊允達、林泠、小英、季紅、林亨泰、紀弦九人籌備現代派詩人第一屆年會，加盟的第一批名單即達八十三人，第二批增至一百零二人，第三批更達一一五人，〔註39〕聲勢甚爲浩大，爲當時平靜的台灣詩壇帶來了不小的騷動，儼然成爲眾所矚目的「詩壇霸主」，尤其是六條「現代派的信條」堂皇揭櫫於詩刊封面，並輔以〈現代派信條釋義〉作爲註解，更成爲一年後因「藍星」詩人反駁所展開的現代詩論戰的導火線。這六大信條是：

> 第一條：我們是所有揚棄並發揚光大地包容了自波特萊爾以降一切
> 　　　　新興詩派之精神與要素的現代派之一群。
>
> 第二條：我們認爲新詩乃是橫的移植，而非縱的繼承。
>
> 第三條：詩的新大陸之探險，詩的處女地之開拓。新的內容之表現，
> 　　　　新的形式之創造，新的工具之發現，新的手法之發明。
>
> 第四條：知性之強調。

〔註38〕紀弦在〈現代派信條釋義〉的前言中特別聲明：「只是基於對新詩的看法相同，文學上的傾向一致，我們這一群人，有了一個精神上的結合，於是順乎自然的趨勢，而宣告現代派的成立。……『現代詩社』是一個雜誌社，而『現代派』並不等於『現代詩社』。不過，作爲『現代派』詩人群共同雜誌，『現代詩社』編輯發行的《現代詩》，今後，當然是愈更旗幟鮮明的了。」《現代詩》第十三期，民國45年2月1日，頁4。從這裡也可釐清，「現代詩社」是編輯發行《現代詩》的雜誌社，並非如「藍星」、「創世紀」是正式由詩人組成的詩社，但是投稿《現代詩》的詩人們，三年來也凝聚了近似的詩觀與詩風，於是「現代派」順勢宣告誕生，成爲一個具「詩派」意義的詩社。

〔註39〕現代派第一批加盟名單見《現代詩》第十三期：〈現代派消息公報・第一號〉，第二批見《現代詩》十四期：〈現代派消息公報・第二號〉，第三批見《現代詩》第十五期「編輯後記」所公告。

　　第五條：追求詩的純粹性。

　　第六條：愛國。反共。擁護自由與民主。

　　除了第六條是配合國家的反共政策所做的宣示，其餘都是對詩的純粹性與藝術性的呼籲與追求，已經相當程度的偏離了「戰鬥文藝」、「反共文學」的思考限制。在此之前《現代詩》的兩大宗旨是「反共抗俄」和「新詩的現代化」，紀弦在《現代詩》第一期宣言中說：「標語口號不是詩，但是寫得好的政治詩，又何嘗不能當藝術品之稱而無愧」，因此《現代詩》在初期也刊登過不少反共詩作，如李莎〈飄響的旗〉、紀弦〈向史達林宣戰〉等等，但是愈到後期，出現率則愈低。到了《現代詩》十三期的社論〈戰鬥的第四年，新詩的再革命〉中，紀弦便定選稿原則為「即使意識正確，而技巧拙劣，表現手法不新的，亦必割愛。」〔註40〕同時指出政治詩與戰鬥詩必須是藝術品，而非標語口號之類的宣傳品。可見《現代詩》是將作品的文學性置於「政治正確」之上的。

　　林亨泰回憶當時的情形也說：「不知編者是有意還是無意，但至少在我個人的心目中，這份詩誌的創刊，等於是為了那些不願跟著喊口號或歌功頌德的人開闢了一個可以發表作品的園地。」〔註41〕那時他本打算不再寫作，卻在逛書店時發現了《現代詩》而重新燃起寫作欲望，並將作品寄去發表。直到「現代派」正式成立，堂皇標舉六大信條，更見藝術旗幟鮮明而政治色彩淡薄，「現代派」的宣示成立便象徵著文學主流轉折的重要意義，現代詩運動由它而開啟，針對的是當時的政治詩與形式僵化的豆腐干體。「現代派」的主要詩人紀弦、鄭愁予、方思、林泠、楊喚對五〇年代台灣新詩的重新起步皆有重要的貢獻。

〔註40〕〈戰鬥的第四年，新詩的再革命〉，《現代詩》第十三期，頁5。關於文學是否應為宣傳工具，紀弦也另外表示過他的看法：「作為一個寫詩的現代主義者，他當然不妨同時是某種宗教的信仰者，某種哲學的研究者，某種政黨的黨員，甚至於是『世界道德重整委員會』這一類團體的一份子。但是他的作品，千萬不可用來宣傳他所信仰的宗教，他所研究的哲學，他所從屬的政黨的政見與黨綱，乃至他們那個道德團體的信條與規律。如果這樣做了的話，詩就成為一種宣傳工具，一種『實用』的東西，而喪失了她的藝術價值。唯其是不『實用』的，這才是獨立的；唯其是獨立的，這才是純粹的。」頗能與其「追求詩的純粹性」之主張相應。見〈袖珍詩論拾題〉，《紀弦論現代詩》，頁201。

〔註41〕林亨泰：〈現代派運動與我〉，《現代詩》季刊復刊第二十期，民國82年7月，頁12。

　　雖然現代派的加盟者眾，不過「現代派的信條」也惹人非議，這幾乎是紀弦個人的詩觀，尤其是第二條「新詩乃橫的移植」會予人抽離傳統、一味模仿西方的誤解，還有第四條對主知的強調，重「詩想」而棄「詩情」，也容易抹煞詩的抒情成分，使詩變得冰冷晦澀，「藍星」詩社便據此展開一場與「現代派」的論戰。在現代詩遭到攻擊、而且的確產生一些流弊之後，紀弦也對自己的主張作出了修正，不但在一九六二年春宣佈解散「現代派」，後來更揚言要取消「現代詩」，因為眾人誤解現代詩和盲目仿作的結果，墮入了新形式主義、縱慾主義和虛無主義之中，成了追求時髦但內容空洞的「偽現代詩」。紀弦曾撰〈回到自由詩的安全地帶來吧〉一文，呼籲初試啼聲的詩人寫自由詩而不要寫現代詩，以免誤入「偽現代詩」的歧途。〔註42〕

　　至於為何將「現代派」解散？紀弦解釋是因為歷史任務已完成，「『現代派』主要是提倡現代主義，寫現代詩；每一個詩人都寫現代詩，也就是說每一個詩人都是現代主義者，我們又何必堅持大家在一個派別呢？」〔註43〕紀弦解散現代派和取消現代詩的動作，其實充分反映出現代詩運動在五〇年代後期推行的貢獻與流弊，但矛盾的是，雖然「每一個詩人都寫現代詩」，卻有不少寫的是「偽現代詩」，這樣的亂象連紀弦自己都無能為力，須賴詩壇內部不斷的論戰與詩潮的相互辯證來產生去蕪存菁的動能。

　　事實上，「現代派」的解散也與其發展到後來已後繼乏力有關。一方面是《現代詩》不斷面臨財務困難的窘境，一九五九年三月《現代詩》第二十三期出刊後，曾一度停刊，於一九六〇年六月才出版二十四、五、六期合刊，十一月又出版二十七至三十二期的合刊，此為《現代詩》出版最不正常的時候。一九六四年二月，《現代詩》終於難以為繼，被迫停刊，總共出了四十五期。另一方面是紀弦的「現代派的信條」在理論與實務創作的配合上有不少落差，同時又缺乏理論高手，在紀弦與「藍星」詩人論戰時，幫得上忙的只有林亨泰一人，甚至在非詩人的學者和作家攻擊現代詩時，「現代派」也無力

〔註42〕此文刊於民國 51 年 7 月、以矯正現代詩的虛無難懂、力求現代詩的「明朗化」與「普及化」為宗旨的《葡萄園》詩刊的創刊號上，箇中的涵義當不問自明。民國 55 年，紀弦於《星座詩刊》第十期發表〈我主張取消現代詩三字〉，又於《現代》第六期發表〈談「現代化」與「反傳統」〉，提出中國新詩正名，取消現代詩的名稱，恢復中國新詩之名。民國 57 年在《海洋詩刊》六卷六期發表〈現代詩的正名與其他〉，主張以新詩名稱取代現代詩。

〔註43〕張堃：〈從橫的移植到大植物園主義──專訪美西半島居老詩人紀弦〉，《創世紀》122 期，民國 89 年 3 月，頁 15。

應戰,而由「藍星」詩人挺身上陣,凡此種種都透露出「現代派」難以為繼的疲態。

很巧的是,在《現代詩》出了二十三期後一度停刊之際,一九五九年四月出刊的《創世紀》開始轉向現代主義,以超現實技巧的實務為主,成為「現代派」提倡的現代主義路線接棒人,促成現代主義在六○年代風靡整個詩壇。從這裡也可以看到,現代詩運動雖由紀弦的「現代派」發其端,但是真正助成者,還有賴與「藍星」詩社的論戰以及「創世紀」詩社在六○年代的推動。

二、「藍星」的昇起

最初「藍星」詩社的成立,就是為了與紀弦在詩壇的勢力相對抗。「藍星」詩社成立於一九五四年三月,其實比「現代派」的正式宣告成立為早,發起人是覃子豪、鍾鼎文、鄧禹平、余光中和夏菁。余光中回憶當時的狀況說:

> 一開始,我們似乎就有一個默契,那就是,我們要組織的,本質上便是一個不講組織的詩社。基於這個認識,我們也就從未推選什麼社長,更未通過什麼大綱,宣揚什麼主義。大致上,我們的結合是針對紀弦的一個「反動」。紀弦要移植西洋的現代詩到中國的土壤上來,我們非常反對。我們雖不以直承中國詩的傳統為己任,可是也不願意貿然作所謂「橫的移植」。紀弦要打倒抒情,而以主知為創作的原則,我們的作風則傾向抒情。紀弦要放逐韻文,而用散文為詩的工具。對於這一點,我們的反應不太一致,只是覺得,在界說含混的「散文」一詞的縱容下,不知要誤了多少文字欠通的青年作者而已。〔註44〕

由此可知「藍星」針對的主要是現代派信條中的第二條與第四條,而由覃子豪於一九五七年為文反駁紀弦的現代派信條和〈現代派信條釋義〉,正式展開了現代詩論戰。其實關於覃子豪與紀弦的對立,很早就有端倪出現,紀弦創辦《現代詩》之前,早在一九五一年十一月,就與鍾鼎文、葛賢寧合辦了《新詩週刊》,這是假藉《自立晚報》副刊的型態出版的台灣光復後第一份定期詩刊。後來三人相繼離開,由覃子豪接任主編(李莎亦參與過編務),紀弦隨即於一九五二年八月辦《詩誌》,僅一期而卒,遂又於次年二月辦《現代

〔註44〕余光中:〈第十七個誕辰〉,收於其所著《焚鶴人》,(台北:純文學出版社,民國61年4月),頁187～188。

詩》，頗有與覃子豪較勁的意味。〔註45〕因此覃子豪組「藍星」與紀弦展開論
戰，不無爭奪詩壇發言權的用意在內。雖然兩人是好朋友，但是同以新詩創
作為志業，難免在詩論的歧異與詩名的競奪下產生不合的情形。

　　「藍星」走的是「自由創作」的路線，沒有統一的宗旨，也不宣揚任何
主義，包容度頗大，這和新月派的組合狀況非常類似。而且「藍星」同仁按
照自身的條件和才能自由發展，比較容易形成個人創作上的特色和風格，但
整體來說，它的立場較為傾向傳統的抒情主義路線，「藍星」的重要詩人余光
中和吳望堯，剛開始都喜歡寫浪漫抒情的格律詩，頗有新月派餘風。繼起的
「藍星」詩人有向明、蓉子、阮囊、黃用、張健、敻虹、周夢蝶、唐劍霞、
方莘、王憲陽、曹介直、趙衛民等人，羅門則從「現代派」旗下轉投「藍星」
陣營。而「藍星」出版的刊物之多，也為當時詩社之冠，首先是覃子豪於一
九五四年六月借《公論報》的副刊版面創《藍星週刊》，在刊前語可以看到「藍
星」創作的原則是：

> 藍星週刊的態度和新詩週刊的態度是一致的。我們所要求的，是要
> 藍星的內容更健全，更充實，尤其要緊的，是我們的作品，不要和
> 時代脫節：太落伍，會被時代的讀者所揚棄，太「超越」，會和現實
> 游離。我們不寫昨日寫過的詩，不寫明日幻想的詩，要寫今日生活
> 的詩，我們要揚棄那些陳舊的內容，與裝腔作勢的調子。要創造現
> 實生活的內容和能表現這種內容的新形式，新風格。〔註46〕

　　在面對《現代詩》「太超越」的勢力時，《藍星週刊》以繼承《新詩週刊》
的姿態自居，主張創新風格但又不要太過前衛，確實較為溫和保守，不過「藍
星」在發表園地的拓展上卻頗為積極。一九五七年一月，覃子豪於《宜蘭青

〔註45〕《新詩週刊》（1951 年 11 月 5 日至 1953 年 9 月 14 日，共出了九十四期）稱
　　　　得上是現代詩和詩刊在台灣的薪傳者和開山者，戰後台灣最早的兩個詩社「現
　　　　代詩」和「藍星」都可以說是《新詩週刊》分裂而成的，《新詩週刊》大部分
　　　　主要作者後來也大多成了兩大詩社的主要份子，如「現代詩」的紀弦、方思、
　　　　蓉子、林泠、鄭愁予、林亨泰、李莎、楊允達等，「藍星」的覃子豪、鍾鼎文、
　　　　夏菁、鄧禹平、黃騰輝等。《新詩週刊》在當時提供了大陸和本省籍詩人一個
　　　　自由創作的融合園地，對於現代詩有紮根播種的貢獻，也頗能體現陳千武的
　　　　兩個球根結合的說法。《新詩週刊》停刊後，便分裂成「現代詩」和「藍星」
　　　　兩股勢力，主要肇因於紀弦和覃子豪在友誼和詩見上產生了裂痕。見參穗：〈現
　　　　代詩的傳薪者──「新詩週刊」〉，收入《詩空的雲煙：台灣新詩備忘錄》，（台
　　　　北：詩藝文出版社，民國 87 年 5 月）。
〔註46〕見《藍星週刊》刊前語，民國 43 年 6 月 17 日創刊。

年》上開闢了《藍星》分刊，由朱家駿（朱橋）掛名主編。同年八月覃子豪編《藍星詩選》，迄十月出了兩期二十開本的專號：「獅子星座號」與「天鵝星座號」，因刊登現代詩論戰的文章而突顯其重要性。〔註47〕主編《藍星詩選》後的覃子豪把《藍星週刊》交給了余光中接棒，余光中在一九五七到一九五八年間，同時負責編輯《藍星週刊》、《文學雜誌》和《文星》的詩作欄，因此藍星詩人的作品也常常見諸於《文學雜誌》和《文星》這兩份「非專業詩刊」的綜合型雜誌上，覃子豪亦主編過《自由青年》的詩選欄，一時之間藍星同仁可發表作品的場地真是不勝枚舉。加上「藍星」的詩風側重抒情，予人的接受度較高，讀者可能比《現代詩》、《創世紀》等專業詩刊為多。

　　一九五八年十月，余光中赴美讀書，《藍星週刊》停刊，《文學雜誌》詩欄交由夏菁主編，《文星》則交由覃子豪。同年十二月，夏菁創辦《藍星詩頁》，採折疊式迷你型設計，後由覃子豪、余光中、羅門與蓉子、王憲陽輪流接編至一九六五年六月停刊，是藍星系列中維持較久、水準較高、編排較精緻的一份刊物。一九六一年六月，覃子豪又編過四期的《藍星季刊》。一九六四年六月，羅門、蓉子主編《藍星年刊》，一九七一年再出一期。這麼多刊物的設立，除了算當時詩壇勢力的一種象徵之外，也多少反映出藍星詩人的「自由」和不夠團結，以致山頭林立，而且刊物的延續性也不足，短則數月、長則數年便告停刊，缺乏內部統一的凝聚力。一九七五年，張健、向明、敻虹又主編《藍星》季刊，後由九歌出版社和淡江大學中文系接編，可算藍星陣營中生命最長的刊物。

　　「藍星」雖然並未標榜具體的主義和主張，但是在現代詩論戰中卻扮演了重要的角色，先是在第一回合與「現代派」紀弦展開西化／傳統、主和／抒情的辯論，對「現代派」的主張發揮良性制衡的作用；復又在詩壇外部人士攻擊新詩時奮起衛戰，無形中助成了現代詩運動的推行：「在那次論戰的開始，藍星詩人並不是遭受攻擊的主要對象，可是奮起守衛第一線的，大半是藍星詩人，因為那時，藍星作者能發表文章的刊物很多，也確實舉得起幾枝能言善辯的筆。」〔註48〕結果幾場論戰下來，「藍星」也受到現代主義的影響，一種「溫和的現代

〔註47〕分別為覃子豪〈新詩向何處去〉刊登於「獅子星座號」，1957 年 8 月 20 日；
　　　　羅門〈論詩的理性與抒情〉、黃用〈從現代主義到新現代主義〉刊登於「天鵝
　　　　星座號」，1957 年 10 月 25 日。
〔註48〕余光中語，見〈第十七個誕辰〉，頁 197。

主義」便成了它往後發展的基調。然而「藍星」詩社在一九六○年黃用、吳望堯先後出國，一九六二年夏菁赴美，一九六三年覃子豪病逝後，聲勢逐漸減弱，「創世紀」詩社便一躍成為推動現代詩運動的最強大力量。

三、後來居上的「創世紀」

　　一九五四年十月創立於高雄左營的《創世紀》詩刊，是由一群海軍陸戰隊的年輕軍人張默、洛夫和瘂弦所發起。當時紀弦主編的《現代詩》已經出版了八期，覃子豪等人主編的《藍星週刊》也在台灣北部形成某種氣候，《創世紀》的出刊適時填補了南部詩壇的真空狀態，形成南北鼎立為三的局面。〔註49〕不過剛起步的「創世紀」還處於試驗摸索的階段，而「藍星」也剛成立與出刊數月而已，當時紀弦的《現代詩》仍是詩壇最主要的勢力。所以在《創世紀》第一期的發刊詞〈創世紀的路向——代發刊詞〉中，除了無法跳脫時代思潮和軍人身分，聲明將配合國策掃除赤黃流毒、建立新詩的民族路線外，也對於「現今的詩陣營還呈現著一片雜蕪的景象，致產生有『詩壇霸王』的怪現象」表明了不認同的態度，這茅頭是暗指向紀弦的《現代詩》的，可說與「藍星」反對紀弦的立場一致。而且在現代詩運動展開之初，「創世紀」對「現代派的信條」也有所針砭，提出了「新民族詩型」的構想。

　　一九五六年二月《現代詩》第十三期「現代派的信條」公佈後，三月《創世紀》第五期出版，由洛夫執筆的社論〈建立新民族詩型之芻議〉中特別指出：「新民族詩型」主要係針對當時三種新詩類型作檢討：「一種是專事兜售西洋古董的商籟型（豆腐干體），一種是專寫標語口號歌詞的戰鬥型，一種是力倡以波特萊爾詩風為中心的現代型。」前兩種格律詩和口號詩，是當時有自覺創新的詩人普遍反對的對象，至於第三種則很明顯是衝著「現代派的信條」而來。文中並提出「新民族詩型」的兩個要素是：

> 一、藝術的——非純理性之闡發，亦非情緒之直陳，而是美學上的直覺的意象的表現，我們主張形象第一，意境至上，且必須是精粹的、詩的、而不是散文的。
>
> 二、中國風、東方味的——運用中國語文之獨特性，以表現東方民族生活之特有情趣。

　　從這兩個要素可以看出「創世紀」對「現代派的信條」中第二條和第四

〔註49〕蕭蕭：〈創世紀風雲〉，《創世紀》第六十五期，民國73年10月，頁44。

條的針對性：第一個要素在美學表現上除反對「現代派」的強調知性，也不贊成抒情主義式的情緒直陳。第二個要素則相對於「橫的移植」，故特別標榜「中國風、東方味」的民族特性。可惜「新民族詩型」缺乏更進一步的支撐理論和實現方法，〔註 50〕最後便在現代詩論戰如火如荼的進行中無聲的隱沒，並沒有引起太大的迴響。《創世紀》從創刊號到第十期（1954 年 10 月至1958 年 4 月）基本上是處於實驗期，強調詩的民族性但無表現技巧的創造。直到一九五九年四月的十一期擴版為二十開本後，《創世紀》也投入原本批判的現代主義行列，開始實驗超現實的技巧了。當時適逢「現代派」和「藍星」鋒芒減弱，「創世紀」便以接班人的姿態乘勢崛起。張默說：

> 促使我們飛躍的因素約如下述——當時「現代詩」的狂飆時代已過，
> 「藍星」也停留在薄薄的「活頁」階段，我們認為那是一段真空時
> 期，於是檢討既往，希望有一番真正的作為，乃決定擴版，刷新內
> 容，提高水準，美化編排，同時擴大為同仁雜誌，廣泛羅致優秀的
> 詩人和翻譯家。自「創世紀」擴版後，可以說是人才鼎盛，各家無
> 不拿出最好的作品交給我們發表，為中國現代詩造成一個空前的高
> 潮。〔註 51〕

《創世紀》爭奪詩壇發言權成功後，許多「現代派」和「藍星」詩人亦轉移陣地到《創世紀》來發表作品，無形中承認了它在詩壇的繼起地位，而匯聚了眾詩社菁華人才的「創世紀」便成為當時詩壇的重鎮。在第十二期的《創世紀》裡，詩人們著名的現代主義詩作紛紛出現，如洛夫的〈石室之死亡〉、瘂弦的〈深淵〉、商禽的〈長頸鹿〉等等。第十三期社論〈五年後的再出發〉由洛夫執筆，表達了「創世紀」對現代藝術的認識以及在現代藝術運

〔註 50〕洛夫回憶撰寫「新民族詩型」的社論時，「只有概念，而無精密的設計，只有
　　　　主張，而無實現這一主張的方法。」雖然反對現代派的「橫的移植」，卻無奈
　　　　當時西潮洶湧，勢比人強，「詩人都接納了世界性的現代主義。」因此《創世
　　　　紀》也不能自外於時尚而開始轉向。見洛夫：〈詩壇春秋三十年〉，《中外文學》
　　　　第十卷第十二期，民國 71 年 5 月，頁 17。

〔註 51〕見張默：〈「創世紀」的發展路線及其檢討〉，《現代文學》46 期，民國 61 年 3
　　　　月，頁 116。其實「創世紀」詩人的轉向現代主義，早已受「現代派」與「藍
　　　　星」論戰的影響，在 1958 年前後，洛夫、瘂弦、張默已有現代主義的詩作，
　　　　特別是瘂弦寫的〈給超現實主義者〉，表現出對超現實主義的心儀神往，已偏
　　　　離了「新民族詩型」。見張恆春：〈風雨行程：論早期台灣「創世紀」詩社的
　　　　發展〉，《創世紀》第一〇五期，民國 84 年 12 月，頁 109。

動發展中所處的立場，認為現代藝術的特質是表現自我，而傳統對現代藝術是一種負荷，《創世紀》雖未高揚現代主義旗幟，但將秉持現代主義的精神，致力於最新技巧的實驗與修正。〔註52〕這種主張與「新民族詩型」遵循傳統的態度已然不同，頗能顯出「創世紀」從傳統轉向現代的軌跡。

　　大體上來看，《創世紀》從十一期到二十九期（1959 年 4 月至 1969 年 1 月）這將近十年的時間，是屬於實驗新技巧的創造期，〔註53〕也介紹了不少西方現代主義的詩人與創作理論。法國的超現實主義是他們借鏡的重點，《創世紀》二十一期就有洛夫一篇介紹超現實主義的譯文：〈超現實主義之淵源〉，並在同期的〈詩人之境──『石室之死亡』自序〉中，對超現實主義詳加闡揚，他認為超現實主義是現代主義自立體派、達達派一系列運動發展下來的最後階段，其創新之技巧表現在潛意識的發揮和語言的擺脫理則約束，可以開擴詩的想像與感受能力。洛夫提倡超現實主義，並無強力規範詩社成員信奉，不過詩人之間互相影響的結果，超現實主義也成為十年之間暢行的風潮，在某一層面上助長了現代詩「虛無、晦澀」的流弊。於是，創刊於一九六二年的《葡萄園》和一九六四年的《笠》詩刊，便發揮了對此流弊反向制衡的作用。尤其是《笠》，繼承了日治時期以來的寫實主義傳統，以鄉土精神的維護自許，成為六○年代與「創世紀」相異又並列的兩大詩社。〔註54〕

　　《創世紀》出版第二十九期後，便因經費問題而休刊，結束了它的創造期，到一九七二年九月才又復刊，進入了反省現代主義路線並與傳統調和的自覺期。因為七○年代整體環境的轉變，回歸傳統和關懷社會的呼聲大起，現代詩被認為是西化過度、脫離現實，《創世紀》自然首當其衝，招致外界猛烈的批評。洛夫撰文表態和澄清這些對《創世紀》的攻擊，〔註55〕但是也因

〔註52〕 〈五年後的再出發〉，為《創世紀》13 期社論，收入洛夫所著《詩人之鏡》，（高雄：大葉書店，民國 58 年 5 月）。

〔註53〕 本節有關《創世紀》的分期，是採用洛夫的看法，將之分成實驗期、創造期和自覺期。見洛夫：〈詩壇春秋三十年〉，頁 16～17。

〔註54〕 「笠」的成員大多為本省籍詩人，有跨越語文轉換障礙的老一輩如陳秀喜、詹冰、陳千武，也有中生代如趙天儀、李魁賢、非馬，後來還有新生代詩人的加入，如陳明台、李敏勇等。原屬「現代派」的白萩、林亨泰也投進「笠」的陣容，他們的詩作並未完全拋棄現代主義的技法，事實上在六○年代，具有鄉土精神的「笠」仍然不免受現代主義影響，而呈現出「現代」與「鄉土」並行的傾向。

〔註55〕 首先批評《創世紀》的是關傑明，他指出《創世紀》編選的詩集，雖冠以中國之名，但內容卻因西方技法的崇尚而看不到民族性，又將現代詩形容為囈

此反省修正了過去的若干偏差，開始將傳統融入現代詩的創作，語言也由晦澀而趨於明朗。這樣透過論戰來進行的往復辯證模式，正是現代詩運動得以推展、前進和調整的不絕動力。

　　狂飆自五〇年代後期的現代詩運動，經由「現代派」發端以及與「藍星」、「創世紀」的互動，三大詩社互相批評影響且不斷自我調整，在現代詩的提倡和技巧實驗上，努力開創自反共政治詩和抒情格律詩之外的藝術新格局，從而使文學逐步脫離單一的政治腔調，也使五四以來的新詩發展進入「現代詩」的新領域，這是現代詩運動最主要的意義，當然它所造成的晦澀虛無等流弊，也有待七〇年代的論戰來矯正。〔註 56〕從現代詩運動整個發展過程來看，當可證明文學主流的轉折，除了社會變遷的因素，自有文學內部的革新需求在蘊積促動，這也是文學面臨政治等外力因素干擾時，不致完全喪失自主性的重要原因。

　　　　迷幻藥所產生的幻象，見〈中國現代詩人的困境〉、〈中國現代詩的幻境〉，刊於《中國時報》「人間副刊」，民國 61 年 2 月 28、29 日。唐文標〈僵斃的現代詩〉也指責現代詩欠缺民族性與社會性而判其死刑，見《中外文學》二卷三期，民國 62 年 8 月。洛夫則於《創世紀》37、38 期的兩篇社論〈請為中國詩壇保留一份純淨〉、〈我們的信念與期許〉表明與澄清立場，民國 63 年 7 月、10 月。

〔註 56〕有關台灣的現代詩論戰，從五、六〇年代到七〇年代，乃至八、九〇年代，都有不同時期的論戰焦點和歷史背景，可參考陳政彥《戰後台灣現代詩論戰史研究》，（中央大學中文研究所博士論文，民國 96 年 6 月）。

第八章　現代詩論戰的傳播與影響

　　現代詩運動在五〇年代後期的開展與推進，最主要是經由三場以「現代派」和「藍星」詩人為環繞焦點的「現代詩論戰」來完成的。沒有現代詩論戰的直接激發所造成的傳播效果，現代詩運動也就無法勢如破竹的向前進行。這三場論戰，一般可根據論戰的雙方和論戰的主題，再細部的歸納為：

　　（一）「現代派」詩人和「藍星」詩人的「現代主義論戰」

　　（二）成大教授蘇雪林和「藍星」詩人覃子豪的「象徵主義論戰」

　　（三）專欄作家言曦和以「藍星」詩人余光中為應戰主力的「新詩論戰」

　　在這三場論戰中，第一場是屬於詩壇內部的論爭，第二、三場則是來自詩壇外部對新詩的批評。不論槍口是向內或向外，三場論戰都全程參與的是「藍星」詩人，並成為強有力的開火及應戰的一方，前兩場由覃子豪掛帥，後一場有余光中壓軸，無疑是最具影響力的關鍵存在，尤其是第三場論戰，「藍星」詩人和《文星》合作密切，《文星》製作了「詩的問題研究專號」，從二十七期到三十期都有討論新詩問題的專題，由「藍星」詩人余光中、覃子豪、夏菁等親自現身說法，使現代詩得到了更大的宣傳和推廣的機會。

　　其實早在三場現代詩論戰展開之前，就有一群來自詩壇外部的聲音，在《文學雜誌》上對新詩的形式問題發表過意見，而為文駁斥的正是覃子豪，只是雙方並未引發進一步的論戰。《文學雜誌》的詩論，雖然沒有對詩壇產生太大影響，卻可視為現代詩論戰的前奏，這是詩壇外部的自由派人士首度對新詩發生較大關注、也是較有系統的一次討論，具有一定的代表意義，而

「藍星」詩人對新詩問題的熱心，也於這場未引爆的論戰中顯現。如果分別從「藍星」詩人在三場現代詩論戰中的表現來看，則更可以得到清楚的證明。本章探討「藍星」詩人在五〇年代後期三場現代詩論戰中，所扮演的角色以及對現代詩運動推廣的影響，並且分析《文學雜誌》和《文星》的詩論如何與「藍星」詩人互動，因而使得這兩份雜誌亦成為傳播現代主義詩潮的重要媒介。

第一節 「藍星」詩人與現代詩論戰

一、「現代派」與「藍星」的現代主義論戰

現代詩論戰的第一場，起自詩社之間對彼此詩見的不認同。「藍星」詩人覃子豪於一九五七年八月二十日《藍星詩選》獅子星座號發表〈新詩向何處去〉一文，反駁一九五六年二月紀弦在《現代詩》提出的現代派信條與釋義，引發了「現代派」和「藍星」雙方對於現代詩的爭論，是為「現代主義論戰」。覃子豪質疑紀弦所謂「橫的移植」說，認為台灣社會並未達到現代化的水準，缺乏誕生自歐美發達工業文明的現代主義生長之土壤，若原封不動移植外來文化，自己將無處植根，成為脫離現實生活的現代西洋詩之空洞摹擬。同時他也反對將抒情驅逐於詩的領域之外，使詩變成純理性思考的哲學，並提出六點意見作為新詩創作方向的原則，其中最主要的意見是希望詩人不要故作曖昧難懂，應考慮讀者的感受與理解力，也不要追求新奇而失去準確的表現，以及一味步學西洋，卻無法建立民族自我風格。〔註1〕

這樣的論調，在鼓吹現代詩不遺餘力的紀弦看來，自有保守和誤解之處，於是紀弦在《現代詩》十九期發表了〈從現代主義到新現代主義〉，強調「現代派」並未照單全收西方的文化，而是有所選擇，提倡一種革新的、健康的、積極的「新現代主義」，正可作為「從農業時代向工業時代大步邁進中的中國社會之一精神上的前導力量」。至於唾棄抒情主義而強調知性，是為了避免新詩再度落入浪漫主義喜怒哀樂的情緒告白，無法徹底的進步與現代化。他認為覃子豪不新不舊的思考是「折衷主義」，不能為詩壇帶來有力的革新，並解釋所謂「新詩是橫的移植而非縱的繼承」是基於史實考察而言，因為新詩不

〔註1〕 見覃子豪：〈新詩向何處去〉，收於何欣編選《當代中國新文學大系：文學論爭集》，（台北：天視出版社，民國68年8月）。

屬於唐詩宋詞等中國傳統的「國粹」，而是深受西洋詩影響的「移植之花」，但是新詩發展到今天已成爲民族文化的一部份，並沒有脫離和拋棄中國傳統。〔註2〕

　　「新詩是橫的移植」的主張，的確是紀弦最容易引人誤會和攻擊的地方，因此林亨泰也在《現代詩》二十期發表了〈中國詩的傳統〉，強調「現代派」是新的開拓也是傳統的繼承，現代主義即中國主義——他認爲中國詩的傳統在本質上是象徵主義（借此而喻彼），在文字上是立體主義（象形的特性），與西方現代主義的象徵技巧和圖像符號詩的運用原理有共通之處，這是試圖從兩種文化特性的相似處來作連結，以證明現代主義並未與中國傳統不相容。林亨泰長於理論和符號詩、圖像詩的創作，在《現代詩》十七、十八期發表過〈關於現代派〉和〈符號論〉二文，屬於「現代派」中立體主義的倡導者，是紀弦在現詩論戰中的好幫手。

　　然後紀弦以〈對於所謂六原則之批判〉來回覆覃子豪提出的六點意見，除指其陳義不夠明確，又再次聲明「現代派」的主張，在過去是以提倡自由詩來取代新月派的格律詩，謀求表現形式的革新；現在要提倡現代詩，以表現手法的革新爲努力的目標，不爲遷就讀者而降低詩的標準，反應借此提高讀者的程度。〔註3〕

　　在「藍星」這邊，有羅門〈論詩的理性與抒情〉、黃用〈從現代主義到新現代主義〉二文，繼續質疑紀弦提倡的現代主義之淵源和主知等問題，而「現代派」仍由紀弦、林亨泰應戰。紀弦將林亨泰寫給他的信，摘錄成〈談主知與抒情〉一文，說明並非要詩拋去一切抒情，只是要將抒情置於主知之後，以主知爲優位性。紀弦自己則寫了〈兩個事實〉、〈多餘的困惑及其他〉，前批覃子豪後答黃用，再三強調「現代派」所追求的現代主義是包容法、英、美的流派而又有所超越的獨創，絕非僅是超現實、象徵或菁粗不分的盲目接收。〔註4〕這裡顯示了外來思潮在面臨傳統勢力的挑戰時，必須經由不斷的申辯與自我釐清來進行觀念的推展，才能達到傳播和影響的目的。

　　接著覃子豪又在《筆匯》發表〈關於「新現代主義」〉，除質疑「現代派」

〔註2〕　紀弦：〈從現代主義到新現代主義〉，《現代詩》19 期，民國 46 年 8 月 31 日。

〔註3〕　林亨泰〈中國詩的傳統〉和紀弦〈對於所謂六原則之批判〉（代社論），均發表於《現代詩》20 期，民國 46 年 12 月 1 日。

〔註4〕　林亨泰與紀弦這三篇文章，以代社論一、二、三的形式發表，見《現代詩》21 期，民國 47 年 3 月 1 日。

包容了許多對立理論的詩派，難以使各詩派的精神與要素取得協調，又指「現代派」的主張不夠具體，錯誤在於「沒有從象徵派以降的許多新興詩派中去整理出一個新的秩序，把握時代的特質，創造一個更新的法則，作為前進的道路。」紀弦也於《筆匯》回以〈六點答覆〉，指出一切新興詩派雖各有理論特徵，但仍有共通點，即以「否定了那種感情的告白與觀念的直陳、唾棄浪漫主義、反傳統，和追求新的表現」為一致趨向，亦即各詩派可取得協調之大前提。他又指出「現代派」偏重象徵主義，而與達達主義、立體詩和超現實主義保持距離，這種有所取捨的態度就是「現代派」所整理出的新秩序。〔註5〕而論戰進行至此，已有觀點重複與意氣之口吻出現。

另一位「藍星」詩人余光中，也忍不住發表了〈兩點矛盾〉於《藍星周刊》，主要是為紀弦所排斥的格律詩和抒情主義作辯護，紀弦則與林亨泰分別以〈一個陳腐的問題〉和〈鹹味的詩〉反駁其說。紀弦之文火氣甚大，與余光中之間已涉及人身攻擊，林亨泰則簡潔說明主知與抒情是質的序位關係，而非量的並列關係。兩文刊於一九五八年十二月《現代詩第二十二期，現代主義論戰在此終於告一段落。

基本上，「藍星」是站在傳統和抒情的立場批判「現代派」的西化和主知路線，對「現代派」的鋒芒與部分論點有遏抑與牽制的作用，詩壇革新誠然需要如紀弦這般全新的主張作號召，但是也需要有人對全新的主張不斷檢討和質疑，才不致造成偏頗太過的缺失。不過「藍星」詩人經此論戰之後，無形中都接受了現代主義的洗禮，開始創作現代詩，他們曾經批判過的現代詩的難懂問題，也轉而由詩壇外部的人士接手來砲轟新詩人了。就在「現代派」聲勢逐漸減弱之際，「藍星」由於出版和發表作品的刊物眾多，勢力大為擴張，便取代「現代派」在第二、三場由詩壇外部挑起的論戰中挺身而出，成為護衛詩壇最力之士了。

〔註 5〕覃子豪和紀弦這兩篇文章，分別刊登於《筆匯》21 和 24 期，民國 47 年 3 月 1 日和 4 月 16 日。覃文收入何欣編選《當代中國新文學大系：文學論爭集》，紀文收入《紀弦論現代詩》。此處要附帶說明的是：《筆匯》這份刊物在尉天驄接手後以「革新號」的面目出現，從民國 48 年（1959）5 月到民國 51 年（1962）3 月停刊為止，對現代主義文學和現代藝術的提倡也非常賣力，除了刊登許多介紹現代繪畫和現代音樂的文章，「現代派」、「藍星」、「創世紀」詩人亦常在《筆匯》發表作品，但因刊物的壽命較短，故在當時發揮的影響可能不若《文星》來得大，不過《筆匯》也是五、六〇年代之交，傳播現代主義文藝思潮的幕後推手之一。

二、蘇雪林和覃子豪的象徵主義論戰

　　第二場論戰在半年後展開，由成大教授蘇雪林和「藍星」詩人覃子豪以《自由青年》為論戰場域進行交鋒。一九五九年七月一日，蘇雪林在「文壇話舊」單元，發表〈新詩壇象徵派創始者李金髮〉，評論以李金髮為代表的象徵詩派，並有感於《自由青年》詩選欄所刊出的青年學生作品，受到李金髮象徵主義的影響，造句不講文法，內容晦澀曖昧，有如蠱詞咒語般無法理解。未料引起覃子豪為文答辯，寫下〈論象徵派與中國新詩——兼致蘇雪林先生〉，說明象徵派的貢獻在於超越了創造社與新月派的表現方式，而且台灣新詩的傳承不是只有象徵派，而是接受無數新影響而兼容並蓄的綜合創造。因為接受現代主義的技法而以暗示、雙關語的應用為表現方式，雖然難解，卻提高了詩的思想與境界。不難看出這樣的論調與紀弦是相似的，可見覃子豪已拋棄他的「折衷主義」而傾向現代派的主張。

　　隨後蘇雪林又寫了〈為象徵詩體的爭論敬告覃子豪先生〉，文中頗不以象徵派為新月派的超越為然，並說她反對的是沒有實學、故弄玄虛模仿李金髮的偽象徵詩派，使青年受到不良風氣的影響。覃回以〈簡論馬拉美、徐志摩、李金髮及其他〉，認為當前一些讀者和批評家對詩的觀念，還停留在新月派的時代，所以他詳細的說明了新月派到最後何以形成創造社般的濫調，必須靠象徵派乃至現代派以新穎的意象來超越，〔註6〕蘇雪林則致信編者表示不再回應。基本上兩人交鋒的準頭各有所偏，覃子豪看重的是象徵派對現代詩的貢獻，蘇雪林則著眼於象徵派的流弊所造成的不良影響，而陷於各說各話的狀態。

　　後來有署名「門外漢」的讀者，寫了〈也談目前台灣新詩〉加入蘇雪林一方，以胡適也不主張青年趕時髦、學習現代主義為例，要求新詩「平易近人、老嫗能解」，新詩人應「走到群眾之間來」。〔註7〕覃子豪以〈論詩的創作

〔註 6〕　蘇雪林與覃子豪四篇論戰文章，分刊《自由青年》二十二卷一期、三期、四期、五期，民國48年7月1日、8月1日、8月16日、9月1日。

〔註 7〕　此處所引的胡適意見，應出自胡適在《大學生活》五卷三期上對當時流行的現代詩的看法。胡適說：「我勸你們千萬不要學時髦，那些偏重抽象的意念而不重理解的所謂『現代主義』的新詩，都不是寫詩的正路。文學的要素有三：第一要清楚明晰，第二要有力量，第三要有美感。其實總括說，不管寫詩或其他的文學作品，最要緊的就是第一點——清楚明晰，因為寫文章能做到清楚明晰，就是有力量，而一篇文章有力量就是美。如果寫出來的東西含糊不清，或無從理解，則第二、三兩項要素也難以做到。所以寫詩還是要求其平

與欣賞〉作覆，認為詩人要體驗群眾的生活、表達嶄新的人生境界，不可遷就迎合讀者，否則便是「退回白話詩的時代」，他並建議加強讀者對新詩的教育。覃子豪這個「新詩不應遷就讀者」的主張，已經與第一場現代主義論戰時的堅持完全相反了，這也是他受到現代主義影響的又一證明。接著門外漢回敬以〈再談目前台灣新詩〉，認為新詩的讀者少，是由於新詩拒絕讀者，不是讀者拒絕新詩，新詩的難懂在於詩人文字表現上的失敗，要詩人「提高本身運用文字媒介的能力，改正『寫詩必須使人不懂』的觀念」，不要自以為是，使新詩日漸脫離讀者大眾。〔註8〕這種看法其實類似覃子豪最初對現代詩的批判（見〈新詩向何處去〉），但覃既已加入現代詩的陣營，自然會站在詩人的立場，轉而要求讀者「進步」。最後覃致信編者，聲明休兵，並撰寫〈現代中國新詩的特質〉發表於《文學雜誌》，提供更多人作為了解新詩的參考。歷時五個月的論戰，於一九五九年十一月結束。

　　這次以李金髮為導火線的「象徵主義論戰」，本來是批評《自由青年》上「不成熟」的青年詩作，為何引起覃子豪的長文答辯呢？《自由青年》是國民黨所創辦的刊物，旨在教育青年，而且讀者和投稿人多以學生和軍人為主，文藝作品所佔的比例很高，更闢有「新詩園地」專欄，邀請當時著名的詩人擔任選輯人，紀弦、葉泥、羅門、蓉子、夏菁等「現代派」與「藍星」詩人，都曾負責過分期的選輯任務，覃子豪亦主編過此詩選欄，他們所挑選的青年作品，也必然會以傾向現代詩的風格為主。這些作品既然受到批評，身為選輯人的詩人自感面臨挑戰，而不能保持沉默。在《自由青年》上進行論戰，等於向青年學生介紹現代詩，辨正外界對新詩的誤解，並試圖消解一般讀者的疑慮。

易動人，老嫗都解，才是好詩。」胡適之所以不贊成青年學習現代主義，乃是受到他自己在白話文運動中主張的平易、淺白的文學表達觀念所限，因此不能了解現代主義在中國文學發展上的價值。後來端木虹在〈與胡適博士談現代主義〉一文中，就指出了胡適的侷限並闡明了現代主義的價值，見《筆匯》革新號第一卷第三期，民國48年7月15日。胡適雖不贊成現代主義，但這並不妨礙他所散佈的自由主義開明、進取、自由、批判的精神，對當時封閉的台灣文壇所造成的影響，正是在這樣的空氣中，現代主義被創作者當成是進步和具有自由表現特質的文學思潮，而在台灣成功登陸並廣為流行。

〔註8〕覃子豪與門外漢的辯論，門外漢二文見《自由青年》二十二卷六期、八期，民國48年9月16日、10月16日。覃文見《自由青年》二十二卷七期，民國48年10月1日。

　　不過平心而論，這次論戰的雙方分別以「讀者」和「詩人」的立場各持己見，最後難免以互相譏諷的口吻收場，因此沒有太多的交集。詩人認為他們的作品是超越了五四以來的全新創造，讀者則認為詩人閉門造車，與廣大群眾脫節。詩人固然有其創作上的用心和成績，但現代詩無明確章法，導致青年在學習和表現上的盲目混亂，也是事實，至於偽詩充斥更是無法避免。而且現代詩的意象與造境確實比較抽象，重表現不重抒情，一般習於抒情的讀者自是不易領略。如果詩人表現太過，與讀者之間的隔膜也就愈來愈深，這的確是現代詩潛藏的危機，並持續在詩人與讀者之間進行著辯證的拉距。

三、以「藍星」詩人余光中為應戰主力的新詩論戰

　　第三場論戰也是來自詩壇外部的批評，繼續質疑新詩的「不通」與「難懂」，可以說是蘇雪林觀點的延續，而且捲入的媒體和參與論戰的人更多，所引起的注意遠超過第二場「象徵主義論戰」。雖然參加討論的人數眾多，但是大致上可化約為「讀者代表」言曦（邱楠）與「詩人代表」余光中的對壘，言曦的發言媒體為《中央日報》，余光中則以《文星》為主要的論戰場域，兩人一來一往總共進行了四回合的辯證，並吸引許多對新詩感興趣的學者、年輕學生或新詩創作者加入討論，提出正反兩面不同的意見，掀起了一股討論新詩的熱潮，對思想封閉的台灣詩壇頗有激盪和活絡之功，而《文星》在其中實發揮了重要的作用。這份自由主義色彩濃厚的刊物，從二十七期開始以「詩的問題研究專號」提供「藍星」詩人發表專論，一直到三十期為止，連續刊登了不同立場的評論新詩文章，以客觀態度作為此次論戰的開放場域，成功的引起各方對新詩議題的注目，在詩人與讀者不同的意見交流中，達成思想的刺激與傳播目的，堪稱這波論戰中最重要的媒體，因此將於下一節中詳細討論以《文星》為中心的論戰內容。此處為避免贅述，僅對言、余四回合的交鋒情形作說明。

　　第一回合始於專欄作家言曦從一九五九年十一月二十日起，連續三天在《中央日報》副刊上發表了〈新詩閒話〉，以舊詩詞的標準抨擊新詩的不通與難懂，「藍星」詩人挺身應戰，以余光中為主力，在十二月份的《文學雜誌》上寫了〈文化沙漠中多刺的仙人掌〉，並得到虞君質在十二月三十日《台灣新生報》以〈談新藝術〉一文呼應。接著《文星》第二十七期在一九六〇年一月推出了「詩的問題研究專號」，由「藍星」詩人余光中、黃用、夏菁、覃子

豪執筆一系列專論新詩的文章，還有其他學者發表對新詩的意見，共計八篇詩論。

第二回合由言曦展開反擊，再於一月八日至十一日的《中央日報》發表〈新詩餘談〉，同時得到孺洪（高陽）在《中華日報》以〈「閒話」的閒話〉助陣。余光中則於二月份《文星》第二十八期和黃用分別爲文回敬，而詩人白萩、張默也在同月《創世紀》十四期上反駁言曦之見，〔註9〕一時之間戰況甚爲激烈，並掀起新詩討論的高潮。由於讀者反應熱烈，《文星》繼續在第二十九期刊出陳紹鵬、孔東方等人對新詩的評論。當時還是師大學生的吳怡，也在《自由青年》發表〈灌漑這株多刺的仙人掌〉，希望新詩人能夠勇於接受批評，在反省中更求進步。

第三回合是言曦在三月五日的《中央日報》發表〈詩與青年〉，《文星》第三十期再度刊登了余光中的反駁文章，以及錢歌川和陳慧的討論，因此引來第四回合言曦在四月十日和十一日的《中央日報》以〈詩與陣營〉、〈詩與頹廢〉二文作覆，接著「藍星」一面由張健發表〈由摸象到摸魚〉刊於《藍星詩頁》，夏菁也在《自由青年》發表了〈詩與想像力〉；一面請出紀弦在《藍星詩頁》寫下〈表明我的立場〉，聲援現代詩。五月三日《聯合報》有李思凡〈新詩辯論旁聽記〉記述了論戰始末，爲浩浩蕩蕩的「新詩論戰」劃下休止符。

在三場論戰之中，這是規模、聲勢和影響力最大的一場論戰，由於參與的媒體多，主要的《中央日報》和《文星》又都是當時知名媒體，較易凝聚眾人的目光。「藍星」詩人覃子豪、余光中、黃用和夏菁，站在現代主義的創作觀點上，全力捍衛飽受攻擊的新詩，一個外行人的幾句閒話，引起他們跳出來細說新詩歷史、賞析詩句，甚至提示創作方法，這一場論戰，因此可以說是新詩教育的推廣。〔註10〕而《文星》在此次論戰中與「藍星」詩人結盟，也巧妙的成爲推動現代詩的力量，關鍵人物當爲余光中。他把論戰場域擴大到比專業詩刊更具普及性的《文星》和《文學雜誌》，自然是因爲他主編過這兩份刊物的詩選欄，也因此促成「藍星」與《文學雜誌》和《文星》共通的作者群與新詩品味。《文學雜誌》和《文星》的自由主義色彩，使得刊物本身

〔註 9〕 白萩：〈從新詩閒話到新詩餘談〉、張默：〈現代詩藝術的潛在面〉，均見《創世紀》14 期，民國 49 年 2 月。

〔註10〕 見蕭蕭：〈五○年代新詩論戰述評〉，收入《台灣現代詩史論》，（台北：文訊雜誌社，民國 85 年），頁 119。

呈現出包容各種言論自由的特性，故可爲「藍星」詩人的論戰需要提供發表
的場地，在專業詩刊之外傳播更多的現代詩知識，對讀者造成影響。

　　接連著兩場來自詩壇外部的批評聲浪，直接促使了現代詩人團結一致、
共禦外侮。紀弦本來與「藍星」對立，但在論戰最後，與「藍星」站在同一
陣線；「藍星」本來反對紀弦的部分主張，經過兩場新詩的保衛戰後，也無形
中向現代詩靠攏，加速了整個詩壇的現代主義化。整體來看，「藍星」詩人確
實是現代詩論戰中最賣力的演出者，他們至少扮演了三種角色，對現代詩的
發展作了貢獻：

　　（一）「現代派」的制衡者──現代詩運動由紀弦的「現代派」爲開路先
鋒，「現代派信條」的提出，雖然有領航與啓蒙詩壇的作用，但是其口號式的
宣言過於簡略，容易造成誤解，其中西化與主知的主張也令人有矯枉過正的
疑慮，因此「藍星」詩人與「現代派」展開論戰，扮演了制衡者的角色，使
雙方都可以經由論戰產生良性互動，保有思考空間而達到互爲影響的效果。

　　（二）新詩壇的捍衛兵──面對詩壇外部對新詩的批評，「藍星」詩人充
當了第一線的捍衛兵角色。從覃子豪對《文學雜誌》派意見的反駁、到迎戰
蘇雪林對新詩的批評，加上最後一場躍上大媒體、由余光中爲主力反擊的新
詩論戰，「藍星」詩人捍衛新詩的努力，不但有助外界對詩壇的了解，而且也
堅定詩人本身對現代詩的信念，在創作上做自我反省與提昇。

　　（三）詩園地的闢土人──「藍星」的自由風氣，以及廣爲向外開闢新
詩園地的作風，使他們有許多不限專業詩刊的雜誌可發表作品，成爲詩園地
的闢土人。尤其是余光中與自由主義刊物《文學雜誌》、《文星》的結盟，使
「藍星」詩人的作品成爲兩刊的常客，提高了對外界的曝光率。在新詩論戰
時，余光中也能夠利用兩刊的版面爲論述場域，使得論戰效應廣爲擴大，促
進詩壇內外部對新詩的關注與交流。

　　「藍星」詩人三種角色的扮演，從對現代詩觀念的質疑、檢討到全力信
奉傳播，對於加速現代詩的推行誠然有其功勞。尤其在第三種角色中，「藍星」
以同具自由信仰的基調，透過余光中與《文學雜誌》、《文星》結合起來，共
同成爲現代詩作品與理論的開放園地，使這兩份具自由主義色彩的刊物，變
成傳播西方現代主義詩潮的重要媒介之一。那麼，在現代詩論戰開始之前，《文
學雜誌》對新詩問題的意見，又具有何種意義？而《文星》在第三場論戰之
中所發揮的功能和影響，也值得深入探討。

第二節　《文學雜誌》與《文星》的詩論

　　為了突破五〇年代封閉的文學與思想藩籬，開闢新的文學道路，堅持純文學的《文學雜誌》和提倡現代文藝的《文星》，在熱鬧的五〇年代後半期的台灣詩壇上，也表達了它們對新詩的重視態度，甚至在現代詩論戰中發揮了相當的影響性。

　　早在第一場現代詩論戰展開之前，從一九五六年十二月到一九五七年五月，將近半年的時間裡，《文學雜誌》就已經提出了他們對新詩的意見。這是新詩的問題首度被一群來自詩壇外部的自由派聲音所討論，由梁文星、周棄子、夏濟安和勞榦分別為文陳述，夏濟安一度亦於《自由中國》發表對新詩的看法，這些文章大致上是對於新詩形式問題的關切，可總結歸為《文學雜誌》派的詩論。覃子豪於一九五七年的《筆匯》上，反駁梁、周、夏的意見，認為這些論點已嫌過時，但沒有引起《文學雜誌》派的進一步回應，一場論戰因此並未引爆，只能算是現代詩論戰開幕前的暖身。究竟《文學雜誌》派的意見看在專業詩人的眼中是如何「保守」？這樣的意見在當時代表了何種意義？

　　更重要的是現代詩論戰爆發後，《文學雜誌》也成為論述場域之一，與早期的詩論自已有所差距。《文星》則更成為詩人反擊的大本營，以「詩的問題研究專號」的方式開頭，一連三期刊出為新詩辯難的文章，當然也有與詩人意見相反或較屬持平之論者，這樣的討論盛況在當時是難得一見的，現代詩論戰的高潮與《文星》的推動實有密切關係。從《文學雜誌》早期的詩論到後來的轉變，以及《文星》在現代詩論戰中的表現，可以看到這兩份刊物對於台灣詩壇的現代主義運動發揮了助成之功。

一、《文學雜誌》的詩論

　　甫於一九五六年九月創刊的《文學雜誌》，在十二月的一卷四期上，刊出了梁文星的一篇文章〈現在的新詩〉，指出新詩所遭遇的最大困難，就在於它沒有舊詩的利益──不像舊詩一樣有一套固定的形式、規律和典故可運用，因此造成了讀者對新詩的難懂，也造成了新詩人因漫無標準而寫出許多看似撲朔迷離、實則平凡淺薄的作品。此文以中國古典詩在形式上取得的藝術成就為標準，期勉新詩人「越是自由，寫作的人越要小心。我們現在寫詩，不是個人娛樂的事，而是將來整個一個傳統的奠基石。我們的筆不留神出越了

一點軌道，將來整個中國的方向或許會因之而有所改變。」﹝註11﹞並建議新人要避免「平凡」之弊，最好的辦法就是多讀中外古人的詩歌，最後還認為新詩不應大眾化，而是大眾應該新詩化，「詩不應該磨損自己本身的價值去遷就大眾」、「詩人的責任就是教育大眾，讓他們睜開眼睛來看眞、美和善，而不是跟著他們喊口號，今天熱鬧一天，不管明天怎樣。」﹝註12﹞

梁文呼籲新詩不應遷就大眾而降低水準，倒與詩人的堅持甚為一致，他對新詩形式問題的關注和對新詩未來的一番深重期許，很快就引來周棄子的敬意及回應。周在《文學雜誌》一卷六期上發表〈說詩贅語〉，認為現代人寫現代詩應該要有現代的內容，因古詩的形式已無法切合現代的需要，故須轉而追求新的表現形式。但是自五四至今，新的詩體一直沒有成功的建立起來，只靠白話或語體表達詩意，缺少如同古詩那種固定形式的平仄與鍊字等要求，因此無法琅琅上口，產生詩的音節，不利於讀者間的傳誦，無怪許多人仍不得已乞援於舊詩。周文並認為，新的詩體經多人努力而未見成功，「主要的錯誤在於妄想『澈底』取消原來的詩的『固定的形式』」。﹝註13﹞周文雖肯定新詩應該要表現現代生活和情感的內容，以及與此內容相應的對於新形式的追求，卻不贊成完全取消「固定的形式」，但也不是走向舊詩格律的回頭路，而是希望詩人至少能注意和掌握漢字的特性及組合規律。﹝註14﹞

梁文星與周棄子對新詩期望頗深，而且都不約而同的以舊詩為新詩的對照組，拿舊詩已達致的藝術成就來衡量新詩。如果舊詩是舊皮鞋，則新詩只有一雙赤腳﹝註15﹞——對於新詩形式的未能建立，兩人因此同感憂心。身為雜誌主編的夏濟安，也於二卷一期寫了一篇長文〈白話文與新詩〉來呼應並延續這個議題。夏文頗費篇幅的談論白話文的特性，指出五四以來白話文推行和發展的結果，已經成為一種「雅俗兼收、古今並包、中西合璧」的混雜文體，但是白話文學的傑作卻還有待努力產生。尤其是詩的傑作，因為詩是文字藝術的最高表現，「新詩假如沒有更好東西寫出來，這不但是新詩的不幸，連整個白話文學的成就，也都使人發生疑問。」﹝註16﹞

﹝註11﹞ 梁文星：〈現在的新詩〉，《文學雜誌》一卷四期，民國45年12月，頁21。
﹝註12﹞ 〈現在的新詩〉，頁22。
﹝註13﹞ 周棄子：〈說詩贅語〉，《文學雜誌》一卷六期，民國46年2月，頁10。
﹝註14﹞ 同前註。
﹝註15﹞ 周棄子的比喻，見〈說詩贅語〉，頁5。
﹝註16﹞ 夏濟安：〈白話文與新詩〉，《文學雜誌》二卷一期，民國46年3月，頁13。

　　夏濟安以新詩作爲白話文學的最高藝術表現，因此理解梁周二人對新詩的「愛之深、責之嚴」。他認爲新詩的成就之所以有限，與五四時期那種只有破壞、沒有建設的偏激的文學理論有關，這個論點與周棄子一致。然後他建議新人在結構、節奏和用字方面多下功夫，特別是節奏，可以從口語裡去尋找靈感，找出「一種和舊詩或唱歌大不相同的節奏，一種更能表達現代人複雜情感的節奏。」〔註17〕此處的節奏，大抵類似周文中所說的「詩的音節」，兩人皆認爲新詩在這方面的表現還不夠成熟。

　　夏文的最後，提出了個人非常理想化的一個預測：未來的新詩人可能是精通了各種舊有的形式，而自創一格的人——他能寫舊詩和西洋詩，經過各種嘗試後，再創造出適合的新詩體，「因他的倡導，中國人才找到自己新的聲音。他『費盡腦汁』給後人『預備好了形式和規律』，後人寫詩，就毋需再像我們這樣的徬徨摸索。這樣中國就會產生更多更好的詩。」〔註18〕在這裡可以看到夏濟安的思考格局，仍是以中國古典詩歌的形式發展模式爲標準，認爲新詩發展到最後，應像舊詩那樣有固定的形式可供套用，才不致讓人無所適從。夏濟安從梁文、周文透顯的新詩／舊詩對照模式中，又據以延伸出白話／文言的對比發展，頗似五四時期新詩論點在台灣的延續。

　　接著勞榦在《文學雜誌》二卷二期發表〈對於白話文與新詩的一個預想〉，再次強調白話文和文言文所表現的思想內容是不同的，「白話文所能表現的，舊式的文字體裁有許多方面並不能表示。大致說來，凡是和現代社會有關的事物，決不可以用文言文來寫，假如勉強用文言來寫，寫出來一方面並不能達意，另一方面還不是眞正的文言文。」〔註19〕這是認同表現的內容決定了表現的形式，今人的思想意識已大異於古人，所以白話文的產生是必須的，而且不同於文言文的凝固成形，未來還會處於不斷的演變之中，這就好比詩的發展有新舊一樣。舊詩有深厚的基礎，而缺乏新的境界，新詩則正好相反，在新詩尚未獲得深厚的基礎之前，亦不能完全取代舊詩的地位，因此詩人唯有努力創作。勞榦此文看似加深白話／文言的對立關係，其實他是肯定文言文和舊詩的成就，並希望新詩能夠有所超越。

〔註17〕夏濟安：〈白話文與新詩〉，頁16。

〔註18〕同前註。

〔註19〕勞榦：〈對於白話文與新詩的一個預想〉，《文學雜誌》二卷二期，民國46年4月，頁16。

　　另一方面，由於夏濟安之弟夏志清，也從美國來信表達他對新詩的見解，為此，夏濟安再寫了一篇〈對於新詩的一點意見〉，刊於《自由中國》。除了聲明新詩的主要任務是「爭取文字的美」、創造新的表現方式，還應該拓展新的題材，避免受舊式題材與情感模式的制約，並且再度呼籲新詩人可向口語去尋找新的節奏。〔註20〕

　　從梁文星、周棄子、夏濟安和勞榦這幾位學者的詩論來看，不難發現在情感上他們是同情新詩的，並非一味詆毀新詩的復古派。但是他們都以舊詩或文言文的美學成就為參照基準，而對於新詩尚未形成的固定形式、以及白話文有待提昇的美感層次表達了他們某種程度的憂慮，而且動輒上溯五四，延續五四對新舊詩體及文白相對的探討，似乎忽略了自白話詩以來，從新月派的格律詩、象徵主義的詩到現代派在新詩形式和語言方面的實驗。因此看在已歷經三十多年的新詩發展成績、並亟思創新求變的新詩人眼中，確然顯得「了無新意」了些，故而引起「藍星」詩人覃子豪在一九五七年的《筆匯》上，發表〈論新詩的發展──兼評梁文星、周棄子、夏濟安先生的意見〉，對三人的意見分別作出反駁。首先是新詩形式的問題，他認為唯有徹底破除固定的形式，才能發揮創造力、表現新內容，形式是由內容所決定的。他說：

> 　一首詩的成功與否，不在形式之是否固定，而是在於詩質是否純深
> 　與豐盈，表現是否完美無缺，形式是隨內容之存在而存在，亦隨內
> 　容之變化而變化。詩的內容是流質，詩人將思想和情感的液體，隨
> 　意念和情緒的波動，以嚴密的法則凝結成文字的固體之後，自然有
> 　其完美的形式。新詩人不是非有了新的詩體，然後才能寫出好詩。

〔註21〕

　　覃子豪思考的出發點，當然和夏濟安等人比照舊詩的美學經驗所導致的觀點不同，他不認為寫新詩一定要遵守一套固定形式，因為不拘形式正是新內容與創造力的表現。他並以梁文星在《文學雜誌》上的一首新詩為例，指其歐化句法及無意義截斷、只求排列整齊的詩句，是新月派慣用的西洋詩寫法，反諷此類詩已不算「聰明的擬作」而顯得落伍了。同時，他認為夏濟安

〔註20〕夏濟安：〈對於新詩的一點意見〉，《自由中國》十六卷九期，民國46年5月1日，頁300～302。

〔註21〕覃子豪：〈論新詩的發展──兼評梁文星、周棄子、夏濟安先生的意見〉，收錄於何欣編《當代中國新文學大系：文學論爭集》，（台北：天視出版社，民國68年8月），頁117。

的觀點是五四時期的舊調重彈，反對將新詩與舊詩作並列觀，也指出新詩目前的題材寬闊與技巧之新穎，是夏濟安未曾注意到的。所以他覺得梁、周、夏三人的詩觀保守：「梁文星先生對於詩不能說沒有修養，由於太自囿於形式，而又不能創造出新的形式來，對詩不免感到悲觀。至於周棄子和夏濟安兩先生因對中國新詩的發展，及目前新詩的動向，認識欠清楚與欠深刻，故其論調不免偏於保守和過時。」〔註22〕

在詩壇較為溫和的「藍星」詩人，本來也有一些五四時期抒情格律的餘風，面對詩壇以外的學院派代表《文學雜誌》的詩論時，一下子又顯出了他的前衛性，或許代表了「藍星」多少已經開始受到現代主義的影響。在遇到過激的紀弦時，「藍星」就以制衡的姿態出現，遇到溫良的《文學雜誌》，「藍星」又嫌其落伍而欲新其耳目了。一個有趣的事實是，覃子豪批評梁文星的詩論保守，詩作自囿形式、無法創新，確實有他身為詩人的敏銳度。原來這位梁文星是四〇年代的詩人兼翻譯家吳興華的筆名，他是《文學雜誌》海外約稿人宋淇（林以亮）在燕京大學的同學。一九四九年後他留在大陸，並擔任北京大學的教授，是宋淇將他的作品介紹到港台地區，用筆名梁文星發表。《文學雜誌》上也陸續刊登過他的詩作與詩論，不過這些至少已是十年以前的作品，當時除了《文學雜誌》的編輯外，沒有人知道內幕。宋淇和夏濟安都很欣賞吳興華的才華，吳本身對古詩有很高的造詣，常以古詩的情景與修辭入新詩，最後更因無法揮別古詩的束縛而放棄新詩的創作。〔註23〕他的新詩則多半是帶有新月派抒情色彩的格律詩，《文學雜誌》共選登了他的詩作十二首。「梁文星」的背景如此，無怪對當時已有「現代詩」風氣籠罩的台灣詩壇而言，會被覃子豪視為「保守」。

吳興華的中西學修養俱佳，又身為學院知識分子，與夏濟安的背景相同，其上承五四、兼治中西的文學路徑與觀念亦與夏氏相近，故其作品能為《文學雜誌》所接受。也許就因「梁文星」不存在於彼時的台灣，《文學雜誌》諸君便沒有對覃子豪的意見作進一步回應。不過《文學雜誌》的詩論，畢竟代表了現代詩論戰之前、詩壇外部的某一群文學觀念相近的自由派知識份子對

〔註22〕同前註，頁 119。

〔註23〕有關吳興華的論述，可參考夏濟安為林以亮所著《林以亮詩話》寫的序，（台北：洪範書店，民國 65 年 8 月）。以及賀麥曉：〈吳興華、新詩詩學與五〇年代台灣詩壇〉，收於彭小妍編《文藝理論與通俗文化》，（台北：中央研究院中國文哲研究所籌備處，民國 88 年 12 月）。

新詩問題的首度發聲。他們延續著五四新詩的傳統，雖然難以擺脫新舊對比的思考模式，但是他們不偏袒舊詩，也不菲薄新詩，而是以一種理性關懷的態度分析、思索著新詩的困境和未來，頗符合《文學雜誌》一貫樸實、冷靜和理智的作風，亦與自由主義的精神相契。這種中正包容的態度，使他們對新詩有理解和同情，沒有選擇站在新詩人的對立面，不致於像現代詩論戰中其他來自詩壇外部的批評者那樣尖刻。到了後期，《文學雜誌》也能夠接受覃子豪發表的新詩論文，並提供版面給余光中作論戰文章，這都說明了《文學雜誌》開放與自由的色彩，有助於新思潮與新觀念的接納、傳播和倡導。

　　覃子豪〈現代中國新詩的特質〉刊於一九五九年的《文學雜誌》，本是他在《自由青年》論戰之後對新詩成就的總結介紹。文中明確揭櫫了中國新詩所受的影響，是從浪漫主義、象徵主義到現代主義，梵樂希、里爾克、艾略特、高克多以及歐美現代主義的詩人群，已經成為中國詩人的新偶像。這些豐富又複雜的影響為新詩帶來顯著的進步，但是又保有中國獨有的精神特質，已非全然西方現代主義之模仿，特別是在「經驗的表現」與「想像的創造」上，成績不俗。他列舉了楊喚、阮囊、余光中、瘂弦、鄭愁予、周夢蝶、白荻、向明等人的詩句為例證，說明他們所表達的現代中國新詩特質之內涵。〔註 24〕而這些詩人的作品，也常常在《文學雜誌》發表，尤其是以余光中為首的「藍星」詩人群，因為余負責《文學雜誌》詩選的關係，使他們多了這樣一個發表的園地。覃子豪更公然以此文介紹中國新詩的成就，對應前述的《文學雜誌》創刊初期，夏濟安等人對新詩前途所顯現的關切憂心，無疑是一個響亮而有力的回聲。至於余光中刊於《文學雜誌》的論戰文章，則於下一段與《文星》的論戰文章一併探討。

二、以《文星》為論戰中心的詩論

　　如果《文學雜誌》的詩論，代表的是一群繼承了五四時期文學觀念、對新詩抱有期待的知識份子的善意建言，但未引起廣泛注意；那麼作風更為激進、以「提倡新文學、傳播新思潮」為宗旨的《文星》，在最後一波現代詩論戰的高潮階段，推出了「詩的問題研究專號」，邀集詩人學者陳述正反兩面之不同意見，所發揮的作用則更有其價值，正如專號最後的「編輯室報告」所

〔註24〕見覃子豪：〈現代中國新詩的特質〉，《文學雜誌》七卷二期，民國 48 年 10 月，頁 17～34。

指出：

> 《文星》之所以選擇「詩」這個問題來作專題研究，是因爲覺得
> 詩的興廢與文化的盛衰息息相關。……台灣文壇最近掀起新舊詩
> 體的辯論。既然有辯論，必有其所以發生辯論的因素。如果大家
> 認眞地把問題攤開來痛快地談談，也可以多少幫助一般人對新舊
> 詩體的了解，這樣對沉悶的台灣文壇未始無益。……倘若因爲這
> 一討論，而引發讀者對詩歌研究的興趣，那就不負執筆諸先生的
> 熱忱了。〔註25〕

在當時那種思想言論受制於政治尺規的社會環境下，人們的思考趨向單一化的保守封閉，文壇上大規模的論戰確實有助於打破沉悶的空氣，激發思想自由的空間。首先表現在詩的問題上，就是詩壇外部對新詩並未如夏濟安那般具有同情與理解的人士，繼起呼應蘇雪林非難新詩的「不通」與「難懂」等論點。言曦的〈新詩閒話〉發表在《中央日報》副刊這樣的大媒體上，甚受各方注目。他以「歌與誦」、「隔與露」、「奇與正」、「辨與從」爲標題，分談新詩的協律、造境、琢句與表現方式的問題，主要在於批評現代詩因不可歌（不重協律）而失去傳誦的感染力，或強以艱澀字句掩飾貧乏的詩境（造境欠佳），或不循常規雕琢出奇怪費解的句子（琢句失眞），使得詩與讀者的距離愈來愈遠，因此詩人應該自我檢討。〔註26〕言曦所依據的評論標準當然還是中國的舊詩詞，態度上也比夏濟安不客氣得多，雖然他的意見可能代表了大多數想了解新詩、卻苦於「看不懂」的一般讀者的看法。〔註27〕

新詩人經此一激，首先跳出來應戰的是余光中，在《文學雜誌》發表了〈文化沙漠中多刺的仙人掌〉，以仙人掌的多刺比喻新詩（現代詩）的不討喜，澄清外界對現代詩的一些偏差觀念，例如余光中指出現代詩的傳承並非僅限

〔註25〕 「編輯室報告」，《文星》27 期「詩的問題研究專號」，民國 49 年 1 月 1 日，頁 40。

〔註26〕 原載民國 48 年 11 月 20 至 22 日《中央日報》副刊，後收於何欣編選《當代中國新文學大系：文學論爭集》，（台北：天視出版社，民國 68 年 8 月）。

〔註27〕 此語是根據孺洪〈「閒話」的閒話〉中的一段記載：「日前文友聚會，座中有『文學雜誌』的發行人，有『文星』的主編，也有『不薄新詩愛舊詩』的名詩人，不期而然談到這場論爭，某作家謂言曦先生可謂之爲『外行的代表』，並解釋說：『這並不是指言曦對於談詩是外行，而是說言曦的新詩閒話，說盡了想讀詩而每苦於不得其解的人，心裡所想說的話。』此語有很多人同意……」見《中華日報》副刊，民國 49 年 1 月 11 日。

於象徵派，它不是象徵派的餘波而是廣闊的現代文藝之一環，是整個價值觀念和美學原則的全面改變，是中國新詩繼五四白話詩之後的進步。它重視抽象美與知性的觀察，以挖掘潛意識和自我存在之覺醒爲表現目的，而不純作感情的發洩。它的不入樂不可歌，正可引導讀者轉而品察詩的內容所蘊涵的思想性，讀者應該提高對新詩的鑑賞力，而非要詩人去遷就大眾。〔註 28〕撇開此文對言曦一些誤解的論述，大致上頗能對外闡明現代詩的源流與價值所在，故得到虞君質的贊同。余光中似也覺陳述未能盡興，遂藉《文星》一九六○年元旦出刊的「詩的問題研究專號」，再次爲文申論。

在此專號中，余光中介紹了封面人物──美國現代派詩人艾略特，而其他關於答辯的論戰文章，則主要由「藍星」詩社的菁英操刀，例如有余光中談新詩與傳統的關係、黃用專論新詩的難懂問題、夏菁比較五四與現代新詩的不同，覃子豪則談新詩的因襲與創造問題。余光中指出新詩常用的倒裝和變更詞性的句法，舊詩詞中也有，而且新詩人善於援用舊詩典故入詩，所以與中國傳統並未脫節，雖然吸收西洋技巧，但仍是融合中西之後的「中國新詩」。黃用分析了一般所謂「看不懂」的詩句，要求讀者提高鑑賞力，很有現身說法的意味。他強調今日的新詩必須超越「老嫗都解」的白話詩，是境界的表現而非意義的說明，否則便與應用文、宣傳標語和流行歌曲無異了。至於夏菁和覃子豪，都以五四時期的新詩作品和當時的現代詩作比較，更詳細的說明現代詩人欲揚棄的陳腐情緒與表現技巧，以達到創新的目的。另外還有盛成、張隆延、黃純仁、陳紹鵬談詩的文章，既不厚古亦不薄今，態度較爲客觀。〔註 29〕

很顯然的，新詩人是以超越五四淺薄的白話詩、浪漫的抒情詩和死板的格律詩爲進一步的創造，同時要擺脫因循的情感和句法，自鑄新詞以傳達全新的現代感受，有時造句不免太過新穎，超出了一般讀者習慣的文法邏輯，尤其是對新詩的印象多數還停留在五四程度的人們，特別感到難以接受。加上當時確有不少故弄玄虛的「僞現代詩」出現，使得傳統學者和文人如蘇雪

〔註 28〕余光中：〈文化沙漠中多刺的仙人掌〉，《文學雜誌》七卷四期，民國 48 年 12
月，頁 26～32。

〔註 29〕余光中〈新詩與傳統〉、黃用〈論新詩的難懂〉、夏菁〈以詩論詩──從實例比
較五四與現代的新詩〉、覃子豪〈從實例論因襲與獨創〉、陳紹鵬〈略論新詩的
來龍去脈〉、盛成〈談詩〉、張隆延〈不薄今人愛古人〉、黃純仁〈舊詩的興衰
及其趨勢〉，見《文星》第二七期「詩的問題研究專號」，民國 49 年 1 月 1 日。

林、言曦，紛紛對於此種亂象予以批判。而《文星》「詩的問題研究專號」的製作，讓詩人有機會解釋他們的創作企圖與技法，釐清現代詩令人誤解的問題，的確有助於一般讀者對新詩的了解。

接著言曦又於《中央日報》寫了〈新詩餘談〉四篇，分以「辯與辨」、「悟與誤」、「進與退」、「愛與恨」為題，針對余光中、黃用、覃子豪等人的意見作回覆。除了認為現代派的藝術未必優於新月派，他堅信現代詩的創作仍不脫造境、琢句與協律三要件，而且為了追求絕對的解放，將最低限度的琢句與協律原則都打破，卻不見得產生新的造境，反而令讀者不知所云。他還認為後人難以造出前人全未談過的新境，卻要用奇字拗句來掩飾，其實並無新意。最後他指出讀者的智力不可能提升到詩人所需要的狀態，現代詩若沒有讀者即沒有生命，詩人與人群脫節，最後只能與社會及一切組織敵對，更要畫地自限了。這最後的結論和《自由青年》門外漢的意見相同，也可以看到詩人對表現技巧的堅持，認為若缺少「表現」則會使詩流於白話般的淺薄，而讀者則感到詩人的「表現」無章法可尋，難以理解，引不起情感的共鳴。雙方各說各話，仍是不肯各退一步，在孺洪為文指出現代詩更像哲學作品，而且「陳義太高，想像上脫略不羈，以致理論上似乎還未發展成熟」並期望余光中可在此方面再做努力時，〔註30〕《文星》二十八期很快就刊出了回應文章。

余光中和黃用再度登場，余寫了〈摸象與畫虎〉、黃以〈從摸象說起〉緊接在後，大有指言曦、孺洪等對新詩的議論為盲人摸象之意。兩文一再申論新詩的反傳統是反對直抒胸臆的情感表達、反對陳腔濫調和習慣性的品味，所以必須出以新的創造，並非要與社會對立脫節。在兩人看來，言曦和孺洪無異是擺脫不了舊式品味的「崇古派」，因此無法接受和欣賞新詩人的表現方式。其實兩方的意見由於立場各異和堅持己見之故，都免不了將對方的意思斷章取義或過度曲解，於是又像前次的象徵主義論戰一樣，流於頗有火藥味的互相譏諷。在余、黃之外，還有李素的〈一個詩迷的外行話〉，以古今皆愛的詩迷自居，提出持平之論，希望新詩人在努力創作之餘，要多討論分析有關詩的問題，引導青年走向創作的正途。

這場論戰的確引出不少詩人和學者、讀者紛紛表示意見，《創世紀》也站

〔註30〕孺洪：〈「閒話」的閒話〉，《中華日報》副刊，民國 49 年 1 月 11 日至 14 日。此文分四天刊出，此句為最後一篇的結論。

出來加入詩人答辯的一方。而《文星》因為「自從上兩期出版以後，不僅在
文學界激起研究新詩問題的高潮，甚至也引起社會廣泛的注意」，〔註31〕所以
在二十九期繼續刊載學者和詩人對新詩的意見，有陳紹鵬〈由閒話談到摸
象〉、陳慧〈有關新詩的一些意見——從言、余二先生的辯論說起〉、孔東方
〈新詩的質疑〉，三文都算是相當中肯之見，既肯定新詩人在創作上的成績，
又指出余、黃等人過度解釋的偏差。陳紹鵬認為詩人求新表現很好，但仍需
注意句法用詞是否合理恰當。陳慧則探討新詩是否必須「可歌」及「大眾化」
的問題，基本上他認為可不可歌並非決定詩的好壞之標準，而大眾化也不一
定會使詩的格調降低，新詩人對這兩點的反應似顯極端。孔東方揭示了新詩
無健全理論指引的缺失，並認為現代詩所表現的「感覺」若喚不起大眾的經
驗與意念，亦失去其存在的價值。值得注意的是，孔東方和陳紹鵬還特別針
對現代詩中的圖像實驗技法，認為詩若標榜繪畫性，則易墮入立體和形式主
義的弊端。

　　後來言曦發表〈詩與青年〉，憂慮新詩反理性、反文法的傾向可能會影響
語文教育。於是余光中又繼續在《文星》三十期上，以〈摸象與捫蝨〉回覆
言曦與前述陳紹鵬、陳慧的意見。他以嘲諷口吻比喻這些枝節性的問題與「捫
蝨」無異，認為藝術創作本不需受限於理性與道德準則，讀新詩也未必會降
低青年的國文程度，但此文對陳、言等人的意見頗有誤解之處。同期還有錢
歌川介紹英國新詩人溫約翰的詩，指其形式完整、表現明確又具智慧之美，
可供國人借鑑。陳慧則秉持客觀態度，再進一文釐清現代詩的定義及表現技
巧上的特色，加強讀者的理解。〔註32〕從《文星》連續四期所刊登的新詩討
論文章來看，確實呈現了正反俱陳、公平客觀的言論自由精神。新詩人有篇
幅充分陳述現代詩創作的目的、價值與方法，其他的學者、詩人與讀者也能
提出不同的觀察和建議，各方一起參與公開的討論，活絡思考的風氣，對封
閉沉悶的思想環境造成了衝擊。

　　現代詩論戰此時已近尾聲，餘波盪漾至一九六〇年五月終於結束。〔註33〕

〔註31〕「編輯室報告」，《文星》29期，民國49年3月1日，頁40。
〔註32〕言曦〈詩與青年〉見《中央日報》副刊，民國49年3月5日。錢歌川〈英國
　　　　新詩人的詩〉、陳慧〈現代・現代派・及其他〉與余光中〈摸象與捫蝨〉俱見
　　　　《文星》30期，民國49年4月1日。
〔註33〕最後言曦有〈詩與陣營〉、〈詩與頹廢〉二文，是針對《文星》第三十期而發，
　　　　批評余光中而贊同錢歌川與陳慧。接著夏菁在《自由青年》二十三卷八期（民

　　總結這波論戰的焦點來看，傳統作家與讀者多半仍循舊詩和五四新詩的美學標準，指責新詩的不可歌與文句不通，造成新詩的難懂以及與大眾脫節，這種反應一方面是傳統觀念不易破除的表現，一方面也確實指出了現代主義風靡詩壇後所產生的流弊，六○年代以後現代詩的脫離傳統、脫離現實、晦澀難解等弊端日趨嚴重，終於引發七○年代對現代主義更激烈的批評。不過五○年代末期的現代詩批評，偏重的是表現手法的問題，七○年代則主要針對的是現代詩的內容。在五○年代的新詩人面臨相對保守的傳統作家與讀者的批評時，他們一面努力解釋現代主義怎樣爲他們所消化改良，進而變成超越舊詩和五四美學的新創造，一面「教導」大眾怎麼欣賞現代詩，儘管他們的堅持也有詩人的偏激和自我陶醉之處，不過的確有加強對現代詩的宣導作用，促進現代主義的流行，這是現代詩論戰最主要的意義。

　　同時也可以看到，《文星》在最後一場論戰中，發揮的功能不可謂不大。它以專題式的規劃和系列的討論，引起更多人關注新詩的問題，並提供詩人與讀者溝通的機會，刺激雙方的思考面向，在這場論戰之後，詩人對於反對現代詩的意見似乎也有所反省，例如創作風格多變的余光中，便開始向較明朗的表現方式與中國傳統回歸。〔註34〕基本上，《文星》是試圖以新舊詩體的討論進行文化思想的啓蒙，無形中也成了傳播現代主義新思潮的媒介，對於台灣封閉的文藝環境具有相當的刺激與啓發作用，這也是《文星》最大的貢獻所在。

　　綜觀《文學雜誌》和《文星》的詩論，自由主義精神使它們採取了理性與包容的批判立場，所以夏濟安等人雖然跳不出舊詩格局與五四傳統的束縛，但是也未因此加深新舊對立的衝突，反而對於新詩的困境有理解同情，

　　　　國49年4月16日出刊），發表〈詩與想像力〉一文，將言曦、陳紹鵬、吳怡
　　　　所列舉的看不懂或不通的新詩，加以分析解釋，作爲賞析現代詩之示範，同
　　　　期還有張明仁的〈畫鬼者流〉以悔改者的身分勸青年不要誤入現代詩的歧途，
　　　　恰與夏文形成對照組。
〔註34〕1949至1955年，余光中仍沿襲五四以來「新月派」的格律詩餘風，1956到
　　　　1960年，受現代詩論戰的影響，轉向現代主義的創作。之後又在1961年發表
　　　　長詩〈天狼星〉，因表現明朗被洛夫批評不合現代主義的創作原則，余光中以
　　　　〈再見，虛無！〉一文正式宣告他對西方虛無觀的揚棄並向中國古典回歸。
　　　　這樣的轉變，與1958年余光中第一次赴美所感受的民族文化衝擊有關，而他
　　　　和言曦引發的論戰，應該也對他產生了影響。余光中從五○到六○年代思想與
　　　　創作風格的轉變，其實就是台灣詩壇十年間思潮遞嬗之縮影。

也不忘提出善意建言，雖然仍被覃子豪指爲保守，卻不妨礙《文學雜誌》成
爲支持新詩的一方，並在現代詩論戰中成爲詩人所借重的發言場域。而《文
星》在思想啓蒙的做法上是比《文學雜誌》更爲前進的，對於新詩問題的討
論也更有系統，兼顧正反兩面的言論，有效凝聚了各方焦點，把現代詩論戰
推向高潮，爲保守的台灣文壇帶來思考的刺激，比《文學雜誌》發揮了更大
的影響力。同具自由主義的精神，《文學雜誌》和《文星》的詩論不執著舊詩
也不偏袒新詩，但態度上顯然較傾向新思潮的傳播與介紹，藉以打破政治力
量束縛下的文學思考僵局，並促進台灣社會走向進步與現代化，因此在現代
詩論戰中，也就和代表新思潮的詩人們配合，成爲推動現代主義的一股力量
了。

附錄：五○年代現代詩論戰表

＊《文學雜誌》的詩論

作者身分 ＼ 文章資料	作者與論題	發表刊物	發表時間
學者	梁文星〈現在的新詩〉	《文學雜誌》1 卷 4 期	1956.12
	周棄子〈說詩贅語〉	《文學雜誌》1 卷 6 期	1957.2
	夏濟安〈白話文與新詩〉	《文學雜誌》2 卷 1 期	1957.3
	勞榦〈對於白話文與新詩的一個預想〉	《文學雜誌》2 卷 2 期	1957.4
	夏濟安〈對於新詩的一點意見〉	《自由中國》16 卷 9 期	1957.5.1
藍星詩人	覃子豪〈論新詩的發展——兼評梁文星、周棄子、夏濟安先生的意見〉	《筆匯》	1957

＊現代主義論戰

文章資料 作者身分	作者與論題	發表刊物	發表時間
現代詩人	紀弦〈現代派信條釋義〉	《現代詩》13 期	1956.2.1
	林亨泰〈關於現代派〉 〈符號論〉	《現代詩》17 期 《現代詩》18 期	1957.3.1 1957.5.20
藍星詩人	覃子豪〈新詩向何處去〉	《藍星詩選》獅子星座號	1957.8.20
現代詩人	紀弦〈從現代主義到新現代主義〉 〈對於所謂六原則之批判〉 林亨泰〈中國詩的傳統〉	《現代詩》19 期 《現代詩》20 期 《現代詩》20 期	1957.8.31 1957.12.1 1957.12.1
藍星詩人	羅門〈論詩的理性與抒情〉 黃用〈從現代主義到新現代主義〉	《藍星詩選》天鵝星座號	1957.10.25
現代詩人	林亨泰〈談主知與抒情〉 紀弦〈多餘的困惑及其他 ——答黃用文〉 〈兩個事實〉	《現代詩》21 期	1958.3.1
藍星詩人	覃子豪〈關於新現代主義〉	《筆匯》21 期	1958.4.16
現代詩人	紀弦〈六點答覆〉	《筆匯》24 期	1958.6.1
藍星詩人	余光中〈兩點矛盾〉	《藍星周刊》207、208 期	1958
現代詩人	紀弦〈一個陳腐的問題〉 林亨泰〈鹹味的詩〉	《現代詩》22 期	1958.12.20

＊象徵主義論戰

文章 資料 作者 身分	作者與論題	發表刊物	發表時間
學者	蘇雪林〈新詩壇象徵派創始者李金髮〉	《自由青年》22 卷 1 期	1959.7.1
藍星詩人	覃子豪〈論象徵派與中國新詩兼致蘇雪林先生〉	《自由青年》22 卷 3 期	1959.8.1
學者	蘇雪林〈爲象徵詩體的爭論敬告覃子豪先生〉	《自由青年》22 卷 4 期	1959.8.16
藍星詩人	覃子豪〈簡論馬拉美、徐志摩、李金髮及其他〉	《自由青年》22 卷 5 期	1959.9.1
學者	蘇雪林〈致本刊編者的信〉	《自由青年》22 卷 6 期	1959.9.16
未知	門外漢〈也談目前台灣的新詩〉		
藍星詩人	覃子豪〈論新詩的創作與欣賞〉	《自由青年》22 卷 7 期	1959.10.1
未知	門外漢〈再談目前台灣的新詩〉	《自由青年》22 卷 8 期	1959.10.16
藍星詩人	覃子豪〈致本刊編者一封關於論詩的公開信〉	《自由青年》22 卷 9 期	1959.11.1

＊新詩論戰（含《文星》的詩論）

作者身分	作者與論題	發表刊物	發表時間
作家	言曦〈新詩閒話〉	《中央日報》	1959.11.20～11.22
藍星詩人	余光中〈文化沙漠中多刺的仙人掌〉	《文學雜誌》7 卷 4 期	1959.12
學者	虞君質〈談新藝術〉	《台灣新生報》	1959.12.30
藍星詩人	余光中〈新詩與傳統〉	《文星》27 期	1960.1.1
	黃用〈論新詩的難懂〉		
	夏菁〈以詩論詩──從實例比較五四與現代的新詩〉		
	覃子豪〈從實例論因襲與獨創〉		
學者	盛成〈談詩〉		
	張隆延〈不薄今人愛古人〉		
	黃純仁〈舊詩的興衰及其趨勢〉		
	陳紹鵬〈略論新詩的來龍去脈〉		
作家	言曦〈新詩餘談〉	《中央日報》	1960.1.8～1.11
	孺洪〈「閒話」的閒話〉	《中華日報》	1960.1.11～1.14
藍星詩人	余光中〈摸象與畫虎〉	《文星》28 期	1960.2.1
	黃用〈從摸象說起〉		
	李素〈一個詩迷的外行話〉		
學者	虞君質〈解與悟〉	《台灣新生報》	1960.2.18
創世紀詩人	白萩〈從新詩閒話到新詩餘談〉	《創世紀》14 期	1960.2
	張默〈現代詩藝術的潛在面〉		

學者 詩人	陳紹鵬〈由閒話談到摸象〉	《文星》29 期	1960.3.1
	孔東方〈新詩的質疑〉		
	陳慧〈有關新詩的一些意見〉		
	吳怡〈灌溉這株多刺的仙人掌〉 〈從詩壇的論辯談新詩的發展〉	《自由青年》23 卷 5、6 期	1960.3.1～3.16
作家	言曦〈詩與青年〉	《中央日報》	1960.3.5
	陳文華〈我對新詩難懂的看法〉 吳宏一〈也談「詩與青年」兼致言曦先生〉	《自由青年》23 卷 7 期	1960.4.1
藍星詩人 學者 詩人	余光中〈摸象與捫蝨〉 錢歌川〈英國新詩人的詩〉 陳慧〈現代·現代派及其他〉	《文星》30 期	1960.4.1
作家	言曦〈詩與陣營〉〈詩與頹廢〉	《中央日報》	1960.4.10～4.11
藍星詩人	張健〈由摸象到摸魚〉	《藍星詩頁》17 期	1960.4
	夏菁〈詩與想像力〉 張明仁〈畫鬼者流〉	《自由青年》23 卷 8 期	1960.4.16
	吳怡〈提出問題解決問題〉、〈摸魚所得〉 門外漢〈再踢一球〉	《自由青年》23 卷 9、10 期	1960.5.1～5.16
現代詩人	紀弦〈表明我的立場〉	《藍星詩頁》18 期	1960.5
	李思凡〈新詩論辯旁聽記〉	《聯合報》	1960.5.3

結　論

　　興起於五〇年代中期以後的台灣現代主義文學，是一群繼承了五四以來
自由主義傳統的知識份子與自由派的作家，在政治、思想文化和文學領域從
事現代化改革的一個面向。自國民黨政府撤退來台後，爲與大陸的中共政權
對抗，在台灣實施戒嚴並積極宣傳反共，當時的文學也承擔了反共的政治任
務，配合國策與各種機制的提倡而使反共文學成爲主流。一九五四年中美共
同防禦條約簽訂，美國給予台灣經濟援助後，台海的緊張情勢解除，台灣內
部的環境趨於穩定。美援的輸入，觸發了向西方文明看齊的社會心理需求，
提供了自由主義知識份子發揮改革理想的機會，也讓作家有空間發展自由創
作的路線。

　　自由主義知識份子支持國民黨政府，但希望政府能朝現代國家自由民主
的方向發展。他們的改革理念，是以《自由中國》（1949 年 11 月至 1960 年 9
月）、《文學雜誌》（1956 年 9 月至 1960 年 8 月）和《文星》（1957 年 11 月至
1965 年 12 月）三份刊物爲傳播中心。這三份刊物不但凝聚了一群自由派作家，
也對現代主義文學的提倡有貢獻。他們具體的改革表現有三個方面：（一）在
政治領域的改革上，爲了落實民主、自由等西方現代國家的價值觀，促進國
家與社會的進步及現代化，《自由中國》在胡適、雷震、殷海光等人主導下，
鼓吹民主政治，標舉五四精神，爭取思想和言論自由。（二）在文學領域的改
革上，《自由中國》文藝欄自聶華苓擔任主編後，有意識的將所刊登的文學作
品，從早期的反共文學逐漸轉向多元題材和藝術性的講求。《文學雜誌》則由
夏濟安堅持純文學的理念，反對文學爲政治宣傳，並提倡樸實冷靜的文風，
開始專注於五四以來新文學的藝術改良問題。因爲當時的文學，除了面臨反

共題材的侷限和藝術技巧的貧乏，還流行五四時期浪漫主義濫感式的抒情作品，爲了要使文學的藝術表現有所提昇，《文學雜誌》重視文學批評的功能，引介西方現代主義文學理論，啓發了現代文學的小說創作者白先勇、陳若曦、王文興和叢甦，促生了六〇年代的《現代文學》。（三）在思想文化的改革上，《文星》自我定位爲啓蒙性雜誌，與五四《新青年》啓蒙青年思想的用心相同。《文星》大力提倡現代文藝，如現代詩、現代音樂與繪畫；並由李敖掀起中西文化論戰，延續五四時期對中西文化的討論，進而鼓吹全盤西化論，都是爲了衝擊當時封閉的台灣社會與文化傳統，刺激思想進步以邁向現代化的一種訴求方式。

　　從政治、思想文化到文學的領域，自由主義知識份子以開明進取、自由批判的精神所帶動的改革風潮，形成了一股創新求變的空氣，〔註1〕這是現代主義文學興起的重要背景，因爲現代主義是被當時的知識份子和作家視爲創新和進步的西方文藝思潮，甚至是將之當作促進文學現代化的工具而加以提倡的。例如詩壇便搶先一步在一九五六年二月，由紀弦呼籲成立「現代派」，提出「新詩的再革命」口號，要以現代詩的創作觀念和技巧，反對五四以來的格律詩及浪漫抒情的表現手法，繼五四新詩革命之後未完成的藝術創造，再進行一場新詩的藝術改革與創新，並且引爆了一九五七年到一九六〇年之間，三場現代詩論戰對現代主義詩觀的反覆辯難，「現代派」、「藍星」、「創世紀」詩人藉由論戰的參與及互相影響，開始共同推動一場大規模的現代詩運動。這些詩人和《自由中國》、《文學雜誌》、《文星》也有交集，尤其是藍星詩人余光中，曾在一九五七年同時擔任《文學雜誌》和《文星》的新詩欄編輯，因此在現代詩論戰中，這兩份刊物也成爲新詩人宣揚創作觀的園地，《文星》更闢「詩的問題研究專號」爲現代詩助陣，並成爲主要的論戰媒體，現代詩論戰亦可納入《文星》的現代文藝運動之一環。

〔註 1〕 批判西化和現代主義最力的陳映眞，在一段客觀的回憶中也說：「西化的自由主義在那個時代有它進步的意義。……幾乎比較開明的知識份子，都站在西化這一邊。……這實在是一股求變求新的現象。在那個時節，他們把所有的標準都放在西方，在政治上是民主、議會政治，思想上是自由主義、個人主義，文學上就是西方那一套，繪畫上就是抽象、現代，音樂也是五音階、十三音階那一套，這一切都有相互連帶的關係。那時候的風氣就是如此。」正可與本論文的觀點相互印證。見陳映眞：〈從「西化文學」到「鄉土文學」〉，收入丘爲君、陳連順編《中國現代文學的回顧》，（台北：龍田出版社，民國67年），頁 175。

　　由此可以看到，現代主義文學的介紹和提倡，主要是經由現代詩論戰所推動展開的現代詩運動、《文星》的現代文藝運動、以及《文學雜誌》、《現代文學》對現代小說的評論介紹與創作實踐，才成為一種新的文學潮流，而在一九五六年到一九六〇年代中期之間興起，這些都是自由主義知識份子與自由派作家，在文學創新的自覺要求下所進行的改革運動，而他們所遵循或感染到的自由主義傳統，則成為這股創新精神的主要驅動力量。其時反共文學的創作主流已因現實環境的改變而不符需求，因此文學主流逐漸轉移到追求創新與象徵進步的現代主義文學。這個文學主流轉移的時代意義，在於台灣社會終於從戰亂而趨於安定，反映國族劫難的文學漸漸被個人主義的聲音所取代，而有追求進步與純藝術實驗的充份餘裕和條件。從反共、戰鬥到西化、進步的文學主流遞嬗，正顯示了客觀環境變異下不同的時代與社會需求。

　　另外還可以發現，自由主義知識份子和自由派作家，在提倡現代主義文學時，都以超越五四新文學為自己的目標，例如夏濟安對白先勇的一再叮嚀，要他別陷入五四那種浪漫主義的感傷淺白，以及他對新詩和白話文的看法；紀弦曾是大陸《現代》派的一員，到了台灣繼續提倡現代詩，以完成五四新詩的藝術革新為使命；余光中也認為，五四文學最大的成就是語言的解放，而非藝術的革新，這個革新工作有賴現代主義作家來達成，因此他高呼要超越五四，「下五四的半旗」。〔註2〕雖然國民黨政府基於政治考量，禁止了大陸三〇年代與台灣本土的左翼文學和寫實主義文學，使得大陸和台灣以寫實為主流的文學傳統中斷，形成了戰後台灣文學在傳承上的雙重斷裂，然而五四精神中重要的自由主義傳統，卻因緣際會的來到台灣，代替寫實主義的批判功能，在政治、思想文化和文學領域發揮改革力量。尤其是文學革新的方面，自由主義知識份子和自由派作家一直都有很大的貢獻，從五四新文學的白話文運動和新詩革命，到格律詩、象徵詩、現代派詩和新感覺派小說的實驗，關注文學的形式與藝術表現的問題，始終是自由派知識份子和作家努力不懈的道路。只是當時大陸內憂外患的動盪環境，使他們關心的純文學問題顯得不合時宜，只能讓位給社會意識強烈的左翼作家與寫實主義文學。

　　自由主義傳統的漸進改革訴求，適合在較穩定的社會環境中發揮作用，〔註3〕因此在美援幫助下的五〇年代台灣社會，可以看到自由主義傳統所激發

〔註2〕　見余光中：〈下五四的半旗〉，《文星》79 期，民國 53 年 5 月，頁 4。

〔註3〕　林毓生曾指出，自由主義漸進改革的途徑預設著最低限度的社會、政治與文

的改革成績，雖然在政治領域的改革是失敗的，但是在文學領域的表現則頗為成功。五四文學成為當時作家所欲超越的背景，現代主義文學的提倡，被他們視為創新藝術的表現方法；可以說五〇年代現代主義文學的興起，是五四以來新文學的再發展與再提昇。從這個角度來看，台灣的現代主義文學不但不是沒有歷史記憶、失根的和盲目西化的文學，反而與五四文學和五四精神有相當一貫的聯繫。現代主義文學雖然沒有繼承大陸和台灣本土文學中的寫實傳統，但是卻繼承了五四精神中的自由主義傳統，在創新求變的刺激下，企圖超越五四的文學成果，開創屬於戰後新一代的文學景觀。這是中國和台灣新文學發展史上，第一次有機會大規模的提倡和實驗純藝術的表現技巧，並蔚為一種流行的風潮。不論現代主義文學日後產生了何種流弊，對於現代主義文學初興之時的革新意圖與創造精神，應當予以正視及肯定。

化秩序的存在，在這一秩序之內以漸進和平的方式進行逐項改革才有其可能。然而五四之後的中國社會並沒有建立起最低限度的秩序，自由主義知識份子的角色位置也無相應的社會環境支持，因此其主張在中國社會終歸失敗。引自章清《胡適派學人群與現代中國自由主義》，（上海：上海古籍出版社，2004 年），頁 501。

參考書目

一、專書

1. 《西方人文主義傳統》，Alan Bullock 著，董樂山譯（台北：究竟出版社，民國 89 年）。

2. 《西方政治傳統：近代自由主義之發展》，Frederick Watkins 著，李豐斌譯（台北：聯經出版社，民國 88 年）。

3. 《劍橋百科全書》，大衛・克里斯托編（台北：貓頭鷹出版社，民國 86 年）。

4. 《文協十年》，中國文藝協會（鍾雷）編（台北：中國文藝協會，民國 49 年）。

5. 《中國文藝年鑑》，中國文藝年鑑編輯委員會編（台北：平原出版社，民國 55 年）。

6. 《台灣現代詩史論》，文訊雜誌社編（台北：文訊雜誌社，民國 85 年）。

7. 《雲五社會科學大辭典第三冊：政治學》，王雲五總編輯（台北：商務印書館，民國 60 年）。

8. 《當代中國新文學大系：文學論評集》，王夢鷗編選（台北：天視出版社，民國 69 年）。

9. 《小說中國》，王德威著（台北：麥田出版社，民國 82 年）。

10. 《如何現代，怎樣文學？》，王德威著（台北：麥田出版社，民國 87 年）。

11. 《五四新文學與外國文學》，王錦厚著（成都：四川大學出版社，1996 年）。

12. 《中華民國文藝史》，尹雪曼編（台北：正中書局，民國 64 年）。

13. 《象徵主義與中國現代文學》，尹康莊著（廣東：暨南大學出版社，1998

年）。

14. 《二十世紀中國新文學史》，皮述民等著（台北：駱駝出版社，民國 86年）。

15. 《中國新文學史》，司馬長風著（台北：駱駝出版社，民國 76 年）。

16. 《台灣新詩發展史》，古繼堂著（台北：文史哲出版社，民國 78 年）。

17. 《現代台灣文學史》，白少帆等著（瀋陽：遼寧大學出版社，1987 年）。

18. 《第六隻手指》，白先勇著（台北：爾雅出版社，民國 84 年）。

19. 《驀然回首》，白先勇著（台北：爾雅出版社，民國 67 年）。

20. 《中國現代文學的回顧》，丘爲君、陳連順編（台北：龍田出版社，民國67 年）。

21. 《當代自由主義理論》，石元康著（台北：聯經出版社，民國 84 年）。

22. 《近代中國思想人物論：自由主義》，史華慈等著，周陽山等編（台北：時報出版社，民國 71 年）。

23. 《聞一多全集》四冊，朱自清等編（台北：里仁書局，民國 89 年）。

24. 《中國新文學大系‧詩集》，朱自清編選（香港：香港文學研究社，民國57 年）。

25. 《中國現代主義文學史》（上下冊）朱壽桐主編（南京：江蘇教育出版社，1998 年）。

26. 《自由民主的理路》，江宜樺著（台北：聯經出版社，民國 90 年）。

27. 《文學經典與文化認同》，呂正惠著（台北：九歌出版社，民國 84 年）。

28. 《戰後台灣文學經驗》，呂正惠著（台北：新地出版社，民國 84 年）。

29. 《中國的自由傳統》，狄百瑞著，李弘祺譯（台北：聯經出版社，民國 72年）。

30. 《現代歐美文學概述：象徵主義至二次大戰》，何欣著（台北：書林出版社，民國 85 年）。

31. 《當代中國新文學大系：文學論爭集》，何欣編（台北：天視出版社，民國 68 年）。

32. 《焚鶴人》，余光中著（台北：純文學出版社，民國 61 年）。

33. 《掌上雨》，余光中著（台北：大林出版社，民國 66 年）。

34. 《秋之頌：梁實秋先生紀念文集》，余光中編（台北：九歌出版社，民國77 年）。

35. 《五四研究論文集》，汪榮祖編（台北：聯經出版社，民國 68 年）。

36. 《從古典主義到現代主義》，李思孝著（北京：首都師範大學出版社，1997年）。

37.《文化論戰的一些史料與笑料》，李敖著（台北：遠流出版社，民國 75 年）。

38.《閩變研究與文星訟案》，李敖著（李敖自印，民國 54 年）。

39.《李敖回憶錄》，李敖著（台北：商周出版社，民國 90 年）。

40.《中西文學的徊想》，李歐梵著（台北：遠景出版社，民國 76 年）。

41.《現代性的追求》，李歐梵著（台北：麥田出版社，民國 85 年）。

42.《新感覺派小說選》，李歐梵編選（台北：允晨出版社，民國 77 年）。

43.《都市漩流中的海派小說》，吳福輝著（湖南：湖南教育出版社，1995 年）。

44.《回眸學衡派：文化保守主義的現代命運》，沈衛威著（台北：立緒出版社，民國 89 年）。

45.《學思與學潮：胡適傳》，沈衛威著（台北：立緒出版社，民國 89 年）。

46.《胡適與現代中國文化》，易竹賢著（武昌：武漢大學出版社，1993 年）。

47.《現代詩的欣賞》（二），周伯乃著（台北：三民書局，民國 59 年）。

48.《五四運動：現代中國的思想革命》，周策縱著（南京：江蘇人民出版社，1996 年）。

49.《五四與中國》，周策縱等著（台北：時報文化公司，民國 68 年）。

50.《詩人之鏡》，洛夫著（高雄：大葉書店，民國 58 年）。

51.《千金之旅：紀弦半島文存》，紀弦著（台北：文史哲出版社，民國 85 年）。

52.《紀弦回憶錄》（全三部），紀弦著（台北：聯合文學出版社，民國 90 年）。

53.《紀弦論現代詩》，紀弦著（台中：藍燈出版社，民國 59 年）。

54.《林以亮詩話》，林以亮著（台北：洪範書店，民國 65 年）。

55.《找尋現代詩的原點》，林亨泰著（彰化：彰化縣立文化中心，民國 83 年）。

56.《見者之言》，林亨泰著（彰化：彰化縣立文化中心，民國 83 年）。

57.《台灣現代詩經緯》，林明德編（台北：聯合文學出版社，民國 90 年）。

58.《芸窗夜讀》，林海音著（台北：純文學出版社，民國 71 年）。

59.《思想與人物》，林毓生著（台北：聯經出版社，民國 72 年）。

60.《嚴復合集》第十一冊，林載爵等編（台北：財團法人辜公亮文教基金會出版，民國 87 年）。

61.《台灣研究論文集》，范希周主編（福建：廈門大學出版，2000 年）。

62.《兩岸文學論集》，施淑女著（台北：新地出版社，民國 86 年）。

63.《胡適文存》（一至四集），胡適著（台北：遠東圖書公司，民國 79 年）。

64. 《中國新文學大系・建設理論集》，胡適編選（台北：業強出版社，民國79年）。

65. 《十字街頭與塔：中國近代自由主義思潮研究》，胡偉希等著（上海：上海人民出版社，1991年）。

66. 《對話戰場》，柏楊著（台北：林白出版社，民國89年）。

67. 《中國新詩論史》，旅人編著（台中：台中縣立文化中心出版，民國80年）。

68. 《胡適與中國的文藝復興》，格里德著，魯奇譯（江蘇：江蘇人民出版社，1989年）。

69. 《西潮下的中國現代戲劇》，馬森著（台北：書林出版社，民國83年）。

70. 《胡適口述自傳》，唐德剛譯註（台北：傳記文學出版社，民國75年）。

71. 《中國現代小說史》，夏志清著（台北：傳記文學出版社，民國80年）。

72. 《人的文學》，夏志清著（台北：純文學出版社，民國77年）。

73. 《愛情・社會・小說》，夏志清著（台北：純文學出版社，民國78年）。

74. 《林海音傳》，夏祖麗著（台北：天下遠見出版社，民國89年）。

75. 《夏濟安選集》，夏濟安著（台北：志文出版社，民國60年）。

76. 《現文因緣》，現代文學社編（台北：現代文學社，民國80年12月）。

77. 《中國現代史》，張玉法著（台北：東華書局，民國83年）。

78. 《自由論：西方自由主義的發展》，張明貴著（台北：台灣書店，民國87年）。

79. 《當代政治思潮》，張明貴著（台北：風雲論壇出版社，民國87年）。

80. 《現代中國自由主義資料選編：什麼是自由主義》，張忠棟等編（台北：唐山出版社，民國88年）。

81. 《中國現代詩》，張健編著（台北：五南圖書公司，民國83年）。

82. 《古典到現代》，張健著（台北：三民書局，民國85年）。

83. 《出版法之理論與實用》，張詩源著（台北：警察雜誌社，民國43年）。

84. 《文學場域的變遷》，張誦聖著（台北：聯合文學出版社，民國90年）。

85. 《張道藩先生文集》，張道藩著（台北：九歌出版社，民國88年）。

86. 《四十年來中國文學》，張寶琴等主編（台北：聯合文學出版社，民國84年）。

87. 《新詩論》許世旭著（台北：三民書局，民國87年）。

88. 《五四文學精神》，許志英著（南京：江蘇文藝出版社，1991年）。

89. 《飲冰室全集》，梁啟超著（台南：大孚書局，民國79年）。

90. 《浪漫的與古典的》，梁實秋著（台北：水牛出版社，民國75年）。

91.《梁實秋自選集》，梁實秋著（台北：黎明文化公司，民國 64 年）。

92.《危樓夜讀》，陳芳明著（台北：聯合文學出版社，民國 85 年）。

93.《後殖民台灣》，陳芳明著（台北：麥田出版社，民國 91 年）。

94.《「新月」及其重要作家》，陳敬之著（台北：成文出版社，民國 69 年）。

95.《五四新文化的源流》，陳萬雄著（北京：三聯書店，1997 年）。

96.《詩空的雲煙：台灣新詩備忘錄》，麥穗（台北：詩藝文出版社，民國 87 年）。

97.《中國新詩史話》（一至四冊），舒蘭著（台北：渤海堂文化公司，民國 87 年）。

98.《五十年來的中國詩歌》，葛賢寧‧上官予編著（台北：正中書局，民國 81 年）。

99.《文星！問題！人物！》，無非著（台北：龍門出版社，民國 55 年）。

100.《茱萸的孩子：余光中傳》，傅孟麗（台北：天下文化公司，民國 88 年）。

101.《文藝理論與通俗文化》，彭小妍編（台北：中央研究院中國文哲研究所籌備處，民國 88 年）。

102.《海上說情慾：從張資平到劉吶鷗》，彭小妍著（台北：中研院文哲所籌備處，民國 90 年）。

103.《落月》，彭歌著（台北：遠景出版社，民國 66 年）。

104.《台灣新文學運動四十年》，彭瑞金著（台北：自立晚報社，民國 80 年）。

105.《論新感覺派》，黃獻文著（湖北：武漢出版社，2000 年）。

106.《西方現代主義文藝思潮述評》，曾慶元著（湖北：武漢大學出版社，1994 年）。

107.《台灣文學史綱》，葉石濤著（高雄：文學界出版社，民國 82 年）。

108.《李金髮評傳》，楊允達著（台北：幼獅文化公司，民國 75 年）。

109.《文學的原像》，楊照著（台北：聯合文學出版社，民國 83 年）。

110.《夢與灰燼：戰後文學史散論二集》，楊照著（台北：聯合文學出版社，民國 87 年）。

111.《吳魯芹散文選》，齊邦媛編（台北：洪範書店，民國 75 年）。

112.《五月與東方：中國美術現代化運動在戰後台灣之發展》，蕭瓊瑞著（台北：東大圖書，民國 80 年）。

113.《民生主義育樂兩篇補述》，蔣中正著（台北：中央文物供應社，民國 50 年）。

114.《從浪漫主義到後現代主義》，蔡源煌著（台北：雅典出版社，民國 81 年）。

115.《台灣新文學思潮史綱》，趙遐秋等（台北：人間出版社，民國 91 年）。

116.《西洋近代文藝思潮》，廚川白村著，陳曉南譯（台北：志文出版社，民國 64 年）。

117.《殷海光思想研究》，黎漢基著（台北：正中書局，民國 89 年）。

118.《中國新文學大系‧小說三集》，鄭伯奇編選（台北：業強出版社，民國 79 年）。

119.《當代台灣政治文學論》，鄭明娳編（台北：時報文化，民國 83 年）。

120.《中國新文學大系：文學論爭集》，鄭振鐸編（台北：業強出版社，民國 79 年）。

121.《中國自由主義文學論稿》，劉川鄂著（湖北：武漢出版社，2000 年）。

122.《現代中國文學史話》，劉心皇著（台北：正中書局，民國 60 年）。

123.《當代中國新文學大系：史料與索引》，劉心皇編（台北：天視出版公司，民國 70 年）。

124.《胡適與現代中國文化轉型》，劉青峰編（香港：香港中文大學出版社，1994 年）。

125.《台灣文學史》二冊，劉登翰等編（福州：海峽文藝出版社，1993 年）。

126.《「自由中國」全二十三卷總目錄暨索引》，薛化元著（台北：遠流出版社，民國 89 年）。

127.《自由中國與民主憲政》，薛化元著（台北：稻鄉出版社，民國 85 年）。

128.《戰後台灣民主運動史料彙編（一）：從戒嚴到解嚴》，薛月順等主編（台北：國史館印行，民國 89 年）。

129.《望舒草》，戴望舒著（台北：花田文化，民國 89 年）。

130.《台灣文學出版現象》，應鳳凰著（台北：行政院文建會出版，民國 85 年）。

131.《愛荷華札記：三十年後》，聶華苓著（香港：三聯書店，1981 年）。

132.《詩的風向球》，羅青著（台北：爾雅出版社，民國 83 年）。

133.《「自由中國」與台灣自由主義思潮》，何卓恩著（台北：水牛出版社，民國 97 年）。

134.《胡適派學人群與現代中國自由主義》，章清著（上海：上海古籍出版社，2004 年）。

135.《台灣新文學史》（上下冊），陳芳明著（台北：聯經出版社，民國 100 年）。

136.《當代西方文藝理論》第二版（增補版），朱立元主編（上海：華東師範大學出版社，2006 年）。

137.《小說入門》，李喬著（台北：時報出版社，民國 79 年）。

138.《自由主義文學理想的終結（1945.8~1949.10）》，胡傳吉著（台北：秀威資訊科技出版社，民國 101 年）。

二、雜誌・報紙・期刊論文：

主要徵引雜誌

1.《文星》全九十八期，文星雜誌編輯委員會主編（台北：文星雜誌社，民國 46 年 11 月至 54 年 12 月）。

2.《自由中國》全二十三卷，自由中國雜誌社編（台北：自由中國社，民國 38 年 11 月 20 日至 49 年 9 月 1 日）。

3.《自由青年》二十二卷一期至八期，自由青年社主編，民國 48 年 7 月 1 日至 10 月 16 日；二十三卷八期，民國 49 年 4 月 16 日。

4.《現代詩》季刊全四十五期，紀弦主編（台北：現代詩社，民國 42 年 2 月至 53 年 2 月）。

5.《現代文學》全五十一期重刊本，現代文學社編（台北：現文出版社，民國 80 年 12 月）。

6.《文學雜誌》全八卷，夏濟安主編（台北：文學雜誌社，民國 45 年 9 月至 49 年 8 月）。

7.《現代評論》全九卷重刊本，陳源・徐志摩主編（湖南：岳麓書社，1999 年）。

報紙與期刊論文

1.〈五十年代的新詩〉，上官予，《文訊》第九期，民國 73 年 3 月。

2.〈文學雜誌特輯〉，文訊雜誌社，《文訊》第二十七期，民國 75 年 12 月。

3.〈從新詩閒話到新詩餘談〉，白荻，《創世紀》十四期，民國 49 年 2 月。

4.〈五十年代自由中國的新文學〉，司徒衛，《文訊》第九期，民國 73 年 3 月。

5.〈文藝政策論〉，任卓宣，《文壇》季刊第四期，民國 48 年 5 月。

6.〈自由主義哲學傳統之回顧〉，江宜樺，《當代》第一二七期，民國 87 年 3 月 1 日。

7.〈詩與青年〉，言曦，《中央日報》副刊，民國 49 年 3 月 5 日。

8.〈詩與陣營〉，言曦，《中央日報》副刊，民國 49 年 4 月 10 日。

9.〈詩與頹廢〉，言曦，《中央日報》副刊，民國 49 年 4 月 11 日。

10.〈新詩辯論旁聽記〉，李思凡，《聯合報》，民國 49 年 5 月 3 日。

11.〈永遠的九葉：九葉詩人與現代詩派〉，吳兆明，《國文天地》七卷一期，民國 80 年 6 月。

12. 〈從反共文藝到文藝反共〉，吳東權，《國魂》三九八期，民國 68 年 1 月。

13. 〈瑣憶「文學雜誌」的創刊和天折〉，吳魯芹，《傳記文學》第三十卷第六期，民國 66 年 6 月。

14. 〈懷念文學雜誌〉，沈謙，《青溪》第四十六期，民國 60 年 4 月。

15. 〈腳踏實地說老實話：讀「文學雜誌」創刊號〉，周棄子，《自由中國》第十五卷第七期，民國 45 年 10 月。

16. 〈現代派運動與我〉，林亨泰，《現代詩》復刊第二十期，民國 82 年 7 月。

17. 〈永不停息的風車：訪楊熾昌先生〉，林佩芬，《文訊》第九期，民國 73 年 3 月。

18. 〈覃子豪在台之詩論及其實踐活動探究〉，林淑貞，《台灣文學觀察雜誌》第四期，民國 80 年 11 月。

19. 〈新詩的面貌及其類型〉，邱燮友，《中國現代文學理論季刊》第二期，民國 85 年 6 月。

20. 〈中國現代詩成長〉，洛夫，《現代文學》四十六期，民國 61 年 3 月。

21. 〈請爲中國詩壇保留一份純淨〉，洛夫，《創世紀》三十七期，民國 63 年 7 月。

22. 〈我們的信念與期許〉，洛夫，《創世紀》三十八期，民國 63 年 10 月。

23. 〈詩壇春秋三十年〉，洛夫，《中外文學》第十卷第十二期，民國 71 年 5 月。

24. 〈表明我的立場〉，紀弦，《藍星詩頁》十八期，民國 49 年 5 月。

25. 〈回到自由詩的安全地帶來吧〉，紀弦，《葡萄園》創刊號，民國 51 年 7 月。

26. 〈我主張取消現代詩〉，紀弦，《星座詩刊》第十期，民國 55 年。

27. 〈談「現代化」與「反傳統」〉，紀弦，《現代》第六期，民國 55 年 6 月。

28. 〈現代詩的正名與其他〉，紀弦，《海洋詩刊》六卷六期，民國 57 年 3 月。

29. 〈僵斃的現代詩〉，唐文標，《中外文學》二卷三期，民國 62 年 8 月。

30. 〈台灣現代戲劇五十年〉，馬森，《聯合文學》十一卷十二期，民國 84 年 10 月。

31. 〈二十世紀中國的自由主義〉，張玉法，《近代史學會通訊》第五期，民國 86 年 6 月。

32. 〈風雨行程：論早期台灣「創世紀」詩社的發展〉，張恆春，《創世紀》一〇五期，民國 84 年 12 月。

33. 〈五十年代小說管窺〉，張素貞，《文訊》第九期，民國 73 年 3 月。

34. 〈五〇年代台灣新文學運動〉，張素貞，《中外文學》第十四卷第一期，民國 74 年 6 月。

35. 〈從橫的移植到大植物園主義：專訪美西半島居老詩人紀弦〉，張堃，《創世紀》一二二期，民國 89 年 3 月。

36. 〈周作人與個人主義〉，張堂錡，《鵝湖》第二十卷第七期，民國 84 年 1 月。

37. 〈論當前自由中國文藝發展的方向〉，張道藩，《文藝創作》二十一期，民國 42 年 1 月。

38. 〈現代詩藝術的潛在面〉，張默，《創世紀》十四期，民國 49 年 2 月。

39. 〈「創世紀」的發展路線及其檢討〉，張默，《現代文學》四十六期，民國 61 年 3 月。

40. 〈當前文藝發展方向的檢討〉，彭歌，《文藝創作》二十二期，民國 42 年 2 月。

41. 〈紀弦與「現代詩」詩刊之研究〉，陳玉玲，《台灣文學觀察雜誌》第四期，民國 80 年 11 月。

42. 〈反共文學的形成及其發展〉，陳芳明，《聯合文學》一九九期，民國 90 年 5 月。

43. 〈五〇年代的文學侷限與突破〉，陳芳明，《聯合文學》二〇〇期，民國 90 年 6 月。

44. 〈橫的移植與現代主義之濫觴〉，陳芳明，《聯合文學》二〇二期，民國 90 年 8 月。

45. 〈現代主義文學的擴張與深化〉，陳芳明，《聯合文學》二〇七期，民國 91 年 1 月。

46. 〈論戰後台灣現代詩所受日本前衛詩潮的影響：以跨越語言一代的詩人為中心來探討〉，陳明台，《笠》詩刊二〇〇期，民國 86 年 8 月。

47. 〈近代史研究所集刊〉，陳儀深，《近代史研究所集刊》第二三期，民國 83 年 6 月。

48. 〈關於紀弦的現代詩社與現代派〉，楊牧，《現代文學》第四十六期，民國 61 年 3 月。

49. 〈五〇年代的「文學雜誌」與夏濟安〉，褚昱志，《台灣文學觀察雜誌》第四期，民國 80 年 11 月。

50. 〈胡適與中國自由主義文學〉，劉川鄂，《中國現代當代文學研究》，1998 年 8 月。

51. 〈周作人與中國自由主義文學〉，劉川鄂，《中國現代當代文學研究》，1998 年 9 月。

52. 〈自由中國五十年代的散文〉，劉心皇，《文訊》第九期，民國 73 年 3 月。

53. 〈文化論爭的回顧與批評〉，劉述先，香港《大學生活》一四三期，民國

52 年 4 月 20 日。

54. 〈試論「文星」雜誌〉，劉若緹、趙書琴，《聯合學報》第十五期，民國 86 年 11 月。

55. 〈關於文藝政策〉，穆中南，《文壇》季刊第二號，民國 47 年 6 月。

56. 〈中國現代詩人的困境〉，關傑明，《中國時報》人間副刊，民國 61 年 2 月 28 日。

57. 〈中國現代詩的幻境〉，關傑明，《中國時報》人間副刊，民國 61 年 2 月 29 日。

58. 〈「閒話」的閒話〉，孺洪，《中華日報》副刊，民國 49 年 1 月 11 日至 14 日。

59. 〈創世紀風雲〉，蕭蕭，《創世紀》第六十五期，民國 73 年 10 月。

60. 〈十五年來台灣現代主義文學的再評價〉，應鳳凰，《文學台灣》二十一期，民國 86 年 1 月。

61. 〈「自由中國」、「文友通訊」與五十年代台灣文學史〉，應鳳凰，《文學台灣》第二十六期，民國 87 年 4 月。

62. 〈劉守宜與「明華書局」‧「文學雜誌」〉，應鳳凰，《文訊》第二十、二十一期，民國 74 年 10 月、12 月。

63. 〈自由中國雜誌自由民主理念的考察：一九五〇年代台灣思想史研究之一〉，薛化元，《台灣史研究》第二卷第一期，民國 84 年 6 月。

三、學位論文

1. 《當西風走過：六〇年代「現代文學」派的論述與考察》，沈靜嵐，成功大學歷史研究所碩士論文，民國 83 年 6 月。

2. 《中國新文學現代主義思潮研究》，邱茂生，文化大學中文研究所博士論文，民國 84 年 6 月。

3. 《「現代文學」研究：文學雜誌的向量新探索》，林積萍，淡江大學中文研究所碩士論文，民國 85 年 1 月。

4. 《「自由中國」與轟華苓文學》，郭淑雅，靜宜大學中文研究所碩士論文，民國 90 年 6 月。

5. 《台灣五〇年代知識份子的文化運動：以「文星」為例》，陳正然，台灣大學社會學研究所碩士論文，民國 74 年 6 月。

6. 《台灣「現代詩」研究》，陳全得，政治大學中文研究所博士論文，民國 88 年 6 月。

7. 《肅殺歲月的美麗／美力？戰後美援文化與五、六〇年代反共文學、現代主義思潮發展之關係》，王梅香，成功大學台灣文學研究所碩士論文，

民國 94 年 6 月。

8.《戰後台灣現代主義思潮之出發：以「自由中國」、「文學雜誌」爲分析場域》，徐筱薇，成功大學台灣文學研究所碩士論文，民國 93 年 6 月。

9.《聯合報副刊時期（1953-1963）的林海音研究》，施英美，靜宜大學中文研究所碩士論文，民國 92 年 6 月。

10.《戰後台灣現代詩論戰史研究》，陳政彥，中央大學中文研究所博士論文，民國 96 年 6 月。